主　　编　曹士兵　国家法官学院副院长
副 主 编　关　毅　国家法官学院科研部主任
　　　　　刘　畅　国家法官学院科研部副主任
主编助理　边疆戈　国家法官学院科研部编辑
　　　　　苏　烽　国家法官学院科研部编辑

《中国法院年度案例》编辑人员（按姓氏笔画）
边疆戈　朱建伟　刘　畅　关　毅　苏　烽
罗胜华　孟　军　赵丽敏　袁登明　徐一楠
唐世银　曹士兵　曹海荣　梁　欣　程　瑛

本书编审人员　刘　畅

中国法院
2018年度案例

国家法官学院案例开发研究中心◎编

物权纠纷

中国法制出版社
CHINA LEGAL PUBLISHING HOUSE

《中国法院年度案例》通讯编辑名单

序

法律的生命在于实施，而法律实施的核心在于法律的统一适用。《中国法院年度案例》丛书出版的价值追求，即是公开精品案例，研究案例所体现的裁判方法和理念，提炼裁判规则，为司法统一贡献力量。

《中国法院年度案例》丛书，是国家法官学院于2012年开始编辑出版的一套大型案例丛书，之后每年年初定期出版，由国家法官学院案例开发研究中心具体承担编辑工作。此前，该中心坚持20余年连续不辍编辑出版了《中国审判案例要览》丛书近90卷，分中文版和英文版在海内外发行，颇有口碑，享有赞誉。现在编辑出版的《中国法院年度案例》丛书，旨在探索编辑案例的新方法、新模式，以弥补当前各种案例书的不足。该丛书2012～2017年已连续出版6套，一直受到读者的广泛好评，并迅速售罄。为更加全面地反映我国司法审判的发展进程，顺应审判实践发展的需要，响应读者需求，2014年度新增3个分册：金融纠纷、行政纠纷、刑事案例，2015年度将刑事案例调整为刑法总则案例、刑法分则案例2册，2016年度新增知识产权纠纷分册，2017年度新增执行案例分册。现国家法官学院案例开发研究中心及时编撰推出《中国法院2018年度案例》系列丛书，将刑事案例扩充为4个分册，共23册。

总的说来，当前市面上的案例丛书百花齐放，既有判决书网，可以查询各地、各类的裁判文书，又有各种专门领域的案例汇编书籍，以及各种案例指导、案例参考等读物，十分活跃，也各具特色。而《中国法院年度案例》丛书则试图把案例书籍变得“好读有用”，故在编辑中坚持以下方法：一是高度提炼案例内容，控制案例篇幅，每个案例基本在3000字以内；二是突出争议焦点，剔除无效信息，尽可能在有限的篇幅内为读者提供有效、有益的信息；三是注重对案件裁判文书的再加工，大多数案例由案件的主审法官撰写“法官后语”，高度提炼、总结案例的指导价值。

同时,《中国法院年度案例》丛书还有以下特色：一是信息量大。国家法官学院案例开发研究中心每年从全国各地法院收集到的上一年度审结的典型案例超过10000件，使该丛书有广泛的选编基础，可提供给读者新近发生的全国各地的代表性案例。二是方便检索。为节约读者选取案例的时间，丛书分卷细化，每卷下还将案例主要根据案由分类编排，每个案例用一句话概括裁判规则、裁判思路或焦点问题作为主标题，让读者一目了然，迅速找到需求目标。

中国法制出版社始终全力支持《中国法院年度案例》的出版，给了作者和编辑们巨大的鼓励。2018年新推出数据库增值服务。购买本书，扫描前勒口二维码，即可在本年度免费查阅使用上一年度案例数据库。我们在此谨表谢忱，并希望通过共同努力，逐步完善，做得更好，真正探索出一条编辑案例书籍、挖掘案例价值的新路，更好地服务于学习、研究法律的读者，服务于社会，服务于国家的法治建设。

本丛书既可作为法官、检察官、律师等司法实务工作人员的办案参考和司法人员培训推荐教程，也是社会大众学法用法的极佳指导，亦是教学科研机构案例研究的精品素材。当然，案例作者和编辑在编写过程中也不能一步到位实现最初的编写愿望，可能会存在各种不足，甚至错误，欢迎读者批评指正，我们愿听取建议，并不断改进。

曹士兵

目 录

Contents

一、物权保护纠纷

（一）所有权确认纠纷

（二）返还原物纠纷

（四）财产损害赔偿纠纷

（五）其他物权保护纠纷

二、所有权纠纷

（一）侵害集体经济组织成员权益纠纷

（二）建筑物区分所有权纠纷

（三）业主知情权纠纷

（四）业主撤销权纠纷

（五）相邻关系纠纷

（六）共有纠纷

三、用益物权纠纷

四、担保物权纠纷

五、占有保护纠纷

一、物权保护纠纷

（一）所有权确认纠纷

1

房屋未经登记能否直接确定所有权

——范国平、刘瑾花诉靖江天一房地产有限公司房屋确权案

【案件基本信息】

1. 裁判书字号

江苏省泰州市中级人民法院（2017）苏12民终字第388号民事判决书

2. 案由：所有权确认纠纷

3. 当事人

原告（被上诉人）：范国平、刘瑾花

被告：靖江天一房地产有限公司（以下简称天一公司）

第三人（上诉人）：环一军

【基本案情】

范国平、刘瑾花系夫妻。2008年12月22日，范国平与天一公司签订《商品房买卖合同》一份，约定范国平以800万元的价格购买天一公司开发建设的靖江市靖城镇骥江路299号太平洋广场×幢×层1－070、071、072、073、074、075号厅房。后范国平支付了购房款800万元。2014年1月，范国平要求天一公司办理房屋所有

权证并将相关资料交给天一公司，但天一公司一直未予办理。2010年6月，天一公司将范国平所购上述房屋登记至自己名下。2011年1月，环一军与天一公司签订借款抵押合同，约定天一公司向环一军借款1500万元，天一公司以其所有的包含范国平购买的6间厅房在内的13间厅房作抵押，并办理了抵押登记手续。范国平、刘瑾花提起诉讼请求确认坐落于靖江市靖城镇骥江路299号太平洋广场厅房中的070号的所有权属于范国平、刘瑾花所有。环一军认为，天一公司将登记在自己名下的房屋抵押给环一军，并办理了抵押登记手续，环一军依法对抵押登记的房屋在借款金额范围内享有优先受偿权。天一公司认为范国平、刘瑾花不能直接行使确认物权的权利。

【案件焦点】

范国平、刘瑾花能否基于房屋买卖合同直接请求法院确认房屋所有权。

【法院裁判要旨】

江苏省靖江市人民法院经审理认为：范国平与天一公司订立的商品房买卖合同合法有效，在范国平按合同付清房款后，天一公司应向范国平交付房屋并协助办理房屋所有权登记手续。范国平提供的证据可以证明其已按合同约定向天一公司支付了全部房款，其对所购房屋应享有所有权，但该房屋产权证的记载与真实权利不符，其为该房屋的真实权利人，范国平、刘瑾花请求确认其享有物权，应予支持。天一公司在明知将讼争房屋已出售给范国平的情况下，不直接将该房屋的所有权证办理给范国平而登记至自己名下，且抵押给环一军，显属不当，不能因此否认范国平对讼争房屋享有所有权。环一军在借款给天一公司时，因天一公司持有登记在自己名下的房屋所有权证，环一军因无法知晓天一公司已向范国平销售，有理由相信该房屋属天一公司所有，在向天一公司出借款项后，环一军作为抵押权人取得该房屋的抵押权是善意的，且办理了抵押登记，故该抵押登记有效，环一军对该房屋享有优先受偿权。

江苏省靖江市人民法院依照《中华人民共和国物权法》第三十三条、第一百零六条、第一百七十九条，《中华人民共和国担保法》第三十三条，《最高人民法院关于适用〈中华人民共和国物权法〉若干问题的解释（一）》第一条、第二条的规定，作出如下判决：

一、坐落于靖江市靖城镇骥江路299号太平洋广场厅房070属范国平、刘瑾花所有；

二、环一军对以坐落于靖江市靖城镇骥江路299号太平洋广场厅房070折价或者以拍卖、变卖该房屋的价款在160万元范围内优先受偿。

环一军不服一审判决提起上诉。江苏省泰州市中级人民法院经审理认为：关于不动产物权的变动，必须以登记为必要条件，而不能认为设立、变更、转让和消灭不动产物权的合同生效就必然发生不动产物权的变动。范国平虽与天一公司签订了商品房买卖合同，并依照约定支付了购房款，商品房买卖合同应为合法有效，但由于双方未到房管部门办理产权过户登记手续，故不能产生房屋产权已由天一公司转移给范国平的法律后果，范国平仅享有基于债权的物权变动请求权，该不动产仍属于天一公司所有。

因范国平与天一公司之间的房屋买卖合同未经备案登记，环一军在借款给天一公司时无法得知该事实，且天一公司持有登记在自己名下的房屋所有权证，物权登记具有公示、公信效力，环一军有理由相信该房屋属天一公司所有，其在向天一公司出借款项后，依法办理了抵押登记，环一军作为抵押权人取得该房屋的抵押权是善意的，该抵押登记有效，环一军对该房屋享有优先受偿权。在范国平的合同债权与环一军的抵押物权相冲突的情况下，依据物权优先于债权的原则，应优先保护第三人的抵押权。一审认定范国平、刘瑾花已经按约支付了全部购房款，范国平、刘瑾花取得了涉案房屋的所有权，违反了不动产物权变动的原因与结果相区分的原则。一审认为涉案房屋属于产权证记载与真实权利不符，直接依据《最高人民法院关于适用〈中华人民共和国物权法〉若干问题的解释（一）》第二条规定，确定范国平、刘瑾花对涉案房屋享有物权，属于适用法律不当，予以纠正。

江苏省泰州市中级人民法院依照《中华人民共和国民事诉讼法》第一百七十条第一款第（二）项之规定，作出如下判决：

一、维持江苏省靖江市人民法院（2016）苏1282民初4412号民事判决第二项；

二、撤销江苏省靖江市人民法院（2016）苏1282民初4412号民事判决第一项；

三、驳回范国平、刘瑾花的诉讼请求。

【法官后语】

本案处理重点主要在于对“真实权利人”的理解。《最高人民法院关于适用〈中华人民共和国物权法〉若干问题的解释（一）》第二条规定：“当事人有证据证明不动产登记簿的记载与真实权利状态不符、其为该不动产物权的真实权利人，请求确认其享有物权的，应予支持。”

具体到本案中，一、二审法院审理思路出现分歧，其主要原因即在于对上述规定的不同理解。一审法院认为天一公司明知案涉房屋已经出售给范国平又擅自将房屋登记至自己名下，范国平、刘瑾花系房屋的真实权利人，根据上述司法解释的规定，应当确定房屋所有权归范国平、刘瑾花所有。二审认为范国平与天一公司签订的房屋买卖合同虽然合法有效，但由于双方未到房管部门办理产权过户登记手续，故不能产生房屋所有权已由天一公司转移给范国平的法律后果，范国平仅享有基于债权的物权变动请求权，该不动产仍属于天一公司所有，遂对一审判决予以改判。

从司法实践情况来看，不动产登记簿记载的权利人与真实权利人不一致的情形主要有以下几种：第一，夫妻共同所有不动产登记在一方名下的；第二，借名购买不动产，将不动产物权登记在被借名人名下的；第三，作为遗产的不动产物权登记在继承人、受遗赠人以外的人名下的；第四，不动产共有人未按约定分割并登记不动产份额的；第五，人民法院生效裁判文书确认的不动产物权权利人与不动产登记簿上登记的权利人不一致的；第六，仲裁委员会的仲裁书确认的不动产物权权利人与不动产登记簿上登记的权利人不一致的等。以上情形中，确认真实权利人享有不动产物权是因为其具有取得不动产物权的法律依据，或者是依据生效的裁判、仲裁文书，或者是依据与登记权利人的共有关系，或者是依据与登记权利人的合同关系。本案中，范国平、刘瑾花不具有取得涉案房产所有权的任何依据，显然没有取得房屋的所有权，故尚不是房屋的真正权利人，不能适用上述司法解释的规定确定其享有房屋的所有权。

编写人：江苏省靖江市人民法院　刘汉江

2

购房未实名登记引发权属纠纷

——戴宇煌、程玲诉程新明所有权确认案

【案件基本信息】

1. 裁判书字号

江西省萍乡市中级人民法院（2016）赣03民终字第550号民事判决书

2. 案由：所有权确认纠纷

3. 当事人

原告（被上诉人）：戴宇煌、程玲

被告（上诉人）：程新明

【基本案情】

戴宇煌、程玲系夫妻。1994年11月4日，程玲的胞弟程芳受戴宇煌、程玲委托，代理戴宇煌、程玲以程新明的名义与江西港发房地产有限公司（以下简称港发公司）签订了一份购房合同书，约定以85140元的价格购买该公司位于安源区凤凰街凤凰池居委会沿河路的店面一间（以下简称涉案店面）。签订购房合同时，程芳以程新明的名义向港发公司支付了5000元购房预订金。1994年12月19日及1995年3月21日，程芳分别以程新明的名义向港发公司支付了31000元、50000元购房款。以上款项均系戴宇煌提供。1995年6月27日，房管部门颁发以程新明为登记权利人的涉案店面的房产证，证号为萍房权证安字第1－3－2－1090－010号。1995年七八月左右，戴宇煌将涉案店面租赁给彭某某使用至2015年八九月左右。彭某某在涉案店面内经营过餐馆、电脑房、书店，并于2011年左右将店铺转让给刘记刻碑店。其间，彭某某一直向戴宇煌交纳房租，未曾有第三人向彭某某主张过涉案店面权利。2001年4月26日，戴宇煌以证件遗失为由，将萍房权证安字第1－3－2－1090－010号房产证登报挂失。2008年1月7日，戴宇煌为补办涉案

店面的房产证，邀其友文某某到房管部门，并向房管部门提供了一份号码为“36012370041××××”的程新明的虚假身份证，由文某某出面签字办理补办房产证的手续。2008年1月22日，房管部门向戴宇煌补发了涉案店面的房产证，新房产证号为萍房权证安字第2007007317号，一直由戴宇煌持有。2015年10月2日，因涉案店面地处南正街棚户区改造范围，戴宇煌与萍乡市安源区住房和城乡建设局（以下简称住建局）签订了一份关于被征收人为程新明的房屋征收补偿协议书，约定折迁款为1250280元。同月18日，程新明向南正街折迁办呈送了一份关于请求确认涉案店面产权的报告，主要内容为：程新明在看到公布的补偿名单后，从外地赶回萍乡办理编号为F11－19号店面（即涉案店面）的折迁补偿事宜，因店铺所有手续及产权证均遗失，故请求折迁办确认程新明对店铺的所有权，并按规定予以补偿。南正街折迁办收到该报告后，以涉案店面产权不明为由，暂停对戴宇煌、程玲发放折迁补偿款。2015年12月3日，住建局向安源区政府呈送一份关于对南正街棚户区改造项目F11－19号店面实际权利人作出补偿决定的报告，报请区政府对该店面实际权利人戴宇煌作出补偿决定，安源区政府未予准许。戴宇煌、程玲遂以所有权确认纠纷起诉程新明，要求确认涉案店面的所有权归戴宇煌、程玲所有，并要求程新明赔偿损失。在本案诉讼过程中，程新明就戴宇煌、程玲持有的萍房权证安字第2007007317号房产证提起行政诉讼，请求法院依法撤销该权利登记证书。

【案件焦点】

1. 程新明是否为本案适格主体；2. 本案不动产权利归属。

【法院裁判要旨】

江西省萍乡市安源区人民法院经审理认为：因物权的归属、内容发生争议的，利害关系人可以请求确认权利。本案戴宇煌、程玲与程新明就涉案店面的所有权发生争议。根据戴宇煌、程玲提供的证据证明，戴宇煌、程玲委托程芳以程新明的名义签订了涉案店面的购房合同、交纳了购房款86000元后，对涉案店面进行了实际管理，并出租给彭某某经营使用长达二十余年，其间未有第三人主张过店面权利。程新明答辩称系其出资50000元由其大舅哥谢某某委托戴宇煌购买涉案店面，购房余款由谢某某垫付。程新明该答辩理由因其未提供相应证据予以佐证，不予采纳。程新明另答辩称涉案店面的新房产证系戴宇煌使用虚假的身份证件补办。程新明该答辩理由有萍乡市地名办公室出具的证明佐证，并经戴宇煌自认，予以采纳。以程新明之身份证号“36012370041××××”补办的房产证因登记权利人身份系伪造、实际不存在，该房产证上的登记权利人不能推定为涉案店面的实际权利人，故应认定实际出资购买并一直占有管理涉案店面的人为实际权利人。程新明再答辩称涉案店面原房产证的登记权利人为程新明，故涉案店面应归程新明所有。涉案店面的登记权利人为程新明属实，但程新明未能提供其出资购买店面的相应证据，且在长达二十年的时间里，程新明从未向占有涉案店面的戴宇煌、程玲主张过涉案店面的相应权利，只因在拆迁补偿名单公告中看到与自己相同的名字，而向拆迁办主张了拆迁补偿款。根据《中华人民共和国物权法》第十七条、第十九条规定，不动产权属证书是权利人享有该不动产物权的证明，但在有证据证明不动产登记确有错误的除外，权利人、利害关系人可以申请更正登记。说明不动产登记权利人在一般情况下可推定为实际权利人，但该不动产物权登记效力不能对抗实际不动产物权人，实际权利人可以申请更正登记。现程新明仅以涉案店面的登记权利人与其姓名一致故而要求确认涉案店面归其所有，其答辩理由缺乏事实、法律依据，不予采纳。程新明以其已向法院提起行政诉讼要求萍乡市不动产登记局撤销萍房权证安字第2007007317号房产证为由，向法院申请中止对本案的审理，因其申请不属于《中华人民共和国民事诉讼法》第一百五十条规定的中止案件审理的法定事由，不予准许。戴宇煌、程玲有证据证明其出资购买了涉案店面并一直占有管理，只因以程新明的名义签订合同，故房产证办理在程新明名下，现戴宇煌、程玲请求确认其为涉案店面的实际权利人之诉讼请求，因有事实、法律依据，予以支持。因涉案店面的登记权利人与程新明的姓名一致，程新明以此向拆迁办主张拆迁补偿权利并未违反法律规定，且导致涉案店面登记权利人错误系戴宇煌、程玲的过错，故戴宇煌、程玲要求程新明赔偿损失之诉讼请求无事实、法律依据，不予支持。

江西省萍乡市安源区人民法院根据《中华人民共和国物权法》第十七条、第十九条、第三十三条，《最高人民法院关于民事诉讼证据的若干规定》第二条、第六十九条之规定，判决如下：

一、确认安源区凤凰街凤凰池居委会沿河路涉案店面为戴宇煌、程玲所有；

二、驳回戴宇煌、程玲的其他诉讼请求。

程新明不服一审判决，提起上诉。

江西省萍乡市中级人民法院经审理认为：本案系所有权确认纠纷，根据双方当事人的诉辩意见，并经当事人确认，本案争议的焦点有：一是原审程序是否违法，即本案是否存在中止审理的法定情形，应否中止审理；二是涉案店面所有权归属。关于本案程序问题。程新明已经向安源区人民法院提起行政诉讼，请求判令萍乡市不动产登记局撤销戴宇煌持有的颁发给程新明（身份证号码36012370041××××）涉案店面的产权证号为萍房权证安字第20074007317号产权证，并在本案一审中申请中止对本案的审理。根据一、二审查明的事实，双方当事人对涉案店面产权证（萍房权证安字第20074007317号）系戴宇煌使用虚假的身份证进行补办的事实均无异议，程新明提起行政诉讼要求撤销戴宇煌补办的产权证（萍房权证安字第2007007317号），目的在于将涉案店面的产权恢复至补办前登记所有人为“程新明”的状态，以达到其关于涉案店面为程新明所有的目的。因原始产权登记上仅有“程新明”的名字，没有确切的身份证号码以确认登记产权证上的“程新明”具体为谁，故本案讼争房屋的产权归属不能仅凭产权登记进行确认，还应结合其他证据综合认定，即涉案店面的产权证是否撤销与本案的处理没有法律上的关系，本案的处理并不需要以该行政诉讼案件的审理结果为依据，故本案无应当中止审理的法定情形，一审法院在审理程序上并无不当。关于涉案店面所有权归属问题。虽然涉案店面的产权证上登记的所有权人为“程新明”（身份证号36012370041××××），但因该“程新明”系戴宇煌为补办产权证而虚构伪造的，该“程新明”并不真实存在，故涉案店面的所有权不能按萍房权证安字第20074007317号房屋产权证的登记进行确认。涉案店面在补办产权登记前（产权证号为萍房权证安字第1-3-2-1090-010号）登记的所有权人亦为“程新明”，但因该登记上仅有名字，未注明“程新明”的相关身份信息，且程新明亦未提供证据证明该产权登记上的“程新明”与其系同一人，无法确认该产权登记上的“程新明”与本案上诉人程新明是否系同一人。相反，根据戴宇煌、程玲提供的大量证据，涉案店面从购房合同的签订、支付购房款到办理产权登记均系戴宇煌完成，涉案店面的购房合同、购房发票均由戴宇煌持有，且在长达二十余年的时间里，涉案店面一直是由戴宇煌进行占有、使用、收益（包括将房屋出租、收取租金及与住建局签订房屋征收补偿协议），而程新明未提供证据证明涉案店面系由其出资购买，亦未提供证据证明其对涉案店面行使了占有、使用、收益等权利。尽管涉案店面的产权登记所有人为“程新明”

对程新明有利，但众所周知，在中国同名同姓的人出现的概率较大，程新明没有提供证据证明涉案店面产权登记上的“程新明”就是其本人。从证据优势的角度来看，戴宇煌、程玲提供的证据证明力明显优于程新明，应当认定戴宇煌、程玲出资购买涉案店面的法律事实，程新明提供的证据不足以证明其主张，应当承担举证不能的不利法律后果。综上，程新明的上诉请求不能成立，应予驳回；一审判决认定事实清楚，适用法律正确，应予维持。

江西省萍乡市中级人民法院依照《中华人民共和国民事诉讼法》第一百七十条第一款第（一）项之规定，作出判决如下：

驳回上诉，维持原判。

【法官后语】

1. 本案购房行为发生的背景介绍

2008年1月22日，建设部颁布了《房屋登记办法》，该办法第三十三条第一款第（二）项规定，申请房屋所有权转移登记，应当提交申请人身份证明。同年5月6日，住房和城乡建设部颁布《房屋登记簿管理试行办法》，该办法第九条第二款规定，房屋登记簿的房屋所有权内容中，应记载房屋所有权人、身份证明号码、户籍所在地、共有情况、房屋所有权取得方式、房屋所有权证书号、补换证情况、房屋性质、《房屋登记办法》第四十一条规定的注销事项等。在此之前，购买房屋未实行实名登记制。本案购房行为发生在1994年，当时购房人办理不动产登记不需提交身份证件。

2. 程新明作为本案被告，主体是否适格

对程新明作为本案被告，主体是否适格的问题，审理中出现了两种不同的观点，第一种观点认为程新明作为被告主体不适格，理由如下：因涉案不动产先后存在两份不动产权属证书，不论依据哪份，程新明均不是真正的不动产登记权利人，戴宇煌、程玲应以真正的不动产登记权利人为程新明行使所有权确认主张。第二种观点认为程新明作为被告主体适格，理由如下：涉案不动产的原产权证书只有购房人姓名没有身份证明号码，因程新明与该产权证登记权利人姓名一致，且实施了影响戴宇煌、程玲对涉案不动产权利的行为。笔者同意第二种观点。理由如下：

（1）确权之诉的客体为有争议的法律关系。确权之诉是指戴宇煌、程玲为消除争议，请求法院查明其与程新明之间是否存在某种民事法律关系的诉讼，因此，戴宇煌、程玲对程新明享有主张权，是源于被告的行为使原告的权利或原、被告之间的法律关系不稳定，戴宇煌、程玲诉诸法院维护自己的权益不被侵犯。本案中，程新明向拆迁办提交请求确认涉案店面所有权之行为，使戴宇煌、程玲的不动产物权被侵犯，拆迁办作出暂不向戴宇煌、程玲发放拆迁款的决定，更使涉案不动产的权属在戴宇煌、程玲和程新明之间处于不确定状态，故戴宇煌、程玲享有对程新明的确权主张权。

（2）争议的法律关系应在法律上与原告、程新明均存在利益关系。即戴宇煌、程玲起诉程新明，是需要确认诉的利益进而得到保护，且该项诉的利益在原、被告之间通常处于非此即彼之状态，故戴宇煌、程玲急需通过诉讼途径对该项利益进行确认。本案中，戴宇煌、程玲为确认登记在“程新明”名下的不动产权归属而向程新明提起确认之诉，前提应是程新明与涉案不动产存在法律上的利益关系。涉案不动产原产权证登记权利人为“程新明”，根据惯例，1994年购买不动产可不提交身份证件，因此该登记权利人“程新明”不排除是本案程新明。在程新明主张权利的情况下，其甚至可被推定为登记权利人“程新明”，从而取得涉案不动产权属，顺利得到拆迁款。故戴宇煌、程玲应起诉程新明以确认权利。

（3）因物权的归属、内容发生争议的，利害关系人可以请求确认权利。程新明作为与涉案不动产登记权利人姓名一致的人，可认定为利害关系人。程新明应诉、答辩、举证的行为，促使该起诉讼有效进行，其虽不是登记权利人“程新明”，但其存在本身即是作为程新明最有力的抗辩，戴宇煌、程玲因此应提供高度盖然性优势证据才能支持自己的诉讼主张，从该角度来看，本案亦未违反诉、辩平衡原则。通过戴宇煌、程玲和程新明相互举证、论证、反驳、辩论，程新明完成了其作为程新明在本案中发挥的诉讼作用，故程新明应为本案适格的被告。

编写人：江西省萍乡市安源区人民法院　邹小蓉

3

允许他人长期居住是否具有转让房屋所有权的意思表示

——王桂珍诉陈秀东、谷桂霞所有权确认案

【案件基本信息】

1. 裁判书字号

北京市密云区人民法院（2016）京0118民初字第1097号民事判决书

2. 案由：所有权确认纠纷

3. 当事人

原告：王桂珍

被告：陈秀东、谷桂霞

【基本案情】

陈永合、穆景华系夫妻关系，陈秀忠、陈秀英、陈秀国、陈秀东、陈某某系二人之子女。陈秀国与王桂珍系夫妻关系，陈秀东与谷桂霞系夫妻关系。陈永合于1992年前已去世，陈秀国于2014年去世。1992年，密云县（现密云区）沙河电机厂宿舍拆迁，原分给陈永合、穆景华的两间平房拆迁后安置在北京市密云区密云镇宾阳里×号楼4单元201室（以下简称201室），王桂珍主张拆迁安置时陈秀国、陈某某户口登记在被拆迁房屋内，安置后房产应有其与陈秀国、陈某某相应份额，陈秀东主张该房屋由其出钱购买，应登记在其名下。

王桂珍主张其夫妇二人由于无力缴纳201室房屋份额的购房款，故用房屋份额置换了陈秀东、谷桂霞所有的位于北京市密云区穆家峪镇新农村新宝巷×号院的房屋（以下简称×号院）。陈秀东、谷桂霞对此不认可，并主张王桂珍夫妇在涉诉房屋居住是由于陈秀东、谷桂霞为照顾陈秀国及王桂珍生活而同意二人居住。

【案件焦点】

王桂珍夫妇的长期居住行为是否具有房屋所有权转让的意思表示。

【法院裁判要旨】

北京市密云区人民法院经审理认为：当事人对自己提出的诉讼请求所依据的事实或者反驳对方诉讼请求所依据的事实有责任提供证据加以证明；没有证据或者证据不足以证明当事人的事实主张的，由负有举证责任的当事人承担不利后果。本案中，王桂珍主张与其夫陈秀国在1992年沙河电机厂拆迁安置中，享有安置取得的201室房产权利，后与陈秀东、谷桂霞达成口头房屋置换协议，将其二人在上述房产中的权利与陈秀东、谷桂霞所有的×号院房屋置换，庭审中王桂珍方证人陈某某出庭证明上述内容，但王桂珍未能提供其他有效证据对上述事实加以佐证，故仅凭王桂珍陈述及现有证据材料无法确定王桂珍关于涉案楼房拆迁安置有其份额的主张，对家庭会议、房屋置换协议是否属实及其具体内容亦难以确认。此外，王桂珍主张在×号院长期居住并以此印证房屋置换协议的存在，但现有证据显示诉争房屋并未登记在王桂珍名下，故仅依王桂珍曾长期居住的事实也无法认定其主张。对于王桂珍所述在×号院内新建南倒座三间一项，王桂珍未提交建房批示，故无法确认其房屋性质进而确认所有权归属。综上，王桂珍在本案中所提供现有证据难以证明其主张，故对其要求确认×号院的房屋归其所有的诉讼请求，难以支持。综上所述，北京市密云区人民法院依照《中华人民共和国民事诉讼法》第一百四十四条、《最高人民法院关于民事诉讼证据的若干规定》第二条之规定，判决如下：

驳回王桂珍的诉讼请求。

【法官后语】

本案系所有权争议纠纷，处理重点主要在于对所有权取得的理解和对相关证据的认定。我国《物权法》第十七条规定，不动产权属证书是权利人享有该不动产物权的证明。本案中，王桂珍认可涉诉×号院房屋原为陈秀东、谷桂霞所有，但主张该房屋现为其所有，在其不能证明自己已取得该房屋的产权证的情况下，必须举证证明自己依法取得了该房屋的所有权，是该房屋的真实权利人。

根据我国法律规定，所有权的取得有原始取得和继受取得之分。所有权的原始取得是指不依所有人的权利和意思而依法律规定直接取得所有权。包括：生产、收取孳息、没收、先占、添附、拾得遗失物、发现埋藏物及隐藏物、善意取得、时效取得等。所有权的继受取得是指依所有人的权利和意思基于法律行为或法律事件而取得所有权。主要方式有：一是转让财产，如通过买卖、赠与、互易等法律行为由一方将财产所有权移转给另一方所有；二是接受继承、遗赠。本案中，王桂珍主张其对×号院房屋享有所有权，主要理由是其与陈秀东、谷桂霞已达成口头房屋置换协议，属于所有权的继受取得方式，而陈秀东、谷桂霞予以否认，此时王桂珍应进一步举证，其在不能以书面协议证明此置换关系的情况下，提供一份证人证言，并以其在×号院长期居住印证置换协议的存在。对此分析如下：

首先，通过拆迁安置取得的201室应为陈永合、穆景华所有，王桂珍仅以拆迁安置时其爱人陈秀国及陈某某的户口在密云区沙河机电厂为由，主张拥有该房屋份额没有法律依据。所以王桂珍不具备其所述与陈秀东、谷桂霞置换×号院房屋的前提。

其次，王桂珍对其与陈秀东、谷桂霞的口头房屋置换协议没有有效的证据加以佐证。其一，王桂珍所述的形成房屋置换协议的家庭会议没有书面的会议记录，仅凭王桂珍的陈述和其提供的一份证人证言不足以证明家庭会议的存在。其二，置换房屋产权须有双方当事人明确、一致的意思表示方可生效，不能以默示方式作出意思表示，故不能以王桂珍长期居住于×号院房屋的事实推定房屋置换协议的存在，更不能以此证明王桂珍享有×号院房屋的所有权。

综上，王桂珍没有具体有效的证据来佐证其已取得×号院房屋所有权的主张，故其应承担败诉的法律后果。

编写人：北京市密云区人民法院　何婷

4

机动车登记不具有确定车辆所有权的性质

——王某学诉王艳某等案外人执行异议之诉案

【案件基本信息】

1. 裁判书字号

北京市昌平区人民法院（2016）京0114民初18016号民事判决书

2. 案由：执行异议之诉纠纷

3. 当事人

原告（执行案案外人）：王某学

被告（申请执行人）：王艳某

被告（被执行人）：徐某某、侯某某、侯某忠、王某民

【基本案情】

2014年9月29日，北京市昌平区人民法院（以下简称昌平区法院）就王艳某与侯禄某承揽合同纠纷一案出具调解书，王艳某与侯禄某达成协议，侯禄某给付王艳某货款100000元，分别于2015年1月31日前、6月30日前、12月30日前给付30000元、20000元、50000元。因侯禄某未履行该生效法律文书确定的义务，王艳某向昌平区法院申请强制执行。昌平区法院在执行过程中，于2016年3月14日出具（2016）京0114执128号执行裁定书，裁定查封侯禄某名下的车牌号为京Q238××的机动车一辆。王某学向昌平区法院提出执行异议申请，认为昌平区法院查封的车辆实际系其所有，申请昌平区法院解除对涉案车辆的查封。昌平区法院于2016年11月1日出具（2016）京0114执异131号执行裁定书，裁定驳回王某学的异议申请。2016年11月14日，王某学向昌平区法院提起案外人执行异议之诉。

另查，2014年3月8日，王某学与侯禄某签订《汽车租赁协议》，约定王某学出资购置汽车，使用侯禄某报废车的指标办理汽车登记事项，所有费用由王某学承

担，票据由王某学保管，王某学一次性支付侯禄某租赁费 50000 元；侯禄某提供身份证给王某学以便王某学办理有关汽车使用中的相关手续，车辆交付给王某学后，非因侯禄某原因，该车辆发生的任何违章、事故与法律责任由王某学负担，侯禄某不承担相应责任。协议签订当日，王某学支付给侯禄某 50000 元，并购买了奥迪牌轿车一辆，支付购车款 268036 元及相应购车所需支付的税费。该车辆的发动机号码为 4601××，车辆识别代号/车架号码为 LFV3A28K3E30102××。2014 年 4 月 25 日，王某学取得该车的《机动车登记证书》，因使用的系侯禄某的购车指标，故该车登记在侯禄某名下，登记的车牌号为京 Q238××。后该车一直由王某学使用、维护，并由王某学为该车投保交强险及商业险等。

再查，侯禄某于 2015 年 9 月 16 日去世，侯某忠、王某民、徐某某、侯某某分别系侯禄某之父、之母、之妻、之子。

【案件焦点】

法院在执行过程中能否以机动车登记作为确定所有权的依据，对该财产予以强制执行。

【法院裁判要旨】

北京市昌平区人民法院经审理认为：案外人提起执行异议之诉，需证明其对执行标的物享有足以排除强制执行标的物的实体权利。根据《中华人民共和国物权法》第二十三条“动产物权的设立和转让，自交付时发生效力，但法律另有规定的除外”和第二十四条“船舶、航空器和机动车等物权的设立、变更、转让和消灭，未经登记，不得对抗善意第三人”的规定，机动车所有权的归属并不以登记为准，是否进行登记只关系到是否产生对抗善意第三人的效力。本案中，涉案车辆虽然登记在侯禄某的名下，但王某学提交的协议、付款凭证、购买保险的证据等足以证明该车辆系王某学借用侯禄某的购车指标所购买，王某学为涉案车辆的实际所有权人，故应停止（2016）京 0114 执 128 号执行案件对涉案车辆的执行。侯禄某将自己获得的小客车配置指标出租给王某学使用，该行为涉嫌违反《北京市小客车数量调控暂行规定》的相关规定，但并不影响法院依据现有证据认定涉案车辆的所有权归属。

北京市昌平区人民法院依照《中华人民共和国物权法》第二十三条、第二十四条，《中华人民共和国民事诉讼法》第一百四十四条、第二百二十七条及《最高人民法院关于适用〈中华人民共和国民事诉讼法〉的解释》第六十四条、第三百零七条、第三百一十二条之规定，作出如下判决：

一、确认登记在侯禄某名下的车架号码为LFV3A28K3E30102××的奥迪牌小型轿车归王某学所有；

二、停止（2016）京0114执128号执行案件对登记在侯禄某名下的京Q238××号奥迪牌小型轿车的执行。

【法官后语】

人民法院在执行生效法律文书确定的机动车指标出让（出借）人金钱债权过程中，针对登记在其名下的车辆实施强制执行，指标受让（借用）人作为案外人提出执行异议的应如何处理，在司法实践中存在不同认识。有的认为，如果案外人提供的证据足以证明其在法院针对车辆的强制执行程序开始前已经支付合理对价并实际占有该车辆，根据物权法的规定该车辆实际归案外人所有，故不得执行该车辆。有的认为，即使案外人提供的证据可以证明其在强制执行程序开始前已经支付合理对价并实际占有该车辆，但因其没有进行合法有效的变更登记手续，故判断权利人时应以车辆登记为准，该情况不影响法院对该车辆的强制执行。有的认为，即使案外人的证据可以证明其在强制执行程序开始前已经支付合理对价并实际占有该车辆，仍应进一步审查案外人取得车辆所有权的基础法律关系，如该基础法律关系被认定无效，则不影响法院对该车辆的强制执行。

《中华人民共和国物权法》第二十三条规定："动产物权的设立和转让，自交付时发生效力，但法律另有规定的除外。"第二十四条规定："船舶、航空器和机动车等物权的设立、变更、转让和消灭，未经登记，不得对抗善意第三人。"由此可见，物权变动中，机动车所有权转移的标准是交付，即对于机动车这类特殊动产，物权的登记为对抗要件，而非生效要件，是否进行登记只关系到是否产生对抗善意第三人的效力。2000年6月5日，公安部答复最高人民法院执行工作办公室的《公安部关于确定机动车所有权人问题的复函》（公交管〔2000〕98号）中说明，根据现行机动车登记法规和有关规定，公安机关办理的机动车登记，是准予或者不准予上道路行驶的登记，不是机动车所有权登记。为了交通管理工作的需要，公安机关车辆管理所在办理车辆牌证时，凭购车发票或者人民法院判决、裁定、调解的法律文书等机动车来历凭证确认机动车的车主。因此，公安机关登记的车主，不宜作为判别机动车所有权的依据。一般情况下，应以机动车的买卖合同、交付凭证、购车发票（收付款依据）、保险手续以及其他相关资料作为确定所有权的依据。机动车登记可作为证据之一加以印证，但是不能作为确认所有权的主要依据，更不是唯一依据。

在强制执行程序中，法院执行的财产仅限于未履行生效法律文书确定义务的被执行人的财产，不得执行案外人的财产。本案中，涉案车辆虽然登记在侯禄某的名下，但是不能以此认定侯禄某即是该机动车的所有人。王某学提交的指标租赁协议、购买车辆付款凭证、购买机动车保险的证据等足以证明该车辆系王某学租赁使用侯禄某的购车指标所购买，王某学为涉案车辆的实际所有权人，因此法院强制执行不应执行王某学的财产。

编写人：北京市昌平区人民法院　刘波

5

单位定期存单所有权确认

——孙冬友等80人诉国营崇仁县罗山垦殖场罗山分场所有权确认案

【案件基本信息】

1. 裁判书字号

江西省抚州市中级人民法院（2016）赣10民终字第307号民事判决书

2. 案由：所有权确认纠纷

3. 当事人

原告（上诉人）：孙冬友等80人

被告（被上诉人）：国营崇仁县罗山垦殖场罗山分场（以下简称罗山分场）

第三人：中国建设银行崇仁县支行（以下简称建行崇仁支行）

【基本案情】

罗山垦殖场是罗山分场的主管单位，因罗山垦殖场危旧房改造工作的需要，2012年5月29日，罗山分场经授权，申请在建行崇仁支行开设了专用账户（账户名：国营崇仁县罗山垦殖场罗山分场危房改造项目，账号：3600155071005250××××）。孙冬友等80人为罗山垦殖场危旧房改造的住户，2012年12月21日至2013年4月1日，每人陆续将建房款80000元存入罗山分场危房改造项目的专用账户内。2013年1月29日，受罗山垦殖场原场长黄某某的指派，罗山分场场长陈某某等人至建行崇仁支行将上述专用账户内部分资金350万元以罗山分场名义申请办理了该行一年到期的单位定期存款（单位定期存单户名：国营崇仁县罗山垦殖场罗山分场危房改造项目，账号：3600155071004950××××），并用该定期存单于2014年1月29日为金蔓枝公司向建行崇仁支行贷款3150000元提供质押，同时罗山分场与建行崇仁支行签订了一份权利质押合同，合同中记载质押物即该单位定期存单编号为3600002353。贷款逾期后因金蔓枝公司未及时还贷，建行崇仁支行从该单位定期存单中直接扣划贷款所欠本金和利息合计3153666.49元。现黄某某等人因上述行为被抚州市中院一审判处刑罚，现该案在江西省高级人民法院以挪用公款罪被判处刑罚。但由于造成被扣划的资金目前不能追回，故孙冬友等80人诉至法院。

【案件焦点】

孙冬友等80人是否享有涉案单位定期存单内存款的所有权。

【法院裁判要旨】

江西省崇仁县人民法院经审理认为：占有为取得货币所有权的前提和要件，货币的占有者即货币的所有者。储户将货币存入银行后，银行向储户出具存单，双方形成了储蓄合同关系，银行对存款占有，取得存款的所有权，储户依据存单对银行享有债权。本案中，孙冬友等80人陆续将建房款存入罗山分场在建行崇仁支行设立的罗山分场危房改造项目专用账户内，此时建行崇仁支行对所获款项已进行管理和占有，因此对该存款享有所有权，由于储户记名人是罗山分场，而不是孙冬友等80人，故罗山分场与建行崇仁支行成立储蓄合同关系，而孙冬友等80人与建行崇仁支行之间未成立储蓄合同关系；之后罗山分场用其危房改造项目专用账户内部分资金办理了一张350万元的单位定期存单，该单位定期存单的记名人仍为罗山分场，该储蓄合同的双方当事人为罗山分场与建行崇仁支行，罗山分场对建行崇仁支行享有债权，建行崇仁支行对单位定期存单内的存款享有所有权，因此孙冬友等 80 人不享有该单位定期存单内的存款所有权，故对孙冬友等 80 人要求确认罗山分场用于向建行崇仁支行质押担保编号为 3600002353 的单位定期存单内的存款为其所有的诉讼请求，予以驳回。孙冬友等 80 人要求建行崇仁支行返还划扣的 3153666.49 元，由于该项诉求涉及罗山分场与建行崇仁支行签订的权利质押合同的效力，而孙冬友等 80 人不是权利质押合同的当事人，不具备此项诉求的主体资格，故对此项诉求亦予以驳回。据此，江西省崇仁县人民法院根据《中华人民共和国民事诉讼法》第六十四条、《最高人民法院关于适用〈中华人民共和国民事诉讼法〉的解释》第九十条、《最高人民法院关于民事诉讼证据若干问题的规定》第二条之规定，判决如下：

驳回孙冬友等 80 人的诉讼请求。

孙冬友等 80 人不服一审判决，提出上诉。

江西省抚州市中级人民法院经审理认为：涉诉危房改造项目专用账户内建房款虽然来源于孙冬友等 80 人，但其交纳建房款后，财产所有权已转移至该账户的所有人罗山分场，对所有权转移后的财产，孙冬友等 80 人不再享有所有权。虽然建行崇仁支行质押担保编号为 3600002353 的单位定期存单内存款来源于罗山分场危房改造项目专用账户，但所有权人仍为罗山分场。孙冬友等 80 人要求建行崇仁支行返还其没有所有权的财产，于法无据。至于涉诉质押担保的效力，并不在孙冬友等 80 人一审的诉求范围之内，不予审理。孙冬友等 80 人的上诉理由不能成立，不予采纳。原审判决正确，应予以维持。据此，江西省抚州市中级人民法院依照《中华人民共和国民事诉讼法》第一百七十条第一款第（一）项之规定，判决如下：

驳回上诉，维持原判。

【法官后语】

本案争议焦点是如何确定货币流转中所产生的法律关系。根据民法一般概念，货币是物的一种，一般的货币属于特殊的种类物。种类物的物权转移以转移占有发生效力，即谁占有谁所有。货币在流转中，会产生一系列的法律关系。

储户与银行之间的关系，储户将钱存入银行，应当视为形成了债权债务关系，储户所持有的存折或银行卡应当视为记名的债权凭证，银行仅与储户本人发生法律关系。只有储户才有权请求银行支付其名下的存款。日常生活中，如果将钱误存入他人账户，并不能主张物权，只能主张不当得利返还请求权，要求取得存款的一方返还，此属于债权的范畴。

本案中，自孙冬友等80人将款项存入罗山分场名下账户，即与罗山分场之间形成了一种债权债务关系，由于款项已存入建行崇仁支行，即由该行占有，款项的所有权已经归属于该行，该行与罗山分场之间形成了债权债务关系。故孙冬友等80人非建行崇仁支行储户，与该行无法律关系，故其不能向该行主张债权，更不能主张物权所有权，只能向罗山分场主张债权。

本案涉及的另一个问题在于涉案质押合同效力的认定。罗山分场虽对其存入建行崇仁支行款项享有支配权，但在未经合法程序审议的情况下，仅凭罗山垦殖场原场长黄某某个人指使，将该专项账户内的存款以罗山分场的名义在建行崇仁支行申请单位定期存款，并用该单位定期存单为他人提供质押的两个行为是否合法，还存在疑问。专项资金为专款专用，不允许存为定期，更不允许私自挪作他用。本案中，建行崇仁支行明知该账户内的资金为专项资金，对罗山分场将该笔资金挪作他用的行为未作审查，存在过错。据此，从保护债权人的观点出发，笔者认为由单位即罗山分场起诉建行崇仁支行要求确认涉案质押合同无效，孙冬友等80人作为第三人参加诉讼，其结果对于该80人可能更为有利。

编写人：江西省崇仁县人民法院　李一鸣

6

房屋登记权利人与实际所有人不一致时的处理

——唐爱华诉蒋斌所有权确认案

【案件基本信息】

1. 裁判书字号

湖南省永州市中级人民法院（2016）湘11民终字第1247号民事判决书

2. 案由：所有权确认纠纷

3. 当事人

原告（被上诉人）：唐爱华

被告（上诉人）：蒋斌

【基本案情】

1994 年，周瑛夫妻从柏曼平处购得永州市零陵区大西门 × 号 2 栋第 3 层房屋，即诉争房屋，后将房产过户在小儿子蒋斌名下。1995 年，因周瑛夫妻搬至冷水滩区居住，将诉争房屋交给大儿子张芳生与唐爱华夫妻居住管理，并交付了房屋产权证明。1996 年，唐爱华与张芳生协议离婚，约定诉争房屋归唐爱华所有，后唐爱华一直居住在该房屋内。

2015 年，蒋斌以遗失为由补办了自己为产权人的诉争房屋所有权证。同年，政府与蒋斌签订《国有土地上房屋征收货币补偿协议》，征收补偿到位后诉争房屋被拆除。

唐爱华诉称，诉争房屋是周瑛夫妻购买后登记于蒋斌名下。1994 年，唐爱华夫妇与公婆周英夫妻商定以 37000 元的价格买下该房屋，因系家庭成员关系，双方仅付款和交付房屋及房产证，未立下字据和办理过户登记手续。

【案件焦点】

房屋登记权利人与实际所有人不一致时如何处理。

【法院裁判要旨】

湖南省永州市零陵区人民法院经审理认为：不动产物权变动是法律行为及其他法律事实的产物，不是登记机关登记行为的产物，不动产物权登记是不动产物权变动的“要件”而非“原因”，因此对发生争议的不动产物权归属的最终判断，应当依赖于对物权变动原因的法律事实的审查。从本案确认的事实来看，诉争房屋经过了三次物权变动：一是周瑛夫妻从柏曼平手中购得房屋，登记在蒋斌名下；二是张芳生、唐爱华从周瑛夫妻手中购得该房屋，原房产证也交付给了张芳生、唐爱华；三是唐爱华与张芳生离婚时协议将该房屋分割给唐爱华。通过上述三次物权变动，能够证明诉争房屋虽然登记在蒋斌名下，但房屋的真实权利人应当为唐爱华。

对于蒋斌提出诉争房屋由其自己购买，周瑛私自将房屋出卖给唐爱华，唐爱华、蒋斌之间买卖关系不成立、不存在的抗辩主张，一审法院认为唐爱华所提交的录音资料可以证实诉争房屋确为周瑛夫妻出卖给了张芳生、唐爱华，蒋斌对此知情，唐爱华方提出若获得征收拆迁补偿款将给予蒋斌部分经济补偿，蒋斌也未对房屋归属表示异议。同时，近20年的时间诉争房屋一直由唐爱华居住管理，蒋斌从未进行管理或者收取租金，其抗辩主张明显与常理不符，且在庭审中，蒋斌对于从柏曼平手中购房时的价格、如何支付房款、唐爱华居住原因等方面所作的陈述前后矛盾，因此对蒋斌的该项抗辩主张，不予采纳，诉争房屋应为唐爱华所有。湖南省永州市零陵区人民法院依照《中华人民共和国物权法》第十七条、第三十三条之规定，判决如下：

确认永州市零陵区大西门×号2栋第3层房屋所有权归唐爱华所有。

蒋斌不服一审判决，提起上诉。

湖南省永州市中级人民法院经审理认为：不动产权属证书是登记机关发给权利人作为其享有权利的证明，但不动产权属证书只具有推定的证据效力，不具有绝对的证据效力，不能对抗事实物权人。

本案中，诉争房屋所有权证记载所有权人为蒋斌，蒋斌也提供了其与柏曼平就诉争房屋签订的房地产买卖契约。然而，唐爱华自1995年左右起至房屋被拆除前便一直居住在诉争房屋内。蒋斌与张芳生系同母异父兄弟，母亲周瑛长期与蒋斌居住、生活在同一住所内，唐爱华与张芳生于1996年离婚，蒋斌不可能对张芳生、唐爱华离婚一事毫不知情。蒋斌在长达20年左右的时间内都不对诉争房屋进行管理、修缮，且在其与妻子协议离婚时也未提及诉争房屋，故蒋斌提出系免费提供给唐爱华居住、使用的主张明显不符合生活常理。同时，张芳生、张洁作出的证言与唐爱华的说法相吻合，与蒋斌的说法相矛盾，因张芳生与唐爱华已离婚20年左右，而张芳生的女儿张洁与蒋斌系亲叔侄关系，与唐爱华无血缘关系，故张芳生、张洁作出诉争房屋系张芳生、唐爱华购买所得的证言更为可信。此外，蒋斌与其前妻结婚后在诉争房屋内居住、生活过，如果诉争房屋没有出卖给张芳生、唐爱华，仅是提供给唐爱华免费居住，那么房产证由蒋斌夫妇保管更为符合生活常理，而事实上原房产证已交由唐爱华保管。

唐爱华虽然没有书面买卖协议及收款收据能够证明张芳生、唐爱华从周瑛夫妇手中购买诉争房屋的事实，但综合唐爱华提供的全部证据，唐爱华主张“诉争房屋原系周瑛夫妇从柏曼平手中购得，登记在蒋斌名下，后转卖给唐爱华、张芳生”的事实具有高度可能性，应认定该事实存在。此外，即便蒋斌主张“诉争房屋系蒋斌本人从柏曼平手中购得，而非周瑛夫妇购买”的事实属实，但从唐爱华提供的录音资料可知，蒋斌早已知道周瑛将该房屋转卖给唐爱华、张芳生的事实，并且一直未作否认表示。《中华人民共和国民法通则》第六十六条第一款规定：“没有代理权、超越代理权或者代理权终止后的行为，只有经过被代理人的追认，被代理人才承担民事责任。未经追认的行为，由行为人承担民事责任。本人知道他人以本人名义实施民事行为而不作否认表示的，视为同意。”因此，亦可视为蒋斌同意周瑛代为出售诉争房屋的行为。

《最高人民法院关于适用〈中华人民共和国物权法〉若干问题的解释（一）》第二条规定：“当事人有证据证明不动产登记簿的记载与真实权利状态不符、其为不动产物权的真实权利人，请求确认其享有物权的，应予支持。”该解释自 2016 年 3 月 1 日起实施，虽然本案属于该解释施行后尚未审结的二审案件，不能直接适用该解释条文，但该解释的立法精神应在案件处理中得到体现。另根据民法的诚实信用原则，也应当认定唐爱华是本案诉争房屋的真实权利人。

综上所述，蒋斌的上诉请求不能成立，应予驳回；一审判决主文对诉争房屋表述有误，予以纠正。湖南省永州市中级人民法院依照《中华人民共和国民法通则》第四条、《中华人民共和国物权法》第三十三条、《中华人民共和国民事诉讼法》第一百七十条第一款第（二）项规定，判决如下：

一、撤销湖南省永州市零陵区人民法院（2015）零民初字第 2225 号民事判决；

二、确认永州市零陵区大西门 × 号 2 栋第 3 层房屋的所有权属于唐爱华。

【法官后语】

房屋作为不动产，其权属变动以登记为生效要件和公式方法。为此，我国实行房屋所有权登记发证制度，以前是房产证，由房产部门为产权人颁发。2016 年始，国家实施新的不动产登记制度，各地相继颁发不动产权书取代房产证、土地使用证，由国土部门颁发，成为新的房屋产权证明。一般来看，房产证、不动产权书记载的权利人即房屋所有人，但某些时候，权、证分离，“有证”并不代表是房屋的真实主人，“有证”并不代表着绝对权利。房屋权、证分离在生活中不乏其鲜，从原因来看，有的是历史流转的因素，有的是交易后未过户，有的是受限购政策等影响的“借名买房”，且基本上发生在亲属、好友之间。本案是一起亲属之间房产流转后近20年未办理过户登记，现因城市建设房屋拆迁产生经济补偿而引发诉讼。

权、证不一致时如何确认房屋所有权，《最高人民法院关于适用〈中华人民共和国物权法〉若干问题的解释（一）》给出了明确的意见，“当事人有证据证明不动产登记簿的记载与真实权利状态不符、其为该不动产物权的真实权利人，请求确认其享有物权的，应予支持”。从法律规定来看，不动产产权登记是登记机关对不动产当时权属关系及表现形态的证明，对物权的归属具有推定效力。其产生的公示公信效力主要是保护不动产登记人及真实所有人以外的善意第三人的利益。不动产权属证书记载的事项在无相反证据证明的情形下，应推定不动产权属证书记载的事项真实。但产权证书本身并不能直接决定实体法律关系即实际权利的状况，当事人有相反证据证明其为真正的权利人时，可以请求确认权利。

编写人：湖南省永州市零陵区人民法院　罗海波　谭小兵

7

福利性房屋所有权的认定

——刘有利诉柴秀荣、刘兴荣物权确认案

【案件基本信息】

1. 裁判书字号

河南省焦作市中级人民法院（2016）豫08民终字第111号民事判决书

2. 案由：所有权确认纠纷

3. 当事人

原告（被上诉人）：刘有利

被告（上诉人）：刘兴荣、柴秀荣

【基本案情】

柴秀荣与刘万里系夫妻关系，刘万里于1984年8月病故，二人共育有六个子女，长子刘启成、次子刘兴高、三子刘兴堂、长女刘兴娥、四子刘兴战、次女刘兴荣。韩桂花与刘启成系夫妻关系，刘启成于2009年12月23日死亡，二人共育有二子，长子刘有利、次子刘顺利。

1996年，王封矿棚户区改造，柴秀荣分得位于中站区安全街西会王封集团公司6号楼×单元×号房产一套，房产证登记所有权人为柴秀荣，刘启成出资购买该房后，交由刘有利居住，刘有利持有该房的房产证、土地证。2011年1月17日，柴秀荣向房管局申请房产证挂失，并于同年2月21日补办了房产证。同年4月13日，柴秀荣与刘兴荣签订赠与合同，将位于中站区安全街西会王封集团公司6号楼×单元×号（房产证号：焦房权证中站字第201102628）的房产无偿赠与刘兴荣，刘兴荣自愿接受该房产。当天河南省焦作市恒信公证处作出（2011）焦信证民字第334号公证书，为该赠与合同作出公证。2011年8月31日，刘兴荣将该房产所有人变更为刘兴荣。刘启成的继承人中，韩桂花、刘顺利自愿放弃自己的继承份额，其他继承人是否继承，双方未提供证据证实。

【案件焦点】

对于福利性住房，在实际出资人与通过赠与合同取得房产证的家庭成员之间如何确认房屋权属，由此引起的法律责任如何承担。

【法院裁判要旨】

河南省焦作市中站区人民法院经审理认为：1996年王封矿棚户区改造，争议房屋分配在柴秀荣名下，并以柴秀荣的名义办理了房产证、土地证。但根据庭审中的证人证言、柴秀荣在山阳区人民法院调解笔录中的陈述、交款凭证及刘有利一直持有房产证、土地证并在争议房屋居住至今的事实可以印证，该房屋实际出资人为刘启成，是刘启成享受柴秀荣及其丈夫刘万里的福利（工龄折扣），以柴秀荣之名购买的争议房屋，该行为系柴秀荣让刘启成出资购买该房屋时将此财产权利一并转让给刘启成，故刘启成应享有该房屋的所有权，同时庭审中柴秀荣也无证据能证明房款由其全部交纳。刘启成去世后，其继承人韩桂花、刘顺利自愿放弃继承，该房屋一直由继承人刘有利居住使用，据此刘有利应享有该房屋的所有权。2011年11

月17日，柴秀荣明知争议房屋的产权证书在刘有利处仍向房管局申请房产证挂失，并在补办房产证后将争议房屋赠与刘兴荣，刘兴荣据此又办理了房屋产权证书，对此，刘兴荣虽然办理了房产证，但根据《中华人民共和国物权法》第十七条、第三十三条之规定，不动产权属证书是权利人享有该不动产物权的证明，而因物权的归属、内容发生争议的，利害关系人可以请求确认权利。换言之，刘兴荣持有房产证，仅能证明其对争议的房屋享有物权，如果没有利害关系人对物权的归属、内容发生争议，则经登记后，其应享有该不动产的物权，现利害关系人刘有利请求法院确认双方争议房屋权属的行为符合法律规定，应当予以确认。柴秀荣在明知争议房屋系刘启成出资购买并由刘启成儿子刘有利一直居住的情况下，仍以挂失的名义补办房产证并将该房屋赠与刘兴荣，造成刘兴荣现无法得到争议房屋，因此造成的后果及损失，应由柴秀荣承担。判决如下：

一、确认位于中站区安全街西会王封集团公司6号楼×单元×号房产所有权为刘有利所有；

二、驳回刘有利的其他诉讼请求。

刘兴荣、柴秀荣不服原判，提起上诉

河南省焦作市中级人民法院经审理认为：本案系物权确认纠纷。本案争议的焦点系刘有利是否对争议房产享有所有权。争议房产系1996年原焦作王封工业集团有限公司对棚户区房屋进行改造，柴秀荣主要利用了拆除本人私建房补偿款和丈夫刘万里俩人工龄折扣分得该房，属于政策福利性分房。柴秀荣分得该房后，将自己的购房权处分给了刘启成，使作为所有权标的物的房屋归属于刘启成。通过对原焦作王封工业集团有限公司购房收款凭证记载的实际交款人、争议房屋交付时刘启成的装修、刘有利居住使用至今、刘有利保管争议房屋产权证及土地证原始证据、柴秀荣调查笔录显示内容来看，证据之间相互印证，可以认定刘启成系以柴秀荣之名购买争议房屋并办理购房手续，刘启成系争议房屋的实际出资人，系争议房屋的真实所有人。柴秀荣也无证据证明案涉房款由其全部交纳或以其与刘万里的共同财产交纳。由于刘启成已经去世，其继承人韩桂花、刘顺利自愿放弃自己的继承份额，柴秀荣作为继承人之一未放弃继承。现柴秀荣明知争议房屋的产权证书在刘有利处存放，仍向房管局申请房产证挂失，并在补办房产证后将争议房屋赠与刘兴荣，刘兴荣据此又办理了房屋产权证书，但无法得到争议房屋，因此造成的后果及损失，应由柴秀荣承担。刘有利作为柴秀荣的孙子，作为刘兴荣的侄子，刘兴荣作为柴秀荣的女儿，本是一家人，与柴秀荣存在割不断的亲情、血缘关系，柴秀荣已接近九十高龄，刘有利、刘兴荣应当尽些孝心，感恩奶奶、感恩母亲，给予其精神上的慰藉，让其安度晚年，而不是让其陷入官司之中。综上，争议房屋有其他继承人的份额，刘有利、刘兴荣、柴秀荣要求争议房产归各自所有的诉讼请求，依法不予支持。综上，原审认定事实部分不清，判决欠妥。河南省焦作市中级人民法院依照《最高人民法院关于民事诉讼证据的若干规定》第二条、《中华人民共和国民事诉讼法》第一百七十条第一款第（二）项规定，判决如下：

一、撤销河南省焦作市中站区人民法院（2015）站民重字第00005号民事判决；

二、驳回刘有利的诉讼请求。

【法官后语】

本案系福利性住房物权纠纷的典型案例。争议房产是王封矿棚户区改造房屋，是王封矿通过工龄折算房款的形式出售给本单位职工的房产。此类售房形式出售的对象具有特定性。本案诉争房产的出售对象是身为王封矿职工的刘万里。根据售房时王封矿的房改政策，该房除刘万里、柴秀荣工龄折抵的房款外，仍需补交房款15729.98元，因当时刘万里已经去世，柴秀荣将购房权交给刘启成，需补交的房款事实上由刘启成交纳。故争议房屋实际上等同于刘万里、柴秀荣和刘启成共同出资购买。鉴于刘万里早于房改去世，其本人享有的份额应在家庭成员内部依法继承。即争议房屋的初始所有权应当为家庭共有。现该房屋虽由刘有利居住至今，但不能改变房屋系家庭共有的所有权性质。故刘有利要求确认争议房产归其所有的证据及理由不足。二审法院以柴秀荣作为继承人之一未放弃继承，判决驳回刘有利的诉讼请求符合法律规定。且二审法院判决书的表述既确定了争议房屋真正的所有人，又劝导双方不应当只考虑案件的胜负，更应当顾及双方的亲情关系，体现了司法的人文关怀，遵循了中华民族法、理、情相统一的历史传承。

编写人：河南省焦作市中站区人民法院　梁　伟

8

具有取得拆迁安置房资格不等同于取得房屋的所有权

——居明星诉戴刚、闵长芳所有权确认案

【案件基本信息】

1. 裁判书字号

江苏省盐城市中级人民法院（2016）苏09民终字第887号民事判决书

2. 案由：所有权确认纠纷

3. 当事人

原告（被上诉人）：居明星

被告（上诉人）：戴刚、闵长芳

【基本案情】

戴刚、闵长芳原在建湖县城老城区（以下简称老城区）有一套住房。2000年，老城区拆迁改造时，按照拆迁相关政策，戴刚、闵长芳基于该房享有获得一套拆迁安置房的资格。居明星通过案外人韩某友（闵长芳同事）介绍，于2000年4月24日由居明星内兄葛某法代居明星交纳了购房订金20033元，于2001年4月28日由居明星内嫂凌某经征求居明星的意见，交纳尾款8052元，选房取得位于建湖县城兴湖花苑×幢304室房屋（以下简称诉争房屋）钥匙，2001年4月居明星将房屋装潢后一直居住至今。2001年4月30日，居明星申请房屋产权登记时向建湖县住房和城乡建设局提交了一份署名为“代刚”的虚假报告，后取得建湖县人民政府颁发的房权证建湖字第25479号房屋所有权证书。2014年5月5日，戴刚、闵长芳对建湖县住房和城乡建设局、居明星向建湖县人民法院提起行政诉讼，请求撤销居明星名下的房屋所有权证，该院经审理认为建湖县住房和城乡建设局就案涉房屋向居明星登记发证过程中的程序违法，故于2014年11月11日作出判决：撤销建湖县住房和城乡建设局颁发的房权证建湖字第25479号房屋所有权证。后戴刚、闵长

芳、居明星不服向盐城市中级人民法院提起上诉，该院于2015年4月7日作出判决：驳回上诉，维持原判。

【案件焦点】

诉争房屋所有权的归属。

【法院裁判要旨】

江苏省建湖县人民法院经审理认为：因物权的归属、内容发生争议的，利害关系人可以请求确认权利。本案中，戴刚、闵长芳在2000年老城区拆迁改造时，获得的是相应的购买拆迁安置房的资格，并非实际取得诉争房屋的所有权，且戴刚、闵长芳亦未提交证据证明其已实际取得诉争房屋所有权或将诉争房屋借给韩某友居住；现有证据能够证实系居明星向相关部门交纳购房订金20033元、尾款8052元，并自行选房取得诉争房屋的钥匙，装潢后一直控制使用至今。以上事实足以认定居明星对诉争房屋享有所有权。戴刚、闵长芳对其辩称没有提交证据予以证明，不予采信。综上，对戴刚、闵长芳要求确认诉争房屋归其所有的诉请，依法予以支持。建湖县人民法院判决：

诉争房屋的所有权归居明星所有。

戴刚、闵长芳不服一审判决，提起上诉。江苏省盐城市中级人民法院经审理认为：民事活动应当遵循诚实信用的原则，因物权的归属内容、发生争议的，利害关系人可以请求确认权利。根据本院查明的事实，诉争房屋的所有权应归居明星所有。理由如下：（1）居明星提供了由老城区二期拆迁改造指挥部出具的盖有财务专用章的20033元购房订金结算凭证原件，购房尾款8052元亦由居明星缴纳。戴刚、闵长芳认为购房订金系其缴纳并提供了“拆迁补偿安置经费结算单传票”，但该票据上仅加盖了“已结算”三个字的章印。两份证据从形式上看，居明星提供的证据具有较强的证明力；（2）居明星自行选房并取得诉争房屋的钥匙后，装潢并一直居住使用至今，时间长达十年之久，戴刚、闵长芳长期未持有异议；（3）根据法律规定，不动产所有权的取得以登记为准。戴刚、闵长芳认为其取得选房通知书即表示其取得诉争房屋的所有权，于法无据；（4）证人陈述取得诉争房屋的过程，包括取得拆迁安置房计划、选房、缴纳房款等程序能够与居明星提供的书证形成证据链、相互印证，进一步证明了诉争房屋的所有权人系居明星；（5）戴刚、闵长芳认为诉争房屋系其出借给韩某友使用，并委托韩某友办理相关手续及缴纳购房尾款，但未提供充分的证据证实，且与法院查明的事实不符。综上，戴刚、闵长芳的上诉理由不能成立，不予采信。原审判决认定事实清楚，适用法律正确，程序合法。据此，盐城市中级人民法院判决：

驳回上诉，维持原判。

【法官后语】

民事活动应当遵循诚实信用的原则，因物权的归属、内容发生争议的，利害关系人可以请求确认权利。本案中，法院判决诉争房屋的所有权人系居明星的理由如下：

1. 居明星通过受让方式取得了诉争房屋的安置资格

戴刚、闵长芳在2000年老城区拆迁改造时，所获得的是相应的购买拆迁安置房的资格，并未实际取得诉争房屋的所有权。其获得购买安置房资格后，又将其转让给居明星，居明星即成为实际购买人。

2. 居明星实际支付了购房对价并长期连续占有使用诉争房屋

居明星交纳诉争房屋的购房订金及尾款，并选房取得钥匙后对房屋进行装潢，一直使用至今，时间长达十年之久，戴刚、闵长芳在此期间从未持有异议。

3. 诉争房屋一直登记于居明星名下，戴刚、闵长芳无证据推翻房产确权登记的事实

根据法律规定，不动产所有权的取得以登记为准。戴刚、闵长芳认为其取得选房通知书即表示其取得诉争房屋的所有权，于法无据。当事人对自己提出的主张有责任提供证据。戴刚、闵长芳未提交证据证明其已实际取得争议房屋所有权或将诉争房屋借给他人居住。其二人认为诉争房屋系其出借给韩某友使用，并委托韩某友办理相关手续及交纳购房尾款，但未提供充分的证据证实。而有关证人陈述取得诉争房屋的过程，包括取得拆迁安置房计划、选房、交纳房款等程序能够与居明星提供的书证形成证据链、相互印证，进一步证明了诉争房屋的所有权人系居明星。

编写人：江苏省建湖县人民法院　陈玉胜

9

预查封不影响当事人行使合同解除权

——大丰市恒达置业有限公司诉练亚萍所有权确认案

【案件基本信息】

1. 裁判书字号

江苏省盐城市中级人民法院（2016）苏09民终字第1052号民事判决书

2. 案由：所有权确认纠纷

3. 当事人

原告（上诉人）：大丰市恒达置业有限公司（以下简称恒达置业公司）

被告（被上诉人）：练亚萍

【基本案情】

2006年6月1日，恒达置业公司与练亚萍签订商品房买卖合同一份，约定："由恒达置业公司向练亚萍预售恒达世纪新城×幢楼301室住房一套及×幢1022号自行车库，房屋总价款为364795元，交房时间为2007年8月31日。如由于买受人的原因未能按期交付的，在出卖人发出交付通知书有效送达之日起10日内，未办理交接手续，应视为已经交付，自交付之日起，不论买受人是否居住或使用，该房产一切费用由买受人承担……"合同签订后，练亚萍按照合同约定向恒达置业公司交纳预付款154795元。2007年1月25日，练亚萍与中国农业银行大丰市支行（以下简称大丰农行）签订《个人购房担保借款合同》一份，合同约定练亚萍向大丰农行借款210000元，恒达置业公司作为保证人，练亚萍每月还款4012.02元。合同签订后，大丰农行直接将贷款210000元转给恒达置业公司，截至2007年12月26日，练亚萍尚欠贷款175717.37元未偿还，由于练亚萍未能按月还款，大丰农行解除了与练亚萍的借款合同并扣划了担保人恒达置业公司179730.31元。2007年11月5日，练亚萍向恒达置业公司出具承诺书一份，主要内容为如因其本人原因而导致按揭银行扣划恒达置业公司款项，恒达置业公司有权解除合同，并可在房款中直接扣除该公司的损失。2008年1月21日，恒达置业公司以练亚萍逾期未还贷款导致公司承担保证责任为由向练亚萍邮寄了解除商品房买卖合同通知书，并在报纸上进行了公告。案涉房屋及车库进行了合同编号备案登记，后备案登记被撤销。

2007年9月26日，案外人胡某辉等因与练亚萍民间借贷纠纷起诉至盐城市大丰区人民法院，并申请法院对案涉房产进行了查封。在案件执行阶段，盐城市大丰区人民法院又作出（2007）大执字第1144号续封裁定书。恒达置业公司对该裁定不服，向盐城市大丰区人民法院书面提出执行异议。盐城市大丰区人民法院作出（2013）大执异字第0017号民事裁定书，驳回恒达置业公司的异议，后恒达置业公司提起本案确权诉讼。

【案件焦点】

在案涉房屋被预查封的情形下，恒达置业公司是否有权行使合同解除权。

【法院裁判要旨】

江苏省盐城市大丰区人民法院经审理认为：（一）恒达置业公司解除与练亚萍之间商品房买卖合同的行为效力如何认定。当人民法院对于预售的商品房查封后，即意味着司法公权的介入，在未依法解除查封前，查封就具有排他的法律效力，其他司法机关、仲裁机构及第三人不得对查封的财产进行转移、设定权利负担或有其他妨碍执行的行为。本案所涉房屋在被法院查封时，已经由房管部门进行了合同编号的登记，登记的买受人为练亚萍。法院裁定查封后，查封期间不得出售、变卖、抵押等。此时，该房屋即处于法院的强制力之下，非经法院许可，任何人不得对该房屋进行处分。恒达置业公司解除商品房买卖合同的行为发生在案涉房屋被法院查封期间，该行为违反了查封裁定载明的“查封期间不得出售、变卖、抵押等”内容。同时，在恒达置业公司、练亚萍双方合同履行殆尽的情况下，作为守约方的恒达置业公司依约解除合同，不仅会使合同的目的无法实现，甚至会损害第三人的利益，不符合当事人缔约时的初衷和尽量使合同有效的立法目的。练亚萍负有多笔债务，其可供执行的财产权益为案涉房屋。案涉房屋由练亚萍购买后，市场价值大幅度增值，恒达置业公司意图通过解除双方商品房买卖合同的形式，低价转移查封房产，为法院处分该财产设置障碍，损害了其他申请执行人的合法权益，故恒达置业公司对于该商品房买卖合同解除的行为，违反了法院查封裁定，应为无效。

（二）如何认定案涉房屋的所有权。恒达置业公司、练亚萍签订的商品房买卖合同合法有效，双方均应按约履行，练亚萍应履行交付房款的义务，恒达置业公司应履行交付房屋的义务。签订商品房买卖合同后，练亚萍已经履行了其支付购房款的全部义务，恒达置业公司负有在约定的期限内向练亚萍交付房产的义务。在双方对案涉房屋是否已经交付存在争议的情况下，恒达置业公司作为交付房屋义务人，未能举证证明在约定的交付时间届满后其已履行了向练亚萍交付房屋的义务或由于练亚萍的原因未能交付，故恒达置业公司在交付房屋上存在违约，按照双方的合同约定，应视为已经交付，且案涉房屋及车库已由房管部门登记备案在练亚萍名下。因此，在合同约定的2007年8月31日交付日期后，该房屋应属于练亚萍所有。

综上，案涉房屋的所有权应为练亚萍所有。恒达置业公司主张确认案涉房屋归其所有，不予支持。江苏省盐城市大丰区人民法院依照《最高人民法院关于审理商品房买卖合同纠纷案件适用法律若干问题的解释》第一条、第十一条，《最高人民法院关于人民法院民事执行中查封、扣押、冻结财产的规定 》第二十六条之规定，判决如下：

驳回恒达置业公司的诉讼请求。

恒达置业公司不服一审判决，提起上诉。

江苏省盐城市中级人民法院经审理认为：虽然恒达置业公司与练亚萍于2006年6月1日就案涉房屋签订了商品房买卖合同，但至今案涉商品房一直未过户登记至练亚萍名下，商品房买卖合同尚未履行完毕。因此，一审法院在案外人胡某辉等分别起诉练亚萍民间借贷纠纷案件审理以及执行过程中，就案涉商品房所作出的相关查封措施均属于预查封。预查封是指人民法院对被执行人尚未进行权属登记、但将来可能会进行登记的房产，采取的一种限制房地产权利的控制性措施。虽然根据《最高人民法院、国土资源部、建设部关于依法规范人民法院执行和国土资源房地产管理部门协助执行若干问题的通知》（法发〔2004〕5号）的相关规定，预查封的效力等同于正式查封。但该上述通知同时又规定了预查封的房屋权属只有在预查封期间被登记至被执行人名下时，预查封登记才自动转为查封登记，且预查封具有期限，因此，预查封并非正式查封。而目前法律仅规定被查封房产不得再行转让，在预查封状态下，房屋买卖双方当事人行使合法正当的合同解除权，并不违反法律规定，应当受到保护。当商品房买卖合同被合法解除后，该商品房本身不再是预查封的对象，需返还的购房款等成为预查封的对象。

本案中，根据练亚萍于2007年11月5日向恒达置业公司出具的承诺书的内容可以看出，如因练亚萍本人未按时归还借款导致提供按揭贷款的银行划扣恒达置业公司款项，练亚萍同意恒达置业公司解除商品房买卖合同。现未有证据表明练亚萍是在受到重大误解、欺诈、胁迫、乘人之危等违背其真实意思表示情况下作出上述承诺，同时该承诺亦不存在显失公平的情形，故练亚萍作出的上述承诺合法有效，应视为练亚萍与恒达置业公司之间补充约定了恒达置业公司可解除商品房买卖合同的条件。后该解除条件成就，恒达置业公司有权解除商品房买卖合同。在直接向练亚萍送达解除合同通知书未果的情形下，恒达置业公司在当地报刊上刊登了解除合同的公告，练亚萍在法律规定的异议期限内并未提出异议，故恒达置业公司解除与练亚萍签订的商品房买卖合同行为，符合《中华人民共和国合同法》第九十三条和第九十六条关于合同解除的相关规定。

此外，一审法院就案涉商品房所作出的相关查封裁定和协助执行通知中，并不包含双方当事人不得解除商品房买卖合同的内容，恒达置业公司解除商品房买卖合同的行为并未违反一审法院相关查封裁定和协助执行通知，不存在一审法院认定的"为法院处分该财产设置障碍的情形"。恒达置业公司解除商品房买卖合同的时间距双方当事人签订商品房买卖合同的时间不到两年，结合商品房卖买合同解除时的市场行情，案涉房屋在商品房买卖合同解除时亦不存在一审法院认定的"商品房的市场价值大幅度增值"的情形。故尽管练亚萍目前负有多笔债务，但恒达置业公司当时解除商品房买卖合同，并未损害到练亚萍其他债权人或申请执行人的合法权益。

综上所述，商品房买卖合同已被解除，案涉商品房权属亦未发生过转移，故案涉商品房仍属于恒达置业公司所有。恒达置业公司的上诉理由成立，予以支持。一审法院判决判处不当，应予纠正。江苏省盐城市中级人民法院依照《中华人民共和国合同法》第九十三条、第九十六条，《中华人民共和国物权法》第九条、第十四条，《最高人民法院、国土资源部、建设部关于依法规范人民法院执行和国土资源房地产管理部门协助执行若干问题的通知》第十五条、第十六条、第十八条以及《中华人民共和国民事诉讼法》第一百七十条第一款第（二）项之规定，判决如下：

一、撤销江苏省盐城市大丰区人民法院（2015）大民初字第01833号民事判决；

二、确认大丰市恒达世纪新城×幢301室商品房及×幢－1022号自行车库所有权属于恒达置业公司。

【法官后语】

预查封强制执行措施的执行对象为被执行人基于商品房买卖合同享有的即将转化的期待性财产权利，包括物权和到期特定债权。合同解除行为并不违反预查封强制执行措施的效力，故在以预售商品房为代表的不动产被人民法院执行部门采取预查封强制执行措施的情形下，买卖合同双方当事人可以依法行使合同解除权。

首先，商品房买卖合同解除并不违背预查封申请人的预期。如前所述，预查封强制执行措施的执行对象为被执行人基于商品房买卖合同享有的即将转化的期待性财产权利，该种财产权利因合同履行过程中存在的不确定性，而分为正向发展向物权方向转化并最终转化成的物权，以及逆向发展向特定到期债权转化并最终成为确定的到期债权。尽管物权方向转化是一般意义上的预期结果，但不可否认的是预查封时商品房物权毕竟尚未发生变动，合同履行的不确定性并导致产生查封执行的标的变为到期债权是且应该是预查封申请人当时预见的结果之一。

其次，商品房买卖合同解除行为并不属于妨碍执行的行为。虽然商品房买卖合同被解除，使得预查封申请人失去了对商品房处分并受偿的权利，但该合同的解除行为在客观上并未导致商品房的所有权在预查封前后产生不一致的效果，即预查封前后商品房本身的物权均未发生变化仍处在出卖人名下，亦未发生物权转移至他人名下以及商品房上设定了新的权利负担的结果。同时预查封措施本身并不具有消除合同履行过程中不确定因素的功能，并未改变预查封申请人的预期，所以合同解除行为虽然“妨碍”了对商品房本身的执行，但同时产生了执行被执行人对出卖人到期债权的符合预期的结果。

编写人：江苏省盐城市中级人民法院　杨曦希

10

提单的法律属性及善意取得的法律效果

——荷兰合作银行香港分行诉中铁物贸有限责任公司、沈阳东方钢铁有限公司第三人撤销之诉案

【案件基本信息】

1. 裁判书字号

北京市第二中级人民法院（2016）京02民终字第2726号民事判决书

2. 案由：第三人撤销之诉纠纷

3. 当事人

原告（上诉人）：荷兰合作银行香港分行（以下简称香港分行）

被告（被上诉人）：中铁物贸有限责任公司（以下简称中铁物贸公司）、沈阳东方钢铁有限公司（以下简称东方钢铁公司）

【基本案情】

2012年9月1日，中铁物贸公司与东方钢铁公司签订《工业品买卖合同》，双方约定中铁物贸公司向东方钢铁公司购买矿粉60000吨，价格为每吨780元，合同总金额为4680万元；货物数量验收为大连港股份有限公司货场地衡检，东方钢铁公司交付矿粉66000吨，其中6000吨是销售抵押保证，正常销售回款后，在市场价格不低于东方钢铁公司销售价格的情况下按销售实际数量退回，若市场价格低于东方钢铁公司销售价格，东方钢铁公司需补足价格下跌部分，交货地点为大连港矿石码头货场交货。同月6日，中铁物贸公司以商业承兑汇票方式，支付给东方钢铁公司货款4680万元。同月24日，东方钢铁公司开具了5张增值税专用发票，每张价税合计9360000元，总计4680万元。但此后东方钢铁公司并未交付货物。故中铁物贸公司起诉。

2013年7月，香港分行应办公地点在香港、注册地点在英属维尔京群岛的第一

先锋公司的申请，就该公司向办公地点在新加坡的TOPTIP公司采购铁矿石货物CFR至中国任一主要港口的国际买卖合同，开具了编号为DC13/11128FPH、DC13/11160FPH、DC13/11161FPH的3套不可撤销跟单信用证，信用证注明按国际商会出版物600《跟单信用证统一惯例（2007年修订本）》的规定提交文件。上述3套信用证项下金额分别为1820014.55美元、1365010.9美元、1347808.11美元，对应的货物分别为20000湿公吨、15000湿公吨、14810.96湿公吨，货物的起运港为马普托港，目的港为中国主要港口，货物装运日期为2013年6月4日，承运船为"瓦瑞莎"号，收货人为凭指示，通知行为三菱东京日联银行新加坡分行。

2013年8月9日，香港分行根据三菱东京日联银行新加坡分行通知，支付信用证下款项1819934.55美元，同年10月28日，香港分行再次向三菱东京日联银行新加坡分行付款2223 263美元。两次付款后，香港分行取得了信用证条款记载的提单、汇票、商业发票、原产地证明、货物质量证明、重量证明、货物数量证明等其他单据。在质量检验证书、重量证书上，记载的收货人是东方钢铁公司，到货地点为大连，到货日期为2013年7月5日，卸货完毕时间为2013年7月8日。

2013年9月5日，东方钢铁公司向中铁物贸公司出具了文字函件，称"我司提供给贵司在大连港的矿如下"，此后是5船标有品名、重量、品味、成分、水分的铁矿货物的表格，其中大连港的4船中，有"瓦瑞莎"号轮项下38000吨。

2013年9月12日，大连港矿石码头公司出具了《业务联系函》，称"根据中铁物贸公司与大连港股份有限公司签订的仓储合同，2013年9月12日中铁物贸公司持东方钢铁公司函件提货"，"根据函件显示内容，经双方确认铁矿石实际数量如下：……3."瓦瑞莎"轮项下的铁矿石，数量为36810.96吨"。同月16日，大连港矿石码头公司出具了"库存证明"，称中铁物贸公司在大连港矿石码头公司库存进口铁矿粉60870吨。

2013年10月9日，大连海事法院根据香港分行提出的诉前海事请求保全申请，作出（2013）大海保字第56号民事裁定书，裁定准许香港分行提出的诉前海事请求保全申请，并于当日对存放在大连港矿石码头公司"瓦瑞莎"轮卸下的全部铁矿砂采取保全措施，保全期间任何单位和个人不得擅自提取、转移、毁损，不得就前述货物设立质押或者抵押。

2013年10月20日，香港分行在大连海事法院提出诉讼，以普瑞休斯旁氏有限公司（即“瓦瑞莎”轮船东）、大连新里程船务代理有限公司（即普瑞休斯旁氏有限公司在大连港的船舶代理人）、东方钢铁公司为赵某某，诉讼请求为：1. 对三套提单项下的货物享有完全排他的处置权和受益权，排除任何第三人对该等提单项下权利的妨害；2. 要求普瑞休斯旁氏有限公司、大连新里程船务代理有限公司、东方钢铁公司连带赔偿其货物损失，金额为涉案货物CFR价值28579978.15元与其从涉案货物处理价款中实际所得金额的差额；3. 普瑞休斯旁氏有限公司、大连新里程船务代理有限公司、东方钢铁公司按照中国人民银行同期银行贷款利率连带赔偿货物CFR价值自2013年7月5日至判决确定之日的利息损失；4. 普瑞休斯旁氏有限公司、大连新里程船务代理有限公司、东方钢铁公司连带承担诉讼费用和保全费用。

2013年10月28日，中铁物贸公司向大连海事法院提交《财产保全异议申请书》，主张其与东方钢铁公司签订买卖合同、支付货款，办理了交付手续，系“瓦瑞莎”轮项下货物所有权人，请求变更（2013）大海保字第56号民事裁定书的内容，解除对瓦瑞莎号卸下全部铁矿石中38000吨矿石的查封措施。同年12月25日，大连海事法院作出《驳回异议通知书》，认为“异议人虽主张其是涉案货物中38000吨铁矿砂的货物所有人，但其提供的证据未经法律确认，亦没有提交已生效的法律文书确认其是涉案38000吨铁矿砂的合法所有人，故异议人提出的理由和证据尚不具备撤销或变更厦门市思明区人民法院（2013）大海保字第56号民事裁定书的足够证明力。同时，本案仅是财产保全程序，厦门市思明区人民法院依法不应在本案中对当事人及异议人提供的拟证明货物权属的证据进行质证认证，进而不能对货物的所有权进行实体审理”。

2014年1月，中铁物贸公司在北京市丰台区人民法院以东方钢铁公司为赵某某提出诉讼，即香港分行本次诉讼申请撤销的诉讼。北京市丰台区人民法院于2014年1月13日予以立案，同年4月15日作出（2014）丰民初字第02482号民事判决书，认为中铁物贸公司和东方钢铁公司签订的买卖合同系当事人真实意思表示，未违反法律的强制性规定，应属合法有效，合同签订后中铁物贸公司按约履行了付款义务，东方钢铁公司未按约定交付货物的行为属违约，应当承担相应违约责任。关于中铁物贸公司要求确认货品指示函列存放在大连港矿石码头公司仓库内的56117.82吨进口铁矿粉归其所有的主张，认为“该批货物系其按照合同约定向中铁公司交付的货物，东方钢铁公司已经向大连港矿石码头公司下达了交货的指示，故该批货物的所有权已经发生转移，中铁公司系该批货物的所有权人”。判决结果为：1. 东方钢铁公司于本判决生效之日起十日内退还中铁物贸公司货款 3028100.4 元；2. 确认存放在大连港矿石码头公司处的 56117.82 吨铁矿石（包括韩进蓝波号 7941.84 吨、成功轮项下 2787.02 吨、“瓦瑞莎”轮项下的 36810.96 吨、麦哲伦号 8578 吨）归中铁物贸公司所有；3. 东方钢铁公司于本判决生效后十日内支付中铁物贸公司违约金 302810 元。2014 年 4 月 30 日，该判决生效。

另查，东方钢铁公司因债务负担，自 2013 年 10 月之后被人民法院、公安机关等机构以执行诉讼保全措施、前任法定代表人周某涉嫌合同诈骗等事由，查封、冻结了有关财产。香港分行主张的本案涉及货物的进口通关手续办理人员为东方钢铁公司。

【案件焦点】

提单是否属于物权凭证问题以及善意取得的法律效果问题。

【法院裁判要旨】

北京市丰台区人民法院经审理认为：关于本案的准据法适用问题，虽然香港分行、中铁物贸公司、东方钢铁公司没有就本案所涉纠纷处理所适用的准据法进行约定，经厦门市思明区人民法院询问，香港分行未作出选择，中铁物贸公司、东方钢铁公司均选定适用中国内地法律处理本案。对此，因香港分行申请撤销的中铁物贸公司、东方钢铁公司的买卖合同系在中国内地签订、货物在中国内地港口存放、确认涉案货物权属的判决亦在厦门市思明区人民法院作出，与本案有最密切联系的国家的法律应为中国内地法律，故本案实体权利的审理应适用中国内地的相关法律、行政法规的规定。

本案的争议焦点是：1. 香港分行持有正本提单是否系享有货物所有权证明，从而因厦门市思明区人民法院（2014）丰民初字第 02482 号案件的民事判决书损害其民事权利；2. 中铁物贸公司与东方钢铁公司的买卖合同是否符合法律规定，中铁物贸公司是否取得货物所有权；3. 厦门市思明区人民法院（2014）丰民初字第 02482 号案件是否属于大连海事法院专属管辖，从而厦门市思明区人民法院无权作出民事判决。

《中华人民共和国海商法》第七十一条规定：提单，是指用以证明海上货物运输合同和货物已经由承运人接收或者装船，以及承运人保证据以交付货物的单证。提单中载明的向记名人交付货物，或者按照指示人的指示交付货物，或者向提单持有人交付货物的条款，构成承运人据以交付货物的保证。第七十八条规定：承运人同收货人、提单持有人之间的权利、义务关系，依据提单的规定确定。表明提单系在海上货物运输领域内，关于承运人、收货人、提单持有人之间权利义务关系的依据，并非货物所有权的凭据。香港分行现持有全套正本提单，表明其根据提单记载，享有相关权利，包括对承运人的合同权利、收货人的权利，因该提单系信用证项下开出，其还享有根据信用证记载的相关权利，但并非取得提单项下的货物所有权。因此，香港分行预以持有全套正本提单证明享有货物所有权，不予采信。

涉案货物系从“瓦瑞莎”轮卸下的矿石货物，依据《中华人民共和国物权法》第二十三条“动产物权的设立和转让，自交付时发生效力，但法律另有规定的除外”的规定，矿石类货物没有法律的除外规定，属于无须登记的一般动产，其所有权于交付时发生转移的法律效力。交付，指物的出让人以物权变动为目的，将本人管领的实物让渡给受让人，也包括将对第三人合法占有产生的返还请求权进行让渡。“瓦瑞莎”轮所卸货物系由东方钢铁公司作为收货人办理通关手续，并办理仓储手续存放在大连港矿石码头公司，东方钢铁公司具备货物所有权人的全部外观特征。在此情况下，东方钢铁公司指示大连港矿石码头公司将货物转给中铁物贸公司，并由大连港矿石码头公司为中铁物贸公司出具了库存证明，表明交付已经完成。中铁物贸公司即成为涉案货物的所有权人。

《中华人民共和国物权法》第一百零六条规定：无处分权人将不动产或者动产转让给受让人的，所有权人有权追回；除法律另有规定外，符合下列情形的，受让人取得该不动产或者动产的所有权：（一）受让人受让该不动产或者动产时是善意的；（二）以合理的价格转让；（三）转让的不动产或者动产依照法律规定应当登记的已经登记，不需要登记的已经交付给受让人。受让人依照前款规定取得不动产或者动产的所有权的，原所有权人有权向无处分权人请求赔偿损失。中铁物贸公司与东方钢铁公司签订了铁矿石买卖合同，中铁物贸公司向东方钢铁公司支付了货款，且如前所述，东方钢铁公司向中铁物贸公司交付了货物，中铁物贸公司亦取得了货物所有权，取得是善意的，不受东方钢铁公司是否向出卖人支付货款的影响，中铁物贸公司的货物所有权理应受到保护。而且在向厦门市思明区人民法院起诉前，香港分行已在大连海事法院提起诉讼，要求东方钢铁公司赔偿其货物损失，选择了救济途径。

虽然中铁物贸公司提出的《财产保全异议申请书》被驳回，但（2013）大海保字第56号民事裁定书明确写明：该案仅是财产保全程序，该院依法不应在该案中对当事人及异议人提供的拟证明货物权属的证据进行质证认证，进而不能对货物的所有权进行实体审理，故对异议人在该案中提出的异议申请予以驳回。告知异议人应当另行提起请求确认货物所有权的相应法律程序来维护其主张的权益。而且，大连海事法院对涉案货物作出的仅是诉前财产保全，适用的是保全程序，并非执行程序，因此，中铁物贸公司依据其与东方钢铁公司签订的买卖合同提起确权诉讼并无不当，并未违反专属管辖的规定。香港分行述称“中铁物贸公司和东方钢铁公司在明知涉案货物已被查封，且其已在大连海事法院提起维权诉讼的情况下，恶意串通相互配合，未通知香港分行就径行在法院进行诉讼的行为，损害了其权利”，但未提供任何证据予以证明，对此不予采信。

综上，香港分行要求撤销厦门市思明区人民法院（2014）丰民初字第02482号民事判决书判决主文第二项的诉讼请求，没有依据，不予支持。判决如下：

驳回香港分行的诉讼请求。

北京市第二中级人民法院经审理认为：本案在二审审理期间的争议焦点为：1. 香港分行是否有资格提起本案第三人撤销之诉；2. 一审法院对中铁物贸公司与东方钢铁公司买卖合同纠纷一案是否具有管辖权；3. 中铁物贸公司是否基于善意取得而获得涉案货物的所有权。

关于第一个争议焦点问题。《中华人民共和国民事诉讼法》第五十六条第三款规定，第三人因不能归责于本人的事由未参加诉讼，但有证据证明发生法律效力的判决、裁定、调解书的部分或者全部内容错误，损害其民事权益的，可以自知道或者应当知道其民事权益受到损害之日起六个月内，向作出该判决、裁定、调解书的人民法院提起诉讼。在中铁物贸公司与东方钢铁公司的买卖合同纠纷诉讼中，中铁物贸公司要求确认存放在大连港“瓦瑞莎”轮货物归其所有，一审法院判决确认上述货物归中铁物贸公司所有，该判决已经发生法律效力。香港分行持有上述货物提单，其非因本人事由未能参加该案诉讼，香港分行以一审法院生效判决损害其民事权益为由，在法定期限内提起撤销之诉，符合《中华人民共和国民事诉讼法》第五十六条第三款规定的第三人撤销之诉的起诉条件，香港分行属于第三人撤销之诉的适格陈某某。

关于第二个争议焦点问题。《最高人民法院关于适用〈中华人民共和国海事诉讼特别程序法〉若干问题的解释》第二十二条规定，利害关系人对海事法院作出的海事请求保全裁定提出异议，经审查认为理由不成立的，应当书面通知利害关系人。第九十七条规定，在中华人民共和国领域内进行海事诉讼，适用海事诉讼特别程序法的规定。海事诉讼特别程序法没有规定的，适用民事诉讼法的有关规定。《中华人民共和国民事诉讼法》第一百零八条规定，当事人对保全或者先于执行的裁定不服的，可以申请复议一次。《最高人民法院关于适用〈中华人民共和国民事诉讼法〉的解释》第一百七十二条规定，利害关系人对保全或者先予执行的裁定不服申请复议的，由作出裁定的人民法院依照民事诉讼法第一百零八条的规定处理。根据上述法律、司法解释的规定，利害关系人对保全裁定不服的，可以申请复议。中铁物贸公司针对保全裁定向大连海事法院提出异议后，大连海事法院作出《驳回异议通知书》，并告知中铁物贸公司应当另行提起请求确认货物所有权的相应法律程序来维护其主张的权益，据此中铁物贸公司在一审法院提起确权诉讼，符合上述法律及司法解释的规定。香港分行依据《中华人民共和国民事诉讼法》第二百二十七条关于案外人执行异议之诉的规定，认为大连海事法院对中铁物贸公司与东方钢铁公司之间的确权争议享有专属管辖权，缺乏法律依据。此外，第三人撤销之诉所审理范围应当仅包含发生法律效力的判决实体处理内容是否存在错误，原审诉讼在审理程序上是否存在错误不属于第三人撤销之诉的审理范围。综上，香港分行对中铁物贸公司与东方钢铁公司买卖合同纠纷一案法院管辖权问题所提出的上诉意见，不能成立，不予支持。

关于第三个争议焦点问题。中铁物贸公司与东方钢铁公司对于买卖矿粉达成了合意，中铁物贸公司向东方钢铁公司支付了对价，在双方没有约定具体交货时间的情况下，涉案货物到港后，东方钢铁公司办理了货物的进口通关手续，并指示大连港矿石码头公司向中铁物贸公司交付货物，中铁物贸公司亦取得了大连港矿石码头公司存放货物的确认函件。据此，中铁物贸公司作为受让人，其有理由相信东方钢铁公司是涉案货物的合法所有人，在支付了相应对价并已完成了指示交付后，中铁物贸公司作为善意买受人即取得了涉案货物的所有权。中铁物贸公司上述行为符合善意取得的构成要件，香港分行提出提单具有物权属性，其作为提单持有人享有涉案货物所有权的上诉意见，不能对抗中铁物贸公司基于善意取得所取得的货物所有权。香港分行主张涉案货物的提取需要出具提单或提货单，亦缺乏证据支持，不予采信。

综上所述，香港分行的上诉请求均不能成立，应予驳回；一审法院认定事实清楚，适用法律正确，应予维持。北京市第二中级人民法院依照《中华人民共和国物权法》第二十六条、第一百零六条，《中华人民共和国民事诉讼法》第五十六条第三款、第六十四条第一款、第一百零八条、第一百七十条第一款第（一）项、第二百二十七条，《最高人民法院关于适用〈中华人民共和国民事诉讼法〉的解释》第一百七十二条，《最高人民法院关于适用〈中华人民共和国海事诉讼特别程序法〉若干问题的解释》第二十二条、第九十七条之规定，判决如下：

驳回上诉，维持原判。

【法官后语】

本案涉及海商法领域提单是否属于物权凭证问题以及善意取得的法律效力问题。

1. 提单的法律性质问题

关于提单的法律性质目前仍无定论。《中华人民共和国海商法》第七十一条对提单进行了规定，但是却规避了对提单法律性质的定性。目前关于该问题的基本理论观点有以下几种：

（1）物权凭证说。该学说又分为所有权说和占有说。所有权说来自英美法对提单的认识，英美法认为提单是一种“Document of Title”，据此，所有权说认为，提单应被理解为货物的所有权凭证。占有说认为，提单持有人享有凭提单要求承运人交货的权利，是因为提单持有人对货物享有占有权。

（2）物权凭证否定说。该学说认为把提单说成是物权凭证，既无法律依据，亦不符合国际贸易的实际情况。我国民法及海商法对于什么是物权凭证或者所有权凭证并未作出明确的界定，《中华人民共和国物权法》填补了这一空白。根据该法第十七条及第二十四条的规定，只有不动产和特殊的动产的所有权证书，才是法律认可的物权凭证或所有权凭证。该种凭证是国家授权的行政机关，依据权利人登记申请，经审核后颁发的物权权属证明，提单不具备该种证书产生和存在的任何条件及特点。

(3) 债权关系说。该学说认为提单其实仅体现了债权上的货物交付请求权，所以是一种债权证据，在国际贸易中，提单并无必要成为或强化为物权凭证，持有提单在多数场合可直接占有货物，这是由提单的债权效力予以保证的。

(4) 阶段论说。该学说认为提单的法律性质在不同的经济领域应该是有区别的。在贸易、结算阶段，提单主要体现的是一种物权关系；在运输、结算阶段，提单体现为一种债权关系。

(5) 有价证券说。该学说认为提单不仅是运输合同的证明和货物收据，其更是将提货权证券化的单据，提单表征着提货权，提单是提单持有人行使提货权的依据。

笔者认为，鉴于目前的司法审判情况，物权凭证否定说及阶段论的说法相对更具合理性。因提单不具备我国法律关于所有权证书规定的产生和存在的任何条件及特点，将其直接认定为物权凭证显然不合理；阶段论说的思路因明晰提单相关法律关系进而有助于把握个案中提单相关法律依据的正确运用。

本案在一审过程中，香港分行以提单属于物权凭证为由，认为东方钢铁公司无权处分货物，请求撤销之前作出的关于货物权属的判决。虽然本案一审判决中并未认同提单的物权凭证属性，但是基于提单本身属于海上货物运输中的重要单据，香港分行提起诉讼的情况符合法律规定的第三人撤销之诉的起诉条件，故其属于第三人撤销之诉的适格主体。因海商法未对提单的属性作出明确规定，且提单也并非属于我国法律规定的所有权属凭证类型，故一审判决并未对香港分行所持提单的物权凭证观点予以确认。

2. 善意取得制度的法律效果

(1) 基于善意取得获得所有权

善意取得制度的法律效果在于，就原权利人而言，自无权处分人交付动产占有时起，丧失对动产的所有权，且不得向受让人请求返还；对受让人而言，自占有动产起，取得对动产的所有权，并且可以对抗原权利人要求返还原物的请求。比照善意取得的构成要件，根据本案事实，中铁物贸公司作为受让人，其有理由相信东方钢铁公司是涉案货物的合法所有人，在支付了相应的对价并已完成指示交付后，中铁物贸公司作为善意买受人已经取得了涉案货物所有权。

（2）善意取得的对抗性

在善意取得制度下，以占有公信力为出发点，法律选择重点保护财产交易的动态安全，而舍弃财产所有权的静态保护。本案中，即使将提单认定为物权凭证，或已经有确定的事实认定香港分行是涉案物品的原权利人，因中铁物贸公司的行为满足善意取得的构成要件，香港分行也已经丧失对涉案物品的所有权，故中铁物贸公司完全可以基于此对抗原权利人要求返还原物的请求。

3. 本案逻辑分析

综上分析，本案的基本逻辑为：（1）无论提单的法律性质是否为物权凭证，香港分行均因提单在海上贸易的重要性而享有提起本案第三人撤销之诉的主体资格；（2）因海商法未对提单的属性作出明确规定，且提单也并非属于我国法律规定的所有权属凭证类型，故一审判决并未对香港分行提出的提单的物权凭证观点予以确认，但因中铁物贸公司的行为满足善意取得的构成要件，故香港分行的诉讼请求无法得到支持；（3）退一步讲，即使将提单认定为物权凭证，香港分行提出的其因提单具有物权属性，其作为提单持有人享有涉案货物所有权的意见仍不能对抗中铁物贸公司基于善意取得所取得的货物所有权。故本案无论基于何种分析，香港分行的诉讼请求均无法得到支持。

编写人：北京市丰台区人民法院　张英婷　赵晓蕾

11

展销车辆的所有权认定

——重庆美冠汽车销售服务有限公司诉邓强执行异议之诉案

【案件基本信息】

1. 裁判书字号

重庆市第四中级人民法院（2016）渝04民终字第1521号民事判决书

2. 案由：执行异议之诉纠纷

3. 当事人

原告（被上诉人，执行案外人）：重庆美冠汽车销售服务有限公司（以下简称美冠公司）

被告（上诉人，申请执行人）：邓强

第三人（被执行人）：重庆浩发汽车销售有限公司（以下简称浩发公司）、谢晓雷

【基本案情】

美冠公司系通用汽车公司及通用汽车销售公司雪佛兰品牌的授权经销商。2015年3月3日，美冠公司（甲方）与浩发公司（乙方）签订《二级网络年度合作协议》（以下简称《合作协议》），约定甲方授权乙方为雪佛兰汽车在彭水辖区独家经销商，双方为汽车买卖关系，乙方向甲方购买汽车后，自负盈亏，乙方在签订《合作协议》时向甲方支付合同保证金150000元，及每辆展示样车保证金（按照厂方指导价总额的30%计）。协议有效期内，甲方向乙方提供3台展示样车支持，展示样车由乙方到甲方所在地自提，在乙方未向甲方付清展示样车全部价款前，该车的所有权属甲方，乙方无权将展示样车作任何形式的抵押、变卖、转让，也不得将该车作为工作用车或试乘试驾车使用。次日，浩发公司向美冠公司支付保证金150000元。2015年4月30日（发票时间），美冠公司向通用汽车销售公司购买了雪佛兰牌科鲁兹汽车、雪佛兰赛欧汽车各一辆（即涉案轿车）。同年5月20日，浩发公司在美冠公司处提取了涉案的两辆汽车。两份《车辆出库单》均载明出库原因为“展车”，二级网络名称“彭水浩发”，移出点“美冠雪佛兰”，移入点“彭水浩发摆展”。

2015年7月20日，重庆市彭水苗族土家族自治县人民法院立案受理邓强诉浩发公司、谢晓雷民间借贷纠纷一案，在该案的审理过程中，该院依据邓强的申请，于2015年7月20日作出（2015）彭法民初字第02535－1号民事裁定书，对位于浩发公司销售展厅的涉案车辆进行扣押。后经该院主持调解，双方达成调解协议，确定由浩发公司、谢晓雷于2015年8月23日前偿还邓强借款本金30万元及利息。因浩发公司、谢晓雷逾期未履行前述清偿义务，邓强申请强制执行。在执行过程中，美冠公司向彭水苗族土家族自治县人民法院提出执行异议，请求解除对涉案轿车的扣押，

并不予执行。该院于2016年2月1日作出（2015）彭法执保字第00055－1号执行裁定书，驳回了美冠公司的执行异议。美冠公司不服，在法定期间内提起本案诉讼。

【案件焦点】

浩发公司向美冠公司购买的涉案车辆所有权属于美冠公司还是浩发公司。

【法院裁判要旨】

重庆市彭水苗族土家族自治县人民法院经审理认为：首先，根据美冠公司举示的《雪佛兰品牌授权经销商合同（销售售后）》《通用汽车销售公司销售货物或者提供应税劳务清单》、发票、整车分拨交接单等证据，能够证明涉案的两辆汽车是美冠公司从通用销售公司处所购得。其次，根据美冠公司与浩发公司签订的《合作协议》约定，美冠公司需对浩发公司提供展示样车的支持。涉案两辆汽车的《车辆出库单》也反映了车辆的性质属于展示样车。另外，结合美冠公司与浩发公司签订的《合作协议》的时间以及浩发公司支付款项的时间来看，浩发公司所支付的150000元应属于支付《合作协议》的保证金，而不能认定是支付涉案两辆汽车的购车款。综合前述理由，能够印证涉案两辆汽车属于美冠公司基于《合作协议》对浩发公司进行的展示样车支持，而美冠公司在与浩发公司签订的《合作协议》中对展车的所有权作出了明确约定，在浩发公司支付全部展车的价款前，展车属于美冠公司所有。基于汽车销售行业的特性，展示样车必然要停放在直面消费者的销售平台，在本案中而言，也就是实际销售车辆的浩发公司，故，车辆停放在浩发公司并不等同于美冠公司已将车辆的所有权转移给了浩发公司。邓强虽认为争议车辆的所有权属于浩发公司，但并未提交相关证据证明，故对邓强辩称的这一事实不予认定。

重庆市彭水苗族土家族自治县人民法院依照《中华人民共和国物权法》第三十九条之规定，作出如下判决：

一、确认（2015）彭法执保字第00055－1号执行裁定书中所涉的两辆雪佛兰牌汽车（科鲁兹一辆，车架号：LSGBE544XFG037260；赛欧一辆，车架号：LSGHD54H3FD197319）属于美冠公司所有。

二、不得执行（2015）彭法执保字第00055－1号执行裁定书中所涉的两辆雪佛兰牌车辆（科鲁兹一辆，车架号：LSGBE544XFG037260；赛欧一辆，车架号：LSGHD54H3FD197319）。

邓强不服上述判决，提起上诉。重庆市第四中级人民法院经审理认为：本案当事人的争议焦点是涉案两辆轿车是否归美冠公司所有。首先，美冠公司提交的车辆购置发票和《车辆及汽车钥匙和合格证监管确认书》，证明自己购买了涉案轿车，继受取得了两辆轿车的所有权。其次，美冠公司举示的《二级网络年度合作协议》《车辆出库单》等证据，能够证明涉案轿车交付给浩发公司作展车，车辆所有权并不因交付给浩发公司占有而发生转移。最后，依通常的轿车分级销售模式，直接向消费者售卖的浩发公司一般不会在消费者未实际买定的情形下购置数量车辆待售闲置。另外，邓强未举证证明涉案轿车已由美冠公司转移给浩发公司所有。因此，应当认定涉案轿车的所有权归属于美冠公司。

重庆市第四中级人民法院依照《中华人民共和国民事诉讼法》第六十四条第一款、第一百七十条第一款第（一）项之规定，作出如下判决：

驳回上诉，维持原判。

【法官后语】

本案处理重点在于所有权保留买卖合同的标的物的所有权转移问题。《中华人民共和国合同法》第一百三十条规定："买卖合同是出卖人转移标的物的所有权于买受人，买受人支付价款的合同。"根据该规定，买卖合同以移转标的物的所有权为目的。本案争议标的属于动产，关于动产物权的移转，《中华人民共和国物权法》第二十三条规定："动产物权的设立和转让，自交付时发生效力，但法律另有规定的除外。"根据该条规定，动产物权的转让自交付即发生效力。具体到本案，争议车辆已由美冠公司基于买卖合同关系交付浩发公司，并由浩发公司实际占有，浩发公司已经取得争议车辆的所有权，彭水县人民法院在邓强申请执行浩发公司、谢晓雷民间借贷纠纷一案中，针对美冠公司就涉案标的提出的执行异议所作出的（2015）彭法执保字第00055－1号执行裁定书驳回执行异议的执行裁定所持观点，没有全面、正确地理解动产物权转移制度，《中华人民共和国合同法》第一百三十三条规定："标的物的所有权自标的物交付时起转移，但法律另有规定或者当事人另有约定的除外。"该规定所谓"法律另有规定"主要是指物权法关于不动产物权登记转移的规定，而"当事人另有约定"主要是指动产所有权保留买卖情形。该条规定即属于《中华人民共和国物权法》第二十三条规定但书部分"法律另有规定的除外”的情形，根据《中华人民共和国合同法》第一百三十三条的规定，买卖合同相对人就不动产标的物所有权移转另有约定的，应当依据当事人的约定来确定标的物的所有权归属。本案中，美冠公司与浩发公司之间就争议车辆签订所有权保留合同，在浩发公司支付所有购车款前，争议车辆属于美冠公司所有。而事实是浩发公司尚未支付全部购车款，故争议车辆所有权未转移至浩发公司。

编写人：重庆市彭水苗族土家族自治县人民法院　黄宽

12

对查封车辆提起的案外人执行异议之诉中车辆所有权人和善意第三人的认定

——赵远逵、吴秀梅诉王超等案外人执行异议之诉案

【案件基本信息】

1. 裁判书字号

北京市第三中级人民法院（2016）京03民终字第1378号民事判决书

2. 案由：案外人执行异议之诉纠纷

3. 当事人

原告（上诉人，执行案案外人）：赵远逵、吴秀梅

被告（被上诉人，申请执行人）：王超

被告（被上诉人，被执行人）：邵维利、赵堃、赵智勇、赵堃

【基本案情】

北京市方正公证处于2014年11月18日作出（2014）京方正执字第00941号执行证书，确认被申请执行人为赵堃、赵智勇、邵维利，执行的为本金2200000元+利息（扣除已经支付的六个月）+违约金+实现债权所产生的其他相关费用。后因赵堃、赵智勇、邵维利未履行生效法律文书确定的义务，王超向法院申请强制执

行。执行过程中，法院于2014年12月10日裁定对赵智勇名下涉案车辆予以查封。赵远逵、吴秀梅对上述执行行为提出执行异议，要求中止对涉案车辆的执行。2015年5月12日，法院作出（2015）通执异字第03012号执行裁定，驳回赵远逵、吴秀梅所提异议申请。

另，赵远逵与吴秀梅二人系夫妻关系，涉案车辆是其全资购买，最初登记在赵远逵名下（外地牌照），其举证的机动车登记证书上记载：森林人小型越野客车（即涉案车辆），登记日期为2008年11月28日，机动车所有人为赵远逵；登记日期为2012年11月28日，机动车所有人为达红，获得方式为购买；转移登记日期为2014年12月8日，机动车登记号为京×2，获得方式为购买，姓名为赵智勇。赵远逵、吴秀梅举证的发票号码为50450的二手车销售统一发票记载：买方为达红，卖方为赵远逵。赵远逵、吴秀梅举证的发票号码为734941的二手车销售统一发票记载：买方为赵智勇，卖方为达红，车价合计150000元。

在车辆由达红转移登记给赵智勇时，赵远逵、吴秀梅与赵智勇签有北京车辆号牌指标租赁协议，约定赵远逵、吴秀梅租赁赵智勇北京车辆号牌指标，指标使用款50000元。涉案车辆实际由赵远逵、吴秀梅占有和使用。邵维利、赵智勇、赵堃认可车辆的实际权利人为赵远逵、吴秀梅。王超对此不予认可，并称涉案车辆可能涉嫌财产转移。

【案件焦点】

对查封车辆提起的案外人执行异议之诉中车辆所有权人和善意第三人如何认定。

【法院裁判要旨】

北京市通州区人民法院经审理认为：船舶、航空器和机动车等物权的设立、变更、转让和消灭，未经登记，不得对抗善意第三人。本案中，法院执行查封的涉案车辆登记所有人为赵智勇，法院依据生效法律文书对登记在赵智勇名下的涉案车辆采取强制措施理由正当，程序合法，符合法律规定。鉴于一，赵远逵、吴秀梅举证的机动车登记证书以及二手车销售统一发票记载：涉案车辆经过两次买卖，2014年12月8日转移登记于赵智勇名下。鉴于二，经询，赵远逵、吴秀梅称其二人不具备在北京购车资格。故赵远逵、吴秀梅以涉案车辆由其出资购买为由，主张对涉案车辆享有所有权并要求法院对涉案车辆停止执行的主张缺乏事实及法律依据。

北京市通州区人民法院依据《中华人民共和国民事诉讼法》第二百二十七条、《最高人民法院关于适用〈中华人民共和国民事诉讼法〉的解释》第三百一十二条之规定，判决如下：

驳回赵远逵、吴秀梅的诉讼请求。

赵远逵、吴秀梅持原审起诉意见提起上诉。北京市第三中级人民法院经审理认为：物权的变动可以分为基于法律行为的物权变动和非基于法律行为的物权变动，合意是依法律行为变动物权的基础。赵远逵与吴秀梅系夫妻关系，赵远逵于2008年11月出资购买涉案车辆，该车辆应属赵远逵与吴秀梅共同所有。从现有证据来看，2012年11月28日和2014年12月8日，该机动车先后进行了两次转移登记，虽然两次转移方式在权属证书上均登记为购买，但是，在赵远逵、吴秀梅与达红之间并无车辆买卖、转移车辆所有权的意思表示，而是赵远逵、吴秀梅借用达红的北京人身份进行车辆登记。同样，在达红与赵智勇之间也无车辆买卖、转移车辆所有权的意思表示，而是赵远逵、吴秀梅租用了赵智勇的车辆指标，将车辆从达红名下转移登记到赵智勇名下。两次转移登记的目的都是便于车辆在北京使用，而非进行车辆买卖、转移车辆的所有权，且该车辆也处于赵远逵、吴秀梅占有和使用的状态。因此，涉案车辆虽然现登记在赵智勇名下，但其实际权利人应为赵远逵、吴秀梅。赵远逵、吴秀梅就涉案车辆享有足以排除强制执行的民事权益。但赵远逵、吴秀梅并不具备在京购车资格，没有取得北京市小客车指标证明文件，其要求确认车牌号为京×2的机动车为赵远逵、吴秀梅所有的诉讼请求，暂时不予支持，其可待条件成熟时，另行主张该项权利。

北京市第三中级人民法院依照《中华人民共和国民事诉讼法》第一百七十条第一款第（二）项之规定，判决如下：

一、撤销北京市通州区人民法院（2015）通民初字第10971号民事判决；

二、北京市通州区人民法院停止对车牌号为京×2机动车的执行；

三、驳回赵远逵、吴秀梅的其他诉讼请求。

【法官后语】

车辆所有权变更登记并不必然导致车辆所有权转移。物权的变动可以分为基于法律行为的物权变动和非基于法律行为的物权变动，合意是依法律行为变动物权的基础。基于法律行为的物权变动，原则上应当采取“合意（或法律行为）+公示（登记或交付）”的方式完成，上述两个因素缺一不可。首先，本案应当审查在赵远逵、吴秀梅与达红之间，达红与邵维利、赵智勇、赵堃之间是否有转移车辆所有权的合意。其次，可以审查车辆的交付问题。动产物权的设立和转让，自交付时发生效力。涉案车辆一直处于赵远逵、吴秀梅占有和使用状态，赵远逵、吴秀梅从未将涉案车辆交付他人，也不存在其他简易交付、指示交付、占有改定等特殊交付情形。涉案车辆虽经两次转移登记，但相关当事人之间既无转让所有权的合意，也无实际交付行为，因此，涉案车辆的实际所有权人应为赵远逵、吴秀梅。

车辆登记所有权人的债权人并不等同于善意第三人。有观点认为，机动车登记所有权人的一般金钱债权人并不知悉机动车存在号牌租赁、借用等情形，该债权人对于机动车的登记所有权人和实际所有权人来讲就是善意第三人，其债权应当受到保护，并可以通过执行登记在债务人名下机动车的方式去实现债权。我们认为，就机动车等特殊动产物权而言的善意第三人，是指信赖机动车登记簿的登记而与机动车名义登记人从事物权交易的物权取得者，具体包括善意的机动车所有权取得者、善意的机动车抵押权取得者等。《最高人民法院关于适用〈中华人民共和国物权法〉若干问题的解释（一）》第六条规定对善意第三人的范围进行了限定，转让人的一般债权人、强制执行债权人都不属于善意第三人的范围。

车辆实际权利人的确权请求受车辆号牌指标的影响。根据道路交通安全法规定，车辆与号牌具有一定的不可分割性。本案中，虽然涉案车辆的实际所有权人为赵远逵、吴秀梅，但其在案件审理期间尚不具备在京购车资格，司法裁判不能直接确认车牌号的使用主体，故对其要求确认车牌号为京×2的机动车为其所有的诉讼请求，可暂时不予支持。另有观点认为，可以判决发动机号码为×3的车辆归赵远逵、吴秀梅所有，回避车辆的北京号牌问题。但鉴于车辆与号牌结合一体方可上路行驶的情况，判决发动机号码为×3的车辆归赵远逵、吴秀梅所有，等于间接确认了具有北京号牌的车辆归赵远逵、吴秀梅所有，这种判决方式也会使行政机关的管理措施落空，故法院不宜采取。

编写人：北京市第三中级人民法院　齐晓丹　张钰鑫

13

执行异议之诉对执行依据错误与否不能审查

——邹昊诉柏强、夏勇案外人执行异议之诉案

【案件基本信息】

1. 裁判书字号

北京市朝阳区人民法院（2016）京0105民初字第45106号民事判决书

2. 案由：案外人执行异议之诉纠纷

3. 当事人

原告（执行案外人）：邹昊

被告（申请执行人）：柏强

被告（被执行人）：夏勇

【基本案情】

邹昊于2011年7月28号以夏勇的名义购买北京市朝阳区阜荣街×号楼2单元2001室房屋（以下简称诉争房屋），夏勇于2012年将诉争房屋抵押从柏强处借款50万元，并进行了债权公证，邹昊知晓并同意抵押，亦实际使用借款。柏强以借款未获清偿为由，申请公证机关出具了具有强制执行力的公证债权文书，柏强持公证书申请北京市朝阳区人民法院（以下简称朝阳法院）强制执行，后朝阳法院查封诉争房屋。2016年，邹昊提出执行异议，以其系诉争房屋实际权利人为由，要求排除执行，朝阳法院出具（2016）京0105执异207号裁定书，驳回了邹昊的执行异议，邹昊不服，诉至朝阳法院，要求判令停止（2013）朝执字第13952号执行案件中对诉争房屋的执行并确认邹昊系房屋所有权人。庭审中，邹昊提出新的理由和证据，称其已通过向案外人李某账号打款的方式归还柏强借款，柏强否认收到。

【案件焦点】

1. 借名买卖房屋，借名人是否能够直接要求确认房屋归其所有；2. 案外人执行异议之诉中是否能够对执行依据进行审查。

【法院裁判要旨】

北京市朝阳区人民法院经审理认为：邹昊主张的借名买房关系属于债权，要求确认诉争房屋归其所有混淆了债权和物权的区别，故不予支持。因其知晓并同意抵押诉争房屋，故柏强对诉争房屋的抵押权已经登记设立，有权就诉争房屋主张优先受偿权，从执行异议之诉的审查范围来看，邹昊要求停止执行于法无据。执行异议之诉的诉讼请求应与原判决、裁定无关，案外人、当事人对执行异议裁定不服，认为原判决、裁定错误的，依照审判监督程序办理，邹昊称已归还借款一节，并非执行异议之诉的审查范围，可以另行通过合法途径解决。综上所述，邹昊的诉讼请求不能成立。

北京市朝阳区人民法院依照《中华人民共和国物权法》第二十八条、《中华人民共和国民事诉讼法》第二百二十七条、《最高人民法院关于适用〈中华人民共和国民事诉讼法〉的解释》第三百一十二条之规定，判决如下：

驳回邹昊的全部诉讼请求。

【法官后语】

一般认为，基于法律行为的物权变动，我国采用的是债权形式主义的变动模式，即除债权合意外，还需要履行登记或交付的法定形式。本案中，邹昊作为案外人，可以提出确认其权利的诉讼请求，诉讼程序上不存在障碍。但是，邹昊与夏勇存在借名买卖房屋的合同关系，此系债权合意，邹昊享有要求夏勇将诉争房屋登记过户到其名下的债权，登记完成后，不动产变动才发生效力，邹昊始能获得诉争房屋所有权，登记未完成时，邹昊要求确认诉争房屋归其所有缺乏法律依据。邹昊知晓并同意用诉争房屋作抵押，故邹昊与夏勇的借名购房关系不能排除执行。

执行异议之诉可以分为案外人执行异议之诉和申请执行人执行异议之诉，案外人执行异议之诉的目的是请求人民法院排除对特定执行标的的执行行为，申请人执行异议之诉的目的是请求人民法院继续对特定执行标的执行行为。根据《中华人民共和国民事诉讼法》第二百二十七条的规定，不管是案外人还是申请执行人，如果对执行异议裁定不服，认为原判决、裁定错误的，应当依照审判监督程序主张权利。邹昊系案外人，其执行异议未获得支持，故本案属于案外人执行异议之诉。邹昊在本案诉讼中提出已经归还借款的新理由，如所述属实，属于原判决、裁定错误的范畴，应该依照审判监督程序办理，不属于案外人执行异议之诉的审理范围。

综上，执行异议之诉所要解决的是名义权利人与实际权利人不符时对于实际权利人的救济问题，邹昊未正确区分物权与债权，在其尚未实际取得诉争房屋的所有权时，即提起本案诉讼，错误适用了案外人执行异议之诉程序，故其诉讼请求未获得法院的支持。

编写人：北京市朝阳区人民法院　石海朝

14

物权确认案件中的时效

——李淑珍等诉金淑珍等所有权确认案

【案件基本信息】

1. 裁判书字号

北京市第二中级人民法院（2016）京02民终字第8970号民事判决书

2. 案由：所有权确认纠纷

3. 当事人

原告（上诉人）：李淑珍、李淑明、王怀信、王晓

被告（被上诉人）：金淑珍、李全胜、李全红、李全荣、李占忠、李恩庆、李智、李全英

【基本案情】

李子峰、李子如、李子贵、李子元系兄弟关系。李子峰与陈玉芳系夫妻关系，二人生育子女李淑华、李淑珍、李淑明。李子峰于1969年3月14日因死亡注销户

口。经双方当事人确认陈玉芳于1963年死亡。李淑华于1998年7月17日因死亡注销户口。李淑华与王怀信系夫妻关系，二人育有一女王晓。李子如与王德玉系夫妻关系，二人生育子女李占和、李占忠、李淑惠。双方确认李子如于1962年死亡，王德玉于1972年死亡。李占和于2000年6月1日因死亡注销户口。李淑惠于2013年7月13日死亡。李占和与金淑珍系夫妻，二人生育子女李全胜、李全红、李全荣、李全英。李淑惠与李恩庆系夫妻，二人育有一子李智。诉争北京市西城区宫门口四条A号房屋旧门牌为宫门口东四条B号，房屋系“文革”收公产继承发还，原产权人为王德玉，1984年8月8日产权变更为李占合、李占忠、李淑惠三人共有。2015年8月6日，北京市西城区房屋管理局向李占忠出具信息查询回复一份，载明：“经查，坐落于西城区东四条B号（旧门牌）的房屋原产权人为王德玉，建筑面积为198.7平方米，共14间。经您申请，现将原房屋权属证书复印件附后。”其后所附复印件为北京市房地产管理局证字第0020239号房地产所有权证，其上显示：西城区东四条B号所有权人姓名王德玉，发证日期为1964年9月14日。审理中，李淑珍、李淑明、王怀信、王晓主张1965年王德玉与李子峰、李子贵之子李占奎等签署协议，确定诉争房屋归李子峰所有，为证明该项陈述，李淑珍、李淑明、王怀信、王晓提供北京市门头沟区人民法院民事卷宗档案查询件一份，其中含调解笔录一份、结案批示表一份。调解笔录时间为：1965年4月25日上午10：00，地点：郝培山家，协议内容为：由王德玉将其阜成门宫门口东四条B号东房三间给李子锋、属李子锋所有，而李子锋将其圈门里南后街C号院东房三间给李占奎，属李占奎所有，其他财产各无争执。协议下方有李子奎、王德玉、李子铎、李子元、李淑华署名字样。结案批示表中记载：结案日期为1965年4月25日，案情摘要部分记载：李占奎是李子峰、李子元、王德玉的亲侄。（李占奎的父亲李子贵现已去世）双方祖遗产房从未正式分过，只是各占用几间。除李子峰、李子元卖掉的外，李子峰、李子元各占用圈门里南后街C号东西房各三间，而李占奎兄弟二人占三间（四小间），王德玉占用北京阜成门里宫门口东四条B号院15间。现李子奎因人多房少，要求分房起诉至本院，经调解四方协议，王德玉将东四条B号院东房三间给李子峰，而李子峰将南后街C号院的东房三间给李占奎兄弟，各无意见，分配已清。此案就此结案。经双方确认，李淑珍、李淑明、王怀信、王晓家庭从未使用过诉争房屋。

【案件焦点】

所有权确认案件中是否适用诉讼时效。

【法院裁判要旨】

北京市西城区人民法院经审理认为：李淑珍、李淑明、王怀信、王晓要求确认诉争房屋归其所有的理由为经法院调解确认诉争房屋属李子峰所有，李子峰去世后房屋应由其继承，即其要求确认所有权的基础法律关系为继承关系。依照《中华人民共和国继承法》规定，继承权纠纷提起诉讼的期限为二年，自继承人知道或者应当知道其权利被侵犯之日起计算。但是，自继承开始之日起超过二十年的，不得再提起诉讼。根据门头沟法院卷宗，1965 年 4 月 25 日，王德玉与李子峰达成协议，王德玉同意将诉争房屋给李子峰，归李子峰所有。同时参与调解的还包括李子峰之女李淑华，即李子峰家庭对该调解内容应知晓。但李子峰于 1969 年去世，其继承人并未提出就此房屋作为李子峰遗产予以继承，即使考虑特殊历史时期情况，但 1984 年该房屋作为“文革”收公产发还于王德玉的继承人李占忠、李占和、李淑惠，该房屋未由李子峰继承人继承的事实已经发生，该时点距原告起诉亦已逾 30 年。综上，李淑珍、李淑明、王怀信、王晓起诉超过了法律规定的最长时效，对其诉讼请求不予支持。

北京市西城区人民法院依照《中华人民共和国继承法》第二条、第八条之规定，作出如下判决：

驳回李淑珍、李淑明、王怀信、王晓的诉讼请求。

李淑珍、李淑明、王怀信、王晓不服一审判决，提出上诉。北京市第二中级人民法院经审理认为：一审法院依据“李淑珍、李淑明、王怀信、王晓要求确认诉争房屋归其所有的理由为经法院调解确认诉争房屋属李子峰所有，李子峰去世后房屋应由其继承”，确认李淑珍、李淑明、王怀信、王晓要求确认所有权的基础法律关系为继承关系并无不妥。一审法院根据《中华人民共和国继承法》第二条“继承从被继承人死亡时开始”，第八条“继承权纠纷提起诉讼的期限为两年，自继承人知道或者应当知道其权利被侵犯之日起计算。但是，自继承开始之日起超过二十年的，不得再提起诉讼”之规定，认定“李淑珍、李淑明、王怀信、王晓的起诉超过了法律规定的最长时效”亦无不当，予以支持；故李淑珍、李淑明、王怀信、王晓的上诉理由不能成立。又因，诉争房屋的产权证经过几次变更，产权经过几次变更；李淑珍、李淑明、王怀信、王晓提交的证据未能证明该诉争房屋的现所有人不属于善意取得第三人，根据《最高人民法院关于适用〈中华人民共和国物权法〉若干问题的解释（一）》第十五条之规定，李淑珍、李淑明、王怀信、王晓要求确认北京市西城区宫门口四条A号东房三间（建筑面积42.5平方米）归其所有不当，据此，予以驳回。

北京市第二中级人民法院依照《中华人民共和国民事诉讼法》第一百七十条第一款第（一）项之规定，作出如下判决：

驳回上诉，维持原判。

【法官后语】

本案所反映的问题在于所有权确认之诉中是否适用诉讼时效。诉讼时效是指权利人持续不行使民事权利而在期限届满时丧失请求人民法院保护其民事权利的法律制度。诉讼时效制度的存在是为了敦促权利人尽快行使其权利，保护债权人利益，维护社会经济制度稳定。通常认为所有权确认之诉是物权保护的一个重要途径，是所有权效力的体现，属于物权请求权，不适用诉讼时效的相关规定，但笔者认为，目前实践中所有权确认案件的类型呈多样化，虽然立案案由为所有权确认之诉，但据以确认所有权的理由即依据的法律关系不尽相同，应根据基础法律关系确认时效的适用与否。就本案而言，李淑珍、李淑明、王怀信、王晓要求确认所有权的理由为，依据调解协议，被继承人李子峰应为诉争房屋产权人，李子峰去世后应由其继承人继承，但诉争房屋却被按照王德玉遗产发还，导致其权利受损，因此其请求权的基础系继承权受到侵害，这与为恢复所有权的圆满状态而行使的物权请求权性质不同，继承法明确规定了继承权受到侵害应适用诉讼时效。而且正如本案事实，因李子峰家族未及时主张权利，诉争房屋在几十年的时代变迁中，人事流转，产权几经变更，围绕诉争房屋已经形成了新的稳定格局。本案如不适用诉讼时效既与继承法规定不符，亦不符合诉讼时效制度敦促行使权利维护经济社会稳定的价值取向，因此不能仅依据案由确认是否受诉讼时效规制，应根据其实质法律关系，按照继承法相关规定，确认其适用诉讼时效及时效期间。

编写人：北京市西城区人民法院　齐菲

（二）返还原物纠纷

15

限购背景下车辆名义所有权人是否有权向实际所有权人主张车辆返还

——张某霞诉金某某返还原物案

【案件基本信息】

1. 裁判书字号

北京市第三中级人民法院（2016）京03民终字第676号民事判决书

2. 案由：返还原物纠纷

3. 当事人

原告（被上诉人）：张某霞

被告（上诉人）：金某某

【基本案情】

金某某与张某环原系夫妻关系，张某霞系张某环之妹。金某某与张某环婚姻存续期间，金某某以张某霞的名义购买了涉诉车辆。2009年3月31日，张某环与金某某经北京市丰台区人民法院调解离婚，双方协议涉诉车辆归金某某所有。其中，张某霞作为张某环的代理人参与了调解工作。此后，涉诉车辆一直由金某某控制使用。

2013年，金某某曾将张某环、张某霞诉至北京市丰台区人民法院，要求张某霞配合其办理涉诉车辆的过户手续，法院经审理认为，根据北京市人民政府于2010年12月颁布的《〈北京市小客车数量调控暂行规定〉实施细则》规定，因法院判决、裁定、调解发生所有权转移，申请在本市办理小客车转移登记时，现机动车所有人需提交已取得的北京市小客车指标证明文件，因金某某不能提供相应的购车资格证明，涉诉车辆不具备办理过户的条件，故据此驳回了金某某的诉讼请求。

案件审理过程中，北京市朝阳区人民法院应张某霞的申请经北京市高级人民法院随机确定委托北京中嘉盛源资产评估有限公司对涉诉车辆的市场价格进行评估，北京中嘉盛源资产评估有限公司经评估认定涉诉车辆的市场价格为44200元。张某霞为此次评估支付鉴定费4000元。

张某霞自愿支付44200元对金某某进行补偿，要求金某某返还涉案车辆。

【案件焦点】

限购政策制定以前，车辆名义所有权人与车辆实际所有权人不一致时，在限购背景下，车辆名义所有权人是否有权要求车辆实际所有权人返还车辆。

【法院裁判要旨】

北京市朝阳区人民法院经审理认为：根据本案查明的事实，金某某以张某霞的名义购买涉诉车辆时，曾与张某霞就涉诉车辆的权属达成一致，但因金某某在本市不具有购车资格，故涉诉车辆无法办理过户手续，双方所达成的协议亦无法继续履行。现张某霞要求金某某返还涉诉车辆，并同意对金某某予以补偿，张某霞的诉讼请求，有事实和法律依据，予以支持。

北京市朝阳区人民法院依照《中华人民共和国物权法》第三十四条之规定，判决如下：

一、金某某于判决生效之日起七日内将车牌号为京JL××××的红旗牌轿车（车辆识别号LFPH4ABC969014763）返还张某霞；

二、张某霞于判决生效之日起七日内给付金某某折价补偿款44200元。

金某某不服原审法院判决，提起上诉。北京市第三中级人民法院经审理认为：人民法院出具的确认车辆所有权的法律文书具有法律效力。张某环与金某某经北京市丰台区人民法院调解离婚，离婚调解书确认涉诉车辆归金某某所有，此后，涉诉车辆一直由金某某控制使用，可以认定金某某是涉案车辆的实际所有权人。张某霞作为涉案车辆的名义所有权人，无权向车辆的实际所有权人金某某主张返还车辆。综上，一审判决错误，予以纠正。

北京市第三中级人民法院依照《中华人民共和国民事诉讼法》第一百七十条第一款第（二）项之规定，判决如下：

一、撤销北京市朝阳区人民法院（2015）朝民初字第23539号民事判决第一、二项；

二、驳回张某霞全部诉讼请求。

【法官后语】

在限购背景下，车辆名义所有权人是否有权要求车辆实际所有权人返还车辆。

一种观点认为，车辆名义所有权人有权要求车辆实际所有权人返还车辆。理由：第一，金某某无法成为涉案车辆的名义所有权人。根据北京市人民政府颁布的《〈北京市小客车数量调控暂行规定〉实施细则》的规定，因金某某不能提供相应的购车资格证明，涉诉车辆不具备办理过户的条件，金某某无法成为涉案车辆的名义所有权人。第二，涉案车辆“名实不副”的情形损害了张某霞的利益。北京市人民政府颁布的《〈北京市小客车数量调控暂行规定〉实施细则》规定，住所地在本市的个人，名下没有本市登记的小客车，持有效的机动车驾驶证，可以申请指标。故可以推知在北京申请小客车指标的前提是名下没有在该市登记的小客车。金某某实际占有使用涉诉车辆，导致张某霞无法进行小客车指标的申请，也无法实际使用其名下的小客车车牌号。第三，张某霞要求金某某返还涉诉车辆，并同意对金某某予以补偿。支持张某霞该主张并不会导致金某某的财产价值发生减损，而金某某享有的车牌号利益本身不属于金某某所有，故可以支持车辆名义所有权人张某霞要求车辆实际所有权人金某某返还车辆的诉讼请求。

另一种观点认为，车辆名义所有权人无权要求车辆实际所有权人返还车辆。第一，人民法院出具的确认车辆所有权的法律文书具有确权效力。判决从生效之日起便会产生相应的法律效力。任何法院都不得在未经法定程序的情况下撤销、改变其判决。张某环与金某某经法院调解离婚，离婚调解书确认涉诉车辆归金某某所有，此后，涉诉车辆一直由金某某控制使用，可以认定金某某是涉案车辆的实际所有权人。第二，通过张某霞对金某某进行财产补偿的方式剥夺金某某对涉案车辆享有的所有权，侵害了实际所有权人金某某的处分权。所有权是指所有人依法对自己的财产享有占有、使用、收益和处分的权利。所有权是物权中最重要、最完全的一种权利，具有绝对性、排他性、永续性。处分权是所有权四项权能的核心，是所有权人最基本的权利，处分权意味着所有权人有权选择是否处分财产，出售的对象以及出售的价格，等等。如果法院判决认定涉案车辆归名义所有权人，对实际所有权人进行一定程度的补偿，该种处理方式则变相侵害了实际所有权人对涉案车辆所享有的处分权，缺乏正当性和合理性。

笔者同意第二种观点。理由：第一，不存在导致物权发生变动的情形。支持张某霞要求返还车辆这一主张的前提是张某霞对涉案车辆享有所有权或者存在其他导致物权发生变动的情形。张某霞自愿通过补偿的方式获得车辆，仅仅是其单方意思表示，张某霞与金某某之间并未形成转移涉案车辆所有权的合意，故本案中并不存在导致物权发生变动的情形。只有存在导致物权发生变动的情形，张某霞在获得实际所有权后才可以主张车辆的返还。第二，行政管理制度带来的不利影响不应由金某某负担。《〈北京市小客车数量调控暂行规定〉实施细则》是行政类规范性文件，属于行政管理规定，不应该成为民事权利发生变动的依据。通过张某霞对金某某进行财产补偿的方式剥夺金某某对涉案车辆享有的所有权，属于在张某霞和金某某之间进行强制交易的行为，行政管理规定无法赋予该强制交易行为正当性。由于该行政管理规定的生效，张某霞不能申请获得小客车指标，这种情况不是金某某在借用小客车车牌号的时候能够预见的，故该规定产生的不利影响不应该由金某某负担，应属于张某霞出借车牌号后自行承担的风险。第三，相较于小客车车牌号的利益，物权的利益应予优先保护。尽管在限购背景下，小客车车牌号具有极其重要的价值，但也不能因为小客车车牌号的价值而剥夺车辆实际所有权人对车辆所享有的权利。当小客车车牌号与小客车形成一体不可分割的时候，小客车车牌号应该从属于小客车存在。

编写人：北京市第三中级人民法院　陈烁琳　孙京

16

无权质押的效力认定

——李海燕诉杨少平返还原物案

【案件基本信息】

1. 裁判书字号

北京市第三中级人民法院（2016）京03民终字第8428号民事判决书

2. 案由：返还原物纠纷

3. 当事人

原告（被上诉人）：李海燕

被告（上诉人）：杨少平

【基本案情】

李海燕与滕龙系夫妻关系，二人于2006年登记结婚。2008年，李海燕购买车牌号为京M1××××天籁牌轿车一辆。滕龙系北京瑞沃天成家具有限责任公司（以下简称瑞沃天成公司）法定代表人。

杨少平与瑞沃天成公司存在加工承揽业务关系。2015年1月21日，杨少平与瑞沃天成公司签订《抵押担保合同》，约定鉴于杨少平向瑞沃天成公司提供家具，瑞沃天成公司按照约定向杨少平支付总货款334000元，瑞沃天成公司以其财产作抵押财产，包括瑞沃天成公司全部生产设备、财产以及李海燕名下的京M1××××天籁牌轿车，为杨少平的前述债权提供抵押担保事宜；抵押物所担保的债权包括：欠款、利息、违约金、损害赔偿金、实现抵押权的费用；瑞沃天成公司应自本合同签订之日起2日内与杨少平至房产管理部门办理抵押物的抵押登记手续；因瑞沃天成公司未妥善保管抵押物，杨少平发现抵押物价值减少的，有权要求瑞沃天成公司在7日内恢复抵押物的价值或提供经杨少平认可的其他抵押财产。

合同签订后，双方未就抵押担保合同约定的李海燕名下的京M1××××天籁牌轿车办理抵押物登记。同年1月22日，杨少平将滕龙驾驶的李海燕名下的京M1××××天籁牌轿车及行驶证、车钥匙一把扣留在己方工厂处，并向滕龙出具了收条，写明待滕龙将货款结清后再把车辆归还给滕龙。2015年1月24日，杨少平为瑞沃天成公司加工制作家具并交付。瑞沃天成公司收到全部家具后，向杨少平出具收条。杨少平称2015年1月27日，李海燕、滕龙曾找杨少平索要车辆，并报警，但杨少平未归还车辆。嗣后，因瑞沃天成公司拖欠杨少平货款334000元，杨少平诉至法院，经一、二审审理，2015年11月法院最终判决瑞沃天成公司给付杨少平货款334000元。

李海燕向法院起诉称藤龙并未经李海燕同意与杨少平私自签订抵押协议，将李海燕所有的京M1××××天籁牌轿车抵押给杨少平。现李海燕所有的京M1××××天籁牌轿车被杨少平非法扣押，李海燕要求杨少平返还车牌号为京M1××××天籁牌轿车。

杨少平辩称其与藤龙签订书面抵押合同，故属于合法质押行为。李海燕与藤龙系夫妻关系，尽管李海燕未在抵押合同上签字，但杨少平有充分理由相信藤龙具有代理权，属表见代理行为，故不同意李海燕的诉讼请求。

【案件焦点】

杨少平是否有权占有京M1××××天籁牌轿车。

【法院裁判要旨】

北京市通州区人民法院经审理认为：夫妻对共同所有的财产，有平等的处理权。滕龙与李海燕系夫妻关系，二人于2006年9月30日登记结婚，2008年4月28日购买天籁牌轿车并登记在李海燕名下。该车辆购买于二人夫妻关系存续期间，应属夫妻共同财产。滕龙作为瑞沃天成公司法定代表人在履行职务期间与杨少平进行业务往来时，将登记在李海燕名下的应属夫妻双方共同财产的京M1××××天籁牌轿车抵押给杨少平，事先未经过李海燕的同意，其行为违反了《最高人民法院关于适用〈中华人民共和国婚姻法〉若干问题的解释》第十七条之规定。关于杨少平称李海燕与滕龙系夫妻关系，尽管李海燕未在抵押合同上签字，但杨少平有充分理由相信滕龙具有代理权，属表见代理行为的答辩意见与前述婚姻法司法解释不符，不予支持。同时依照《中华人民共和国担保法》第四十一条之规定，当事人以本法第四十二条规定的财产（包括车辆）抵押的，应当办理抵押物登记，抵押合同自登记之日起生效。滕龙代表瑞沃天成公司将京M1××××天籁牌轿车抵押给杨少平，双方并未办理抵押物登记。至此，腾龙将京M1××××天籁牌轿车抵押给杨少平的行为应为无效。杨少平辩称扣留京M1××××天籁牌轿车属于合法质押行为，因双方未办理抵押物登记，不产生抵押的法律效力，该答辩意见，不予支持。

瑞沃天成公司尚欠杨少平货款与杨少平占有李海燕车辆没有因果关系。至此，杨少平继续占有京M1××××天籁牌轿车无事实及法律依据。李海燕要求杨少平返还京M1××××天籁牌轿车于法有据，予以支持。

北京市通州区人民法院判决如下：

杨少平于判决生效之日起七日内返还李海燕车牌号为京M1××××天籁牌轿车（发动机号为：253640、车辆识别代号/车架号为：LGBF1CE098R232033）。

杨少平持一审起诉意见提起上诉。北京市第三中级人民法院经审理认为：关于杨少平占有涉案车辆的性质问题。杨少平上诉主张系滕龙自愿将涉案车辆押至杨少平处。李海燕则主张涉案车辆系杨少平非法扣押。根据杨少平与瑞沃天成公司双方签订《抵押担保合同》、占有车辆、交付家具的过程，杨少平主张其占有涉案车辆系与滕龙协商一致，更符合常理和案件实际情况，予以采信。杨少平上诉亦主张其占有涉案车辆属于质押行为。质押与抵押均系对债权的一种担保方式，其本质区别在于，质权以转移质押财产的占有为设立要件。滕龙作为瑞沃天成公司的法定代表人与杨少平签订《抵押担保合同》约定以涉案车辆为杨少平的债权提供担保，其后杨少平经与滕龙协商一致实际占有了涉案车辆，且杨少平向滕龙出具的收条中明确记载了被担保的债权、债务人履行债务的期限、质押财产及交付时间等内容，可见杨少平与滕龙已经达成新的合意，双方就涉案车辆形成了质权合同关系，该合同系杨少平与滕龙的真实意思表示，且不违反法律法规的强制性规定，应属有效。质权合同的订立，是在当事人之间创设有关质权设定的权利义务关系的行为，系物权变动的原因，但质权合同的订立并不直接导致物权变动的结果。本案中，根据物权变动的原因与结果相区分的原理，虽然杨少平与滕龙形成了质权合同关系，但杨少平并不必然取得合法的质权。

关于滕龙处分涉案车辆的权限问题。涉案车辆系李海燕与滕龙婚姻关系存续期间取得，属于其夫妻共同所有。依照《最高人民法院关于适用〈中华人民共和国婚姻法〉若干问题的解释》第十七条规定，滕龙以夫妻共有车辆进行质押，属于非因日常生活需要对夫妻共同财产作重要决定，应当与李海燕协商一致，现李海燕主张对此并不知情，滕龙亦予以认可，杨少平对此虽不予认可但并未提供充分证据予以反驳，故对李海燕的主张予以采信。滕龙未经李海燕同意质押涉案车辆的行为，属于无权处分。

关于杨少平是否善意、可否取得涉案车辆的合法质权问题。杨少平明知滕龙系以登记在李海燕名下的车辆来担保瑞沃天成公司的债务，其应当对此担保行为是否经过李海燕同意进行审查，现并无证据显示杨少平尽到了合理审查的注意义务，可见杨少平存在过失之处，无法认定其为善意，故其无法取得涉案车辆的合法质权。杨少平上诉主张滕龙的质押行为属于表见代理，缺乏事实和法律依据，不予采信。无处分权人将动产质押给他人的，所有权人有权追回，杨少平无权占有涉案车辆，应当将其返还李海燕。

《中华人民共和国担保法》第四十一条的规定与《中华人民共和国物权法》存在冲突，根据《中华人民共和国物权法》第一百七十八条之规定，担保法与物权法的规定不一致的，适用物权法。一审法院适用法律有误，予以纠正。

综上所述，一审判决认定有误，但裁判结果正确，故对杨少平的上诉请求不予支持。判决如下：

驳回上诉，维持原判。

【法官后语】

本案系因配偶一方擅自处理夫妻共同财产而引发的返还原物纠纷，其特殊性在于系以夫妻共同财产设定担保物权，案情看似简单，但却涉及家事代理的权限、担保物权的实现、善意取得的认定以及婚姻法与物权法的交叉问题。

涉诉车辆的担保方式是抵押还是质押，该问题的定性，直接关系到杨少平现在是否有权继续占有车辆。如果是抵押，则杨少平无理由占有车辆，其应当返还。如果是质押，杨少平只有系善意第三人的情况下，才有权占有车辆。对此问题，一、二审法院的认定不同：一审法院依据双方签订的抵押合同，认定为抵押；二审法院没有局限于担保合同的书面名称，而是综合考虑本案中各个事件发生的先后顺序，认定杨少平占有涉案车辆系与滕龙协商一致，再结合杨少平向滕龙出具的收条内容，进而判定杨少平与滕龙已经达成新的合意，双方就涉案车辆形成了质权合同关系。

质权自出质人交付质押财产时设立，质权的设立以交付为准，而非以合同生效为准，可见质权的取得与质押合同的生效并不具有直接关联性，所以可以适用物权变动的原因与结果相区分的原则。本案中，滕龙未经妻子李海燕的同意，擅自将夫妻共有车辆质押给杨少平，属于无权处分行为，但此行为并不影响质押合同的效力。滕龙与杨少平间的车辆质押合同有效。

在判断第三人是否有权取得担保物权时，可以根据物权法关于善意取得的规定，第三人不知道转让人无处分权，且无重大过失的，才认定为善意。本案中，杨少平明知滕龙系以登记在李海燕名下的车辆来担保瑞沃天成公司的债务，其应当对此担保行为进行审查，但杨少平并未进行审查，所以其存在重大过失，无法认定其为善意，进而无法取得相应担保物权。

编写人：北京市第三中级人民法院　陈亢睿

17

本权之诉与占有之抗辩冲突时的法律保护

——张群诉李洪学返还原物案

【案件基本信息】

1. 裁判书字号

四川省眉山市东坡区人民法院（2016）川1402民初字第2923号民事判决书

2. 案由：返还原物纠纷

3. 当事人

原告：张群

被告：李洪学

【基本案情】

位于眉山市东坡区新星街22号1层门面、24号1层门面两间（以下简称22、

24号门面）属于赵怀真所有。李洪学与赵怀真承揽合同纠纷一案，眉山市东坡区人民法院于2008年6月4日作出“由赵怀真于2008年8月30日前给付李洪学蔬菜大棚工程款10万元”的民事调解书。该调解书生效之后，由于赵怀真没有按照约定给付工程款，李洪学向法院申请强制执行。2008年9月17日，法院作出“对被执行人赵怀真位于眉山市东坡区新星街的房屋（即24号门面，地号：1－0406－0072）处分权予以冻结”的民事裁定书。

纠纷发生后，李洪学占有22、24号门面并对外出租，用所得租金抵扣欠款，赵怀真予以默认。

2016年因赵怀真尚欠张群欠款，双方协商以22号门面抵扣欠款。赵怀真带张群去看22号门面时，22号门面未开门，赵怀真称22号门面并未对外出租，由其自己使用，门面钥匙已经遗失，张群可以自行换锁使用。2016年5月19日、6月2日，赵怀真协助张群取得了22号门面房屋所有权证、土地使用权证书。在赵怀真以房抵款并办理房屋过户手续过程中，并未将此事告知李洪学。同年7月，张群发现22号门面被李洪学出租于梁琪、李姣，故诉至法院请求李洪学返还22号门面一间。李洪学则认为，其作为赵怀真的债权人被眉山市东坡区人民法院的生效文书确认后，申请执行。执行过程中，查明赵怀真名下有22号、24号门面二间。其时只冻结了24号门面，22号门面因涉及其他纠纷被冻结故执行冻结未果。赵怀真爱人将22、24号门面钥匙交由李洪学，让其出租抵扣赵怀真欠款。故李洪学于2010年开始出租22、24号门面，其是合法占有。因冻结年限问题，赵怀真将22号门面卖给张群，但未通知过李洪学。张群是从赵怀真处取得门面，门面也只能退给赵怀真，故本案存在被告错误，主体不适格问题。

【案件焦点】

当本权之诉与合法占有之抗辩对立时，法律保护何方。

【法院裁判要旨】

四川省眉山市东坡区人民法院经审理认为：张群作为22号门面所有权人，可以请求无权占有22号门面的占有人返还。李洪学对占有22号门面并将其租赁给案外人不持异议，故本案争议焦点为李洪学对22号门面的占有是有权还是无权行为。经查，22号门面原所有权人赵怀真对李洪学持有22号门面并对外出租，收取租金抵扣欠款的行为持默认态度。故李洪学上述行为应视为赵怀真将门面租赁给李洪学使用并允许其转租收取租金直接抵扣二人之间的欠款的不定期租赁的租赁合同关系。不定期租赁的出租人可以随时解除合同，但应当在合理期限之内通知承租人。截至赵怀真出庭作证之前，赵怀真都未明确告知过李洪学要求其返还占有的22号门面，因22号门面所有权由赵怀真变更为张群发生在赵怀真表示解除与李洪学的租赁合同之前，租赁物在租赁期间发生所有权变动的，不影响租赁合同的效力。故截至赵怀真出庭作证之前，李洪学基于其与赵怀真之间的租赁合同关系仍然合法占有该房屋。在赵怀真明确表示解除与李洪学的租赁合同之后，李洪学才丧失了继续占有依据。因李洪学转租在前，赵怀真解除不定期租赁合同在后，赵怀真解除与李洪学的租赁合同的效力并不及于李洪学与第三人签订的租赁合同。故李洪学应在与第三人租赁期限届满之后将房屋返还给张群。张群要求李洪学现在返还22号门面，因现在尚在第三人的租赁期限内，不予支持。

四川省眉山市东坡区人民法院依照《中华人民共和国民法通则》第六十六条，《中华人民共和国物权法》第十六条、第十七条、第三十四条、第三十九条、第二百四十一条，《中华人民共和国合同法》第五十一条、第二百二十九条、第二百三十二条之规定，作出如下判决：

驳回张群的诉讼请求。

【法官后语】

对于当本权之诉与合法占有之抗辩对立时，法律保护何方的问题，最高人民法院物权法研究小组编著的《〈中华人民共和国物权法〉条文理解与适用》中认为，应依据占有人与本权人的法律关系决定物的归属。《中华人民共和国物权法》第三十四条规定：“无权占有不动产或者动产的，权利人可以请求返还原物”，第二百四十二条规定：“占有人因使用占有的不动产或者动产，致使该不动产或者动产受到损害的，恶意占有人应当承担赔偿责任”，第二百四十三条规定：“不动产或者动产被占有人占有的，权利人可以请求返还原物及其孳息，但应当支付善意占有人因维护该不动产或者动产支出的必要费用。”从上述法条的规定可以看出，法律保护的位阶应为物权所有权人 > 有权占有人 > 无权占有中的善意占有 > 无权占有中的恶意占有。当然法律另有规定的除外，如《中华人民共和国合同法》第二百二十九条规定的“买卖不破租赁”。租赁物在租赁期间发生产权变动，变动后的租赁物权利人在租赁期限届满之前是不能要求原承租人返还租赁物的。

举例分析一：张三向李四借一台笔记本电脑使用。不料张三突然因交通事故死亡。张三之子张小三并不知道笔记本电脑是李四所有，而是当作遗产予以继承。李四要求张小三返还笔记本电脑无果，遂向法院起诉张小三。在本案例中，对于笔记本电脑，因张小三不是真正的权利人，所以其并不享有所有权人的权利，但他却是善意的占有人。换句话来说，张小三虽然会受到物权法中占有制度的保护，但他却不能以此对抗真正权利人的请求。因此，李四作为笔记本电脑的所有人，可以要求张小三返还。

举例分析二：张三因外出委托李四照看、打扫房屋，并给付李四一定报酬。但李四擅自将房屋对外出租给不知情的王五使用。张三回来后发现房屋被王五占据，遂要求王五搬离但未果，张三遂向法院起诉，要求王五搬离房屋，并赔偿其损失。对于王五来说，作为善意占有人的他，只需要将房屋返还给张三即可，并不需要承担赔偿责任。而李四应根据其与张三之间的委托或者保管合同的约定再行承担合同法中的违约责任。如果李四非因受张三所托照看房屋，而是恶意占有并对外出租，则张三可直接依物权法的规定要求承租人返还房屋并要求李四承担赔偿责任。

编写人：四川省眉山市东坡区人民法院　夏琨

18

父母赠与房屋给子女后是否享有居住权

——陈某某诉赵某某房屋迁让案

【案件基本信息】

1. 裁判书字号

江苏省扬州市中级人民法院（2016）苏10民终字第2150号民事判决书

2. 案由：房屋迁让纠纷

3. 当事人

原告（被上诉人）：陈某某

被告（上诉人）：赵某某

【基本案情】

赵某某系陈某某的母亲。2002 年 1 月 10 日，坐落于扬州市江都区北园居委会北园新村×幢 403 室房屋登记至陈某某名下。陈某某认可赵某某对于该房屋有 3 万元出资。赵某某与陈某某父亲陈某甲婚后一直居住在上述房屋内。2013 年 10 月 15 日，赵某某与陈某甲在法院主持下达成离婚调解协议：双方自愿离婚；陈某甲给予赵某某经济补偿款 15 万元，其余夫妻共同财产：牌号苏 KZ××××汽车一辆、夫妻共同债权等归陈某甲所有；各人经手的债务仍由各自负担；双方日常生活用品及个人衣物仍归各自所有。后陈某甲离开讼争房屋，赵某某一人居住在该房内。陈某某诉至法院，请求判令赵某某搬出上述房屋。

【案件焦点】

陈某某可否以享有房屋所有权为由要求赵某某迁出房屋。

【法院裁判要旨】

江苏省扬州市江都区人民法院经审理认为：陈某某作为房屋所有权人，对讼争房屋享有占有、使用、收益和处分的权利，故其要求赵某某搬出讼争房屋，于法无悖，应予支持。但考虑到赵某某和陈某某系母女关系，同时赵某某搬离讼争房屋另解决住处亦需要适当期限，故赵某某自现住处搬离的期限由法院依情理予以确定。江苏省扬州市江都区人民法院依照《中华人民共和国民法通则》第五条、第七十一条的规定，判决如下：

赵某某于本判决生效之日起三个月内，从位于扬州市江都区仙女镇北园居委会北园新村×幢 403 室房屋迁出，并将上述房屋交付给陈某某。

赵某某不服一审判决，提起上诉。

江苏省扬州市中级人民法院经审理认为：案涉房屋登记在陈某某名下，虽然登记时陈某某尚未成年，但其系基于接受赠与获得该房屋，然而其成年后至本次诉讼，该权属登记并未发生变动，故应认定陈某某即为案涉房屋的所有权人。但是，陈某某所享有的所有权上存在着权利负担，即赵某某的居住权。这是由于，其一，在二审中，陈某某认可赵某某对于案涉房屋有3万元出资，虽陈某某主张该出资系用于房屋装修，但并未提交证据，故应认定赵某某于案涉房屋购买时享有一定的权利份额，后又将该权利份额赠与陈某某。其二，赵某某从案涉房屋购买后一直在该房屋中居住，并无证据表明陈某某或其他家庭成员在本次纠纷发生前对此提出过异议，故案涉房屋的居住状况能够表明赵某某虽将其权利份额赠与陈某某，但其有行使居住权的意思表示，这一点陈某某在本次纠纷发生前是明知且并未反对的。其三，赵某某与陈某某系母女关系，陈某某对赵某某有法定的赡养扶助义务，且陈某某亦无证据证明赵某某尚有其他房产。综合考虑案涉房屋的购买、登记、居住情况以及当事人双方的特殊身份关系，赵某某的居住权可以在特定范围内即限于居住这一目的而对抗陈某某的所有权，因此，对陈某某提出的要求赵某某迁出案涉房屋的主张不应予以支持。

江苏省扬州市中级人民法院依照《中华人民共和国婚姻法》第二十一条第一款、《中华人民共和国民事诉讼法》第一百七十条第一款第（二）项之规定，作出如下判决：

一、撤销扬州市江都区人民法院（2016）苏1012民初2759号民事判决；

二、驳回陈某某的诉讼请求。

【法官后语】

本案的争议焦点在于赵某某对案涉房屋是否享有居住权。一审法院依据物权的排他性，认为案涉房屋所有权人是陈某某，故有权拒绝赵某某居住该房屋。但从案涉房屋的出资、居住、陈某某和赵某某的身份关系等情况，机械地以陈某某的物权否认赵某某的居住权，则忽略了赵某某的合法权益和司法的社会效果。我国现行民事法律中虽然没有明确确认居住权，使得涉居住权案件在司法实践中缺乏法律依据。但是居住作为占有的一种形态，在实践中是无法忽视的，面临法律没有明确规定的现状，法官的裁量权限应当更多考量社会的公平正义。本案中，赵某某和陈某某是母女，赵某某一直居住在案涉房屋内，占有案涉房屋也仅是以居住为目的。购买房屋时，陈某某仅是幼儿，赵某某有部分出资，尽管赵某某同意将其出资的份额赠与陈某某，但其一直实际居住于案涉房屋内的行为说明其并未明确放弃居住权。

如今在赵某某无其他房产可住，房价如此之高，赵某某收入微薄的情况下，剥夺赵某某对案涉房屋的居住权实际是侵害了她最基本的生存权。再者，让女儿置母亲于无家可归的境地，也与社会的道德理念相悖。二审法院大胆突破制定法的局限，通过利益衡量，综合考虑当事人与案涉房屋的关联程度，保障了赵某某的居住权，充分体现了正当程序之上实质正义的实现，符合当今中国和谐社会的精神和价值观。

编写人：江苏省扬州市江都区人民法院　陆娇妮　梅勇华

19

以他人名义所购福利房的所有权的认定

——陈世德、姚琼诉陈世玉返还原物案

【案件基本信息】

1. 裁判书字号

云南省盐津县人民法院（2016）云0623民初字第172号民事判决书

2. 案由：返还原物纠纷

3. 当事人

原告：陈世德、姚琼

被告：陈世玉

第三人：陈世玲、陈世清、陈世敏

【基本案情】

陈世德系威信县粮食局粮油加工厂职工，1990年该厂分配一套职工住房给陈世德居住，该房位于威信县扎西镇扎西街粮食局院坝内（兴威路西侧原粮油加工厂职工宿舍），建筑面积33.73平方米。陈世德分到住房后，将母亲王良珍、妹妹陈世玉、陈世敏接到该房共同居住。尔后，威信县粮食局粮油加工厂更名为威信县粮油贸易总公司工业公司。1994年9月，威信县进行住房改革，陈世德在威信县粮油贸易总公司工业公司以王良珍的名义购买了上述住房，房屋产权单位为40%，购买

人为60%，购房款2901元由陈世德支付。1994年12月，陈世德与姚琼结婚。1995年陈世德、姚琼搬至威信县邮政局集资建房内居住。2004年1月30日，威信县粮油贸易总公司工业公司进入破产还债程序，在该案审理期间，陈世德向威信县粮油贸易总公司工业公司购买了上述房屋单位所有的40%的产权，并支付了房款1334.90元、土地分摊款7720元，共计9054.90元。2005年陈世德以王良珍的名义，向威信县房地产管理局申请办理了该房的房屋所有权证，房屋所有权人为王良珍。2008年3月18日，王良珍因病死亡。后该房由陈世玉居住使用至今。2008年8月，陈世德向威信县国土资源局申请办理了该房的国有土地使用权证，土地使用者为陈世德。2008年5月4日，陈世德向威信县房地产管理局申请办理该房的过户产权证，陈世清、陈世玉、陈世敏在申请书上签了字。2008年8月29日，威信县房地产管理局将王良珍名下的房产过户在陈世德名下。该房过户后，陈世德曾多次与陈世玉协商返还房屋事宜，陈世玉均不予返还。2014年10月10日，陈世德、姚琼向威信县人民法院提起民事诉讼，请求依法判令陈世玉返还坐落于威信县扎西镇扎西街粮食局院坝内（兴威路西侧原粮油加工厂职工宿舍）房屋一套。

陈世玲、陈世清分别是陈世德的姐姐和哥哥。自王良珍过世以后，陈世敏就没有再居住在争议房屋之内。陈世玲、陈世清、陈世敏认为争议房屋的实际产权人是母亲王良珍，故该房屋是王良珍的遗产。

【案件焦点】

1. 陈世德、姚琼对所诉房屋是否享有所有权；2. 陈世玉是否无权占有所诉房屋。

【法院裁判要旨】

云南省盐津县人民法院经审理认为：本案争议房屋虽以王良珍的名义购买了60%的产权并办理了房屋所有权证，但争议房屋系单位福利分房性质，只有本单位职工才具备分房和购买资格，陈世德具有分房和购买资格，且实际出资购买了该房60%和40%的房屋产权，其母王良珍死亡后，陈世德向威信县房地产管理局提出过户申请，陈世玉、陈世清、陈世敏也在过户申请上签了字，威信县房地产管理局已将争议房屋过户在陈世德名下，故陈世德是争议房屋的合法产权人。根据物权法规定，无权占有不动产或者动产的，权利人可以请求返还原物。陈世德、姚琼的诉讼请求成立，应当予以支持。陈世玉、陈世玲、陈世清、陈世敏提出争议房屋系母亲王良珍的遗产的主张，因王良珍不具备争议房屋的福利分房和购买资格，也未实际出资购买，不是实际产权人，故对陈世玉、陈世玲、陈世清、陈世敏提出的该项主张，不予采纳。关于陈世玉提出姚琼不是本案适格原告的问题，姚琼与陈世德系夫妻关系，争议房屋是在姚琼与陈世德婚姻关系存续期间购买的单位40%的产权并过户在陈世德名下，因此姚琼是本案的适格原告，对陈世玉的该项主张，不予采纳。陈世玉、陈世清、陈世敏提出陈世德让其在过户申请书上签字是为了贷款，而不知道是办理房屋过户的问题，该问题不是民事诉讼审查的范围，不予审查。陈世玲、陈世清、陈世敏与本案没有民事法律上的权利和义务关系，在本案中不享有民事权利，也不承担民事义务。

云南省盐津县人民法院依照《中华人民共和国物权法》第三十四条的规定，判决如下：

由陈世玉返还陈世德、姚琼坐落于威信县扎西镇扎西街粮食局院坝内（兴威路西侧原粮油加工厂职工宿舍）房屋一套。限陈世玉在本判决生效后三十日内返还。

【法官后语】

我国1994年房改的基本内容可以概括为“三改四建”，房改房是国家对职工工资中没有包含住房消费资金的一种补偿，是住房制度向住房商品化过渡的形式，是城镇职工根据国家和县级以上地方人民政府有关城镇住房制度改革的政策规定，按照成本价或者标准价购买的已建公有住房。

以成本价购得的房屋，虽也可以取得房屋所有权，但它不同于完全意义上的商品房房屋所有权，其房产证上有未缴纳土地出让金等的标注，而以市场价购买的公房，则可以取得商品房房屋所有权证。随着城镇住房制度改革进一步的深化，相关的房改房买卖纠纷、权属纠纷也随之涌现，其中最为突出的是房屋共有人之间的权属之争。

本案主要存在两个方面的审理难点：陈世德是否享有争议房屋所有权及陈世玉是否无权占有。

1. 陈世德是否享有争议房屋所有权

房改房政策对于购买人有严格的限制条件，一般是单位职工，但是销售对象是整个家庭，而不仅仅是职工本人。因此，房产证上登记的产权人与实际产权人难免会产生出入。本案中，由于房改政策的相关规定，不允许双职工占有多处住房，因此陈世德在被单位告知“不允许职工多处占房，但是不阻止职工购买房屋赠与他人”之后，全额出资以母亲王良珍的名义购买了房改房，并以母亲王良珍的名义办理了房屋产权证书。陈世德的本意是自己购买住房，且实际支付了全部房款，但是为了规避房改的相关政策，以其母亲名义办理了购房手续并将房屋登记在其母亲名下，致使争议房屋的实际产权人与登记产权人不符。根据《最高人民法院关于适用〈中华人民共和国物权法〉若干问题的解释（一）》第二条“当事人有证据证明不动产登记簿的记载与真实权利状态不符、其为该不动产物权的真实权利人，请求确认其享有物权的，应予支持”的规定，加之在事实上，王良珍过世以后，争议房屋已经过户至陈世德名下，故应认定陈世德系争议房屋的所有人。

关于陈世玲、陈世清、陈世敏认为争议房屋的实际产权人是母亲王良珍而非陈世德，该房屋应当作为母亲王良珍的遗产之主张。根据我国法律的规定，房屋权属证书是权利人依法拥有房屋合法权利并对房屋行使占有、使用、受益和处分权能的唯一合法凭证。在有权机关颁发的证书未被依法撤销或变更前，争议房屋产权证记载的陈世德是争议房屋的唯一所有权人，其他人若对该产权登记有异议，应当向有权机关提出或者直接向有管辖权的人民法院提起行政诉讼。

2. 陈世玉对争议房屋是否无权占有

无权占有，是指无本权的占有，包括占有之始起就没有法律根据和占有之始有法律根据，后来该根据消失了。本案中，陈世德作为争议房屋的实际产权人，曾许可陈世玉在该房屋内居住，这属于占有之始有法律根据，后来陈世德多次要求陈世玉返还房屋均被拒绝，从陈世德第一次要求陈世玉返还房屋未果起，陈世玉对该房屋的占有即丧失了法律根据，其对房屋的占有转化为无权占有，依照《中华人民共和国物权法》第三十四条之规定：“无权占有不动产或者动产的，权利人可以请求返还原物。”故本案中陈世德的诉讼请求成立，陈世玉应将争议房屋返还给陈世德。

编写人：云南省盐津县人民法院　赵倩苹

20

购买被抵押房产是否符合善意取得要件

——曹金木诉张爱琴返还原物案

【案件基本信息】

1. 裁判书字号

河南省三门峡市中级人民法院（2016）豫12民终字第948号民事判决书

2. 案由：返还原物纠纷

3. 当事人

原告（被上诉人）：曹金木

被告（上诉人）：张爱琴

【基本案情】

2004年8月2日，曹金木与案外人刘某德以签订委托建房协议的形式，出资购买了渑池县黄花汽车站综合楼3号楼3层北一户房屋一套，该楼所占土地的使用权人为三门峡市汽车运输有限责任公司渑池分公司，使用权类型为出让。2005年10月31日，曹金木为了办理所购房屋产权手续，缴纳契税1440元，但至今未取得房屋所有权证书。2009年9月2日，曹金木的妻子刘爱英、儿子曹利明、儿媳高少红向案外人李某光借款95000元，并出具借款条1份，载明“……保证在2010年9月1日前还清，现以黄花汽车站三号楼北1户125平方米房屋做质押，从借款之日将购房手续交给李某光，由家人同意签字，到期如果不能归还上述现款，愿意将房屋产权无条件转移给李某光。因房子是父亲购买……”。同日，李某光作为甲方、曹利明作为乙方签署房屋租赁协议1份，约定因乙方将房屋作质押向甲方借款并交出购房手续，乙方以租房的形式暂住，如到期还款，甲方将房屋产权手续退还给乙方，若到期不能如数还款，房屋无条件转给甲方。借款到期后，曹利明、刘爱英、高少红没有还款，李某光占有前述房屋。2012年2月10日，经中间人李某伟介绍，张爱琴与李某光签署房屋买卖合同1份，以15万元的价格购买了涉案房屋。曹金木以张爱琴侵犯其房屋所有权为由，诉至法院。

【案件焦点】

1. 借条中如到期不能偿还借款，房屋产权由出借人所有的约定是否有效；2. 张爱琴购买涉案房屋是否属于善意取得。

【法院裁判要旨】

河南省渑池县人民法院经审理认为：曹金木出资购买涉案房屋，并缴纳契税，虽尚未取得房屋所有权证，但其对所购房屋可以行使占有、使用的权利。本案的借款条中在约定使用房屋担保时使用“质押”一词，根据法律规定，对动产才能进行质押，本案的担保物是房屋，系不动产，故借款条中的“质押”实质为抵押。根据《最高人民法院关于适用〈中华人民共和国担保法〉若干问题的解释》第五十七条关于“当事人在抵押合同中约定，债务履行期届满抵押权人未受清偿时，抵押物的所有权转移为债权人所有的内容无效”之规定，曹利明、刘爱英、高少红与李某光在借款条及房屋租赁协议中约定借款到期后若不能还款，涉案房屋产权转给李某光的内容依法应为无效，故曹利明、刘爱英、高少红虽到期没有还清借款，但李某光并不能因此取得涉案房屋的所有权，也无权处分该房屋。张爱琴在购买该房屋时虽已支付价款，但其在李某光仅向其出示载明有抵押约定的借款条、委托建房协议、交房款收条、房屋租赁协议的情况下，与李某光签订房屋买卖合同并购买房屋，其对委托建房协议中载明的实际购买人曹金木、借款条上缺少曹金木署名等情况未予核实，对曹利明、刘爱英、高少红是否有权使用该房屋对借款进行担保、李某光是否具有涉案房屋的处分权未尽到应有的注意义务，故张爱琴不能基于善意取得而得到涉案房屋的所有权。根据《中华人民共和国物权法》第一百零六条“无处分权人将不动产或者动产转让给受让人的，所有权人有权追回”之规定，现曹金木诉求张爱琴从涉案房屋中搬出，应予支持。因曹金木没有提供相应证据证明涉案房屋中原来放置有什么财产以及是否被张爱琴占有，张爱琴购买房屋时，买卖合同虽载明同时购买了房内的空调、太阳能、橱柜、固定衣柜等物品，但该部分物品系张爱琴从李某光手中购得，是否是曹金木原放置在房屋中的物品，无法认定，故曹金木诉求张爱琴返还其房屋中原有财产，不予支持。河南省渑池县人民法院根据《中华人民共和国物权法》第三十四条、第一百零六条、第一百八十六条，《中华人民共和国侵权责任法》第三条，《最高人民法院关于适用〈中华人民共和国担保法〉若干问题的解释》第五十七条之规定，作出如下判决：

一、张爱琴于本判决生效后十日内返还曹金木位于渑池县黄花汽车站综合楼3号楼3层北一户房屋一套；

二、驳回曹金木的其他诉讼请求。

张爱琴不服判决，提出上诉。河南省三门峡市中级人民法院经审理认为：不动产不属于可以质押的财产，曹利明、刘爱英、高少红给李某光出具的借款条以及曹利明和李某光签订的《房屋租赁协议》中约定的房产质押，不符合我国担保法的规定，其本质属于抵押担保的范畴。根据我国担保法的规定，不论是抵押还是质押，双方均不得约定在债务期满未受清偿时，抵押物或质押物归债权人所有，故上述借款条和《房屋租赁协议》中关于房屋所有权无条件转给李某光的约定无效，李某光不能据此取得上述房屋的所有权。张爱琴和李某光签订房屋买卖协议时，李某光给其出具的手续中显示该房屋最初的委托建房人为曹金木，张爱琴对李某光是否有权处分该房屋未尽到应有的审查义务，一审认定张爱琴不属于善意取得符合法律规定。

河南省三门峡市中级人民法院依照《中华人民共和国民事诉讼法》第一百七十条第一款第（一）项之规定，作出如下判决：

驳回上诉，维持原判。

【法官后语】

本案系一起在借贷中进行抵押担保引起的物权纠纷，涉案房屋先是在借款中被用于抵押担保，后又被出借人转卖于第三人，其审理重点是要审查担保的性质、出借人是否具有涉案房屋的处分权以及第三人购买涉案房屋是否“善意”。

1. 质押只适用于动产。在本案的借款条中在约定使用房屋担保时使用的是“质押”这一用词，但根据我国法律规定，不动产不属于可以质押的财产，即使将房屋交予出借人占有，也不能适用质押的法律规定，普通群众由于欠缺法律知识，易于将其混淆。基于借贷双方确实形成了用房屋做担保的一致意思表示，故对本案中的质押应解释为抵押。

2. 出借人李某光是否具有涉案房屋的处分权。李某光处分该房屋，显然是基于借款条中“到期如果不能归还上述现款，愿意将房屋产权无条件转移给李某光”这一约定，并基于借款人到期没有还款房子就归出借人所有的认识。但根据《最高人民法院关于适用〈中华人民共和国担保法〉若干问题的解释》第五十七条“当事人在抵押合同中约定，债务履行期届满抵押权人未受清偿时，抵押物的所有权转移为债权人所有的内容无效”之规定，显然借款条中的前述约定是无效的，故不能产生房屋产权归出借人的法律效果。抵押权人在债务履行期届满后实现其抵押权的方式应该是，其可以和抵押人协议以抵押物折价或者拍卖、变卖该抵押物所得的价款受偿，协议不成的，抵押权人可以向人民法院提起诉讼。故本案中出借人李某光不具有涉案房屋的处分权。

3. 无处分权人处分他人财产，受让人仍可通过善意取得获得财产的所有权。根据法律规定，善意取得需同时满足以下条件：(1) 受让人受让该不动产或者动产时是善意的；(2) 以合理的价格转让；(3) 转让的不动产或者动产依照法律规定应当登记的已经登记，不需要登记的已经交付给受让人。具体到本案中，张爱琴和李某光签订房屋买卖协议时，其看到的借款条上签署的姓名为曹利明、刘爱英、高少红而不是房屋手续中显示的房屋最初的委托建房人曹金木，对曹利明、刘爱英、高少红是否有权用该房屋对借款进行担保、李某光是否具有涉案房屋的处分权未尽到应有的注意义务，故不能判定在购买房屋时是善意的，仅此一项条件不能满足，那么就不能基于善意取得而得到涉案房屋的所有权。

编写人：河南省渑池县人民法院　张苏波

21

将房屋拆除重建后是否改变房屋所有权归属

——刘某某诉李甲返还原物案

【案件基本信息】

1. 裁判书字号

云南省楚雄彝族自治州中级人民法院（2016）云23民终字第1111号民事判决书

2. 案由：返还原物纠纷

3. 当事人

原告（被上诉人）：刘某某

被告（上诉人）：李甲

第三人：李丙

【基本案情】

刘某某持有肢体残疾的三级残疾人证。李乙与李甲是亲姐弟关系。刘某某系其母亲周某某（李甲、李乙的姑姑）的独子，周某某1993年去世前拥有大姚县金碧镇东街1号、22号（以下简称东街1号、22号房屋）两处房产，房屋所有权和土地使用权都登记在周某某名下，东街1号房屋原为土木结构平房，建筑面积57.89平方米，土地性质为集体。1996年2月1日，刘某某将东街1号房屋的土地使用权证的使用权人变更为刘某某，使用期限为长期。1999年年初，在没有相关书面协议的情况下，由李甲出面组织人员对东街1号房屋拆除重建，建成为一栋五层的砖混结构房屋（即争议房屋），并于同年12月26日由李甲、刘某某共同与杜某云签订租房合同，将该房屋整栋出租给杜某云至2005年1月止，杜某云实际租房3年，之后房屋空置，租期内租金每年24000元由李甲收取。

2004年10月起李甲将争议房屋临街的一层以每年22000元租给李丙从事商店经营，租金逐年递增，到2015年租金为每年44000元，2016年10月以前的租金李丙已交给李甲；同时，2014年年底李甲将该房屋的二层以每年12000元的租金租给梁某才使用，至2016年的租金李甲已经收取。

2004年，刘某某搬到该房屋的三层居住，2009年4月，李乙将刘某某带到昆明市居住生活至今。2012年9月，李乙以刘某某代理人的身份申请办理东街1号房屋的产权登记，大姚县房产管理所于2014年10月23日进行登记，向刘某某发放了大姚房权证金碧字第201400734号房屋所有权证。李乙作为刘某某的特别授权代理人要求李甲将房屋移交给刘某某，李甲不同意。经李乙申请，2016年2月19日昆明市盘龙区人民法院作出（2016）云0103民特4号民事判决书，判决：一、宣告被申请人刘某某为限制民事行为能力人；二、指定申请人李乙为被申请人刘某某的监护人。本案诉讼过程中，李甲对李乙的监护人资格提出异议，案外人李某伶也提出异议并申请中止审理，2016年9月7日昆明市盘龙区人民法院作出（2016）云0103民特37号民事裁定书，裁定驳回申请人李某伶要求变更刘某某的监护人为李某伶的申请。李乙作为刘某某的监护人，要求李甲及李丙返还刘某某大姚县金碧镇东街1号房屋，由李甲归还该房屋2000年1月1日起至今的房租70万元；李甲认为李乙无刘某某的监护人资格，周某某死亡前，将刘某某交由其照顾，并将房屋赠与他，且房屋是由其出资组织建盖，房屋的所有权应属于李甲，产权人登记为刘某某是大姚县房产管理所错误登记，坚持不返还房屋。

【案件焦点】

1. 李乙是否有资格以监护人身份代理刘某某进行诉讼；2. 争议房屋周某某是否将赠与李甲；3. 李甲对房屋拆除重建后房屋的所有权是否改变。

【法院裁判要旨】

云南省大姚县人民法院经审理认为：1. 关于本案中李乙诉讼主体资格的问题。刘某某是限制民事行为能力人，李乙是其监护人，已为生效的昆明市盘龙区人民法院民事判决书和裁定书所确定，监护人为维护被监护人的合法权益，可以行使被监护人的诉讼权利，本案中李乙以刘某某法定代理人的身份参与诉讼，是适格的。2. 李甲为证明周某某1993年逝世前请求自己照管刘某某、将房屋赠与自己，向法庭提交了2012年任某某等6人书写证明的复印件等证据，李乙对李甲的主张和证据均不认可，李甲提交的证据均是复印件，证据所述内容大部分是听说，属传来证据，且证人均未出庭接受质询，该证据依法不予采信。刘某某当时是具有完全民事行为能力的人，李甲的主张与刘某某于1996年将原为周某某的集体土地使用证的土地使用者变更为刘某某这一事实相悖，且未提交其他合法有效的证据来证实，故李甲关于房屋是周某某赠与的主张不成立，不予采信。3. 关于东街1号房屋是谁建盖的问题。李乙主张房屋是其父亲李某周出资建盖，周某某去世时留有一部分资金参与；李甲主张房屋是其出资并独自主持建盖，房屋的所有权应属于其本人。李乙的主张未提交证据，且李某周已于2006年去世，故对其主张不予支持。李甲提交了建设房屋的施工合同、购料收据、支付工钱等证据，结合建房时刘某某和李甲的家庭情况，对李甲主持对东街1号房屋拆除重建的主张予以支持。但据此就主张新建盖的房屋由其所有，缺乏事实和法律依据。房屋所有权的取得，要有法定的依据，东街1号房屋拆除重建前房屋的所有权属刘某某，重建时和建好后李甲和刘某某之间均无房屋分配或处置方面的书面协议，更未依照法律规定进行登记，故对李甲关于房屋所有权属于自己的主张不予支持，对刘某某的房屋所有权登记证予以采信。4. 关于诉讼请求中要求李甲返还其租金70万元的问题。法定代理人李乙提出70万元租金的诉讼请求中，经核实包含东街22号房屋的租金，东街22号房屋的所有权未确定，且不在本案审理的范围内，关于返还刘某某东街22号房屋租金的请求不予支持。关于东街1号房屋自2000年1月1日起至今的租金，因刘某某在被宣告为限制民事行为能力人以前，属完全民事行为能力人，特别是2009年前在原居住地，其与李甲关于房屋租金的分配处置是否有其他约定均无法查明。2014年10月23日，刘某某依法取得东街1号房屋所有权之前，该房屋的所有权还未确定，故对刘某某的法定代理人李乙关于返还该房屋2014年10月23日以前租金部分的请求不予支持。刘某某对该房屋的所有权确定之后，李甲无权再占有该房屋，应将该房屋及所产生的孳息返还刘某某。综上所述，房屋属于不动产，不动产物权的设立、变更、转让和消灭，应当依照法律规定进行登记，自记载于不动产登记簿时发生法律效力。刘某某对东街1号房屋于2014年10月23日进行登记，取得了该房屋的所有权，依法享有占有、使用、收益和处分的权利，李甲自当日起无权占有、使用、收益和处分该房屋，无权将该房屋部分出租给李丙和他人并收取租金。李丙不应再向李甲租赁房屋并交纳租金，李甲已收取的租金作为在该房屋上获得的孳息，应当返还所有权人刘某某，李甲收取李丙2014年10月至2016年10月的租金合计88000元，收取梁某才2015年至2016年两年的租金合计24000元，应返还刘某某。

云南省大姚县人民法院依照《中华人民共和国物权法》第六条、第七条、第十四条、第十六条、第十七条、第三十四条、第一百一十六条、第二百四十三条，《中华人民共和国民事诉讼法》第一百四十四条的规定，作出如下判决：

一、李甲将东街1号房屋返还刘某某，并将自2014年10月23日以后取得的房屋租金合计112000元返还刘某某；

二、李丙不得再向李甲租赁东街1号房屋；

三、驳回刘某某的其他诉讼请求。

李甲持一审答辩意见提起上诉。云南省楚雄彝族自治州中级人民法院经审理认为：根据《最高人民法院关于民事诉讼证据的若干规定》第二条“当事人对自己提出的诉讼请求所依据的事实或者反驳对方诉讼请求所依据的事实有责任提供证据加以证明。没有证据或者证据不足以证明当事人的事实主张的，由负有举证责任的当事人承担举证不利后果”的规定，李甲应对其主张的事实和理由承担举证责任。李甲没有举证证实周某某口头答应老房产归其所有的事实，应由其承担举证不利的后果。李甲关于要求撤销行政机关对争议房产的登记行为，不属于人民法院民事案件受案范围，不予审查。李甲主张争议房产归自己所有与本案房产权属登记不符，不予支持。李甲若有证据证实其在刘某某的土地上重新建盖房产的实际投资价值，可基于添附法律关系另行主张民事权利。一审基于争议房产的登记效力，判决房产归刘某某所有，同时判决李甲返还2014年10月23日以后争议房产租金并无不当。李甲的上诉理由及请求都不成立，不予支持。

云南省楚雄彝族自治州中级人民法院依照《中华人民共和国民事诉讼法》第一百七十条第一款第（一）项的规定，判决如下：

驳回上诉，维持原判。

【法官后语】

本案是返还原物纠纷，返还原物请求权是指物权人要求无权占有人返还其占有的物的请求权，审理此类纠纷的关键在于对“原物”物权归属的确认，即享有返还原物请求权的主体应为物权权利人，包括失去占有的所有权人、他物权人及其他依法享有权利的人；承担返还原物义务的主体应为现在的无权占有人，包括从占有之始就没有法律根据或者占有之始本来有法律根据，但是后来该根据消灭。本案中，刘某某基于其对涉案房屋的所有权向李甲主张返还原物请求权，而李甲亦认为自己是涉案房屋的所有权人，所以本案的关键在于对涉案房屋所有权的确认。

首先，刘某某系基于法定继承取得原涉案房屋的所有权，且依法登记为该房屋土地使用权利人，在房屋重建后又对新建房屋取得所有权确认登记，故能够认定刘某某系该房屋的所有权人。

其次，李甲以周某某曾口头将原涉案房屋赠与其所有以及其重建涉案房屋为由主张自己对涉案房屋享有所有权，其应对此主张提供充分的证据，但是，一方面，李甲未能提供证实该赠与或遗赠成立的证据，退一步讲，即使赠与或遗赠的事实存在，因周某某生前与李甲并未办理原涉案房屋的产权变更登记，周某某去世后，李甲也未在其知道受遗赠后2个月内，作出接受的表示，故李甲关于周某某曾将原涉案房屋赠与其所有的主张不能成立。另一方面，集体土地使用权除继受取得外，只有集体经济组织成员才有资格申请并经过相关部门审批登记才能取得。涉案房屋的土地使用权登记在刘某某名下，而李甲与刘某某不是同一集体经济组织成员，李甲不具备通过原始取得如建房的方式取得涉案房屋土地使用权的资格。同时，李甲无论是出于善意帮助还是其他目的将刘某某的原涉案房屋拆除重建，因其在重建房屋之前并未就房屋的产权变更与刘某某达成协议，其不能证明刘某某同意将新建涉案房屋产权转移给其所有，重建的事实行为不是房屋所有权发生变更的法定事由。故李甲不能仅凭其重建房屋的事实行为主张对涉案房屋的所有权，涉案房屋所有权的权利人并未发生变更。故李甲继续占有该房屋并通过出租获取租金属于无权占有，依法应当承担返还责任。

最后，李甲若有证据证实其重建涉案房屋的实际投资数额，可基于添附法律关系另行主张民事权利。

编写人：云南省大姚县人民法院　范继平

22

前任业主委员会主任无权以业主委员会与其个人债务未结清为由拒绝交付业主委员会的物品

——厦门特祥苑业主委员会诉范瑶英返还原物案

【案件基本信息】

1. 裁判书字号

福建省厦门市湖里区人民法院（2016）闽0206民初字第5360号民事判决书

2. 案由：返还原物纠纷

3. 当事人

原告：厦门特祥苑业主委员会（以下简称特祥苑业委会）

被告：范瑶英

【基本案情】

范瑶英原系特祥苑业委会主任，并经厦门市湖里区湖里街道办事处登记备案。2015年11月9日，经社区居委会、派出所审查后，特祥苑业委会经厦门市湖里区湖里街道办事处登记备案换届，业主委员会成员包括：叶某荣、卢某宏、陈某珍、沈某萍、郑某玲、吴某丰、阮某德、周某帆、龚某申申，其中叶某荣为主任，卢某宏为副主任，周某帆、龚某申为候补委员。

范瑶英确认特祥苑业委会的公章和物业公司办公室的钥匙由其占有，其他的东西均不清楚在哪里。特祥苑业委会主张的有关账目由物业公司管理，没有人移交给范瑶英。

特祥苑业委会当庭提交了的厦门市湖里区湖里街道办事处出具的《关于要求特祥苑业主委员会履行职责的函》载明：特祥苑业委会经依法选举并备案，因公章等财物未及时移交，造成电梯不能签订维保合同、自来水系统无法与自来水公司签订维修合同，特祥苑业委会有义务要求范瑶英移交公章等属于全体业主的相关财物；范瑶英面对30位业主承诺，放弃参选第三届业主委员会委员成为筹备组成员，不存在范瑶英本人委员资格认定违规问题，特祥苑业委会应组织向人民法院起诉范瑶英个人，并向公安机关报案、索回相关财务。

诉讼过程中范瑶英提交《关于厦门市特祥苑小区第三届业主大会筹备组成立的公告》《关于特祥苑小区换届选举业主大会结果的公告》《徐厝社区关于协助特祥苑小区业委会做好换届选举期间物业管理相关事项的公告》，欲证明第三届业主大会筹备组组成人员情况、业主大会公示选举投票结果与备案时投票结果差距很大存在票数作伪问题，以及徐厝居委会通知社区协助业委会对小区代管所产生的相关费用由社区支付。

【案件焦点】

范瑶英作为特祥苑业委会的上一任主任，她认为业委会未结清其所垫付的款项，同时主张新的业主委员会成立程序不合法，其上述抗辩是否能成为其拒绝向新的业主委员会交付相关物品的正当理由。

【法院裁判要旨】

福建省厦门市湖里区人民法院经审理认为：无权占有他人动产的，权利人可以请求返还原物。范瑶英原为特祥苑业委会主任，在新一届业主委员会产生后其已经不再担任业主委员会主任或委员，其占有的属于业主委员会的物品应移交给新一届的业主委员会。范瑶英确认其占有特祥苑业委会公章及物业办公室钥匙，业主委员会公章系特祥苑业委会所有，范瑶英作为无权占有人依法应予以返还。物业办公室属全体业主所有，其钥匙在原物业公司撤离后，特祥苑业委会有权代表全体业主保管，范瑶英在不具有合法占有资格的情况下应当向特祥苑业委会返还物业办公室钥匙。对于特祥苑业委会主张范瑶英返还的其他物品，特祥苑业委会没有证据证明系范瑶英占有，亦无法提交相应物品曾移交给范瑶英的证据，故特祥苑业委会关于范瑶英返还除公章、钥匙外其他物品的请求，不予支持。特祥苑业委会在取得对小区物业办公室控制后可另行对物品进行清点。特祥苑业委会已经所在地的居民委员会、派出所审查及街道办事处登记备案认可为合法成立，现范瑶英主张特祥苑业委会委员不具有合法资格，投票过程存在造假行为，应向有关管理部门申请撤销业主委员会，在特祥苑业委会未被确认违法成立的情况下，范瑶英仍有义务向其移交属于业主委员会的相关物品。至于范瑶英主张特祥苑业委会尚欠其20700元款项的问题，与本案返还原物不属同一法律关系，范瑶英可另行主张，但不能成为其拒绝返还属于业主委员会物品的抗辩理由。

综上所述，依照《中华人民共和国物权法》第四条、第三十四条，《中华人民共和国民事诉讼法》第六十四条第一款之规定，判决如下：

一、范瑶英于本判决生效之日起十日内向特祥苑业委会移交该业主委员会公章及该小区物业办公室钥匙；

二、驳回特祥苑业委会的其他诉讼请求。

【法官后语】

因本案的讼争物品具有特殊性，在审理及判决过程中既要考虑当事人双方之间的法律关系，又要兼顾特祥苑小区内广大业主的合法权益。

业主委员会公章、办公室钥匙系业主委员会正常履行职务必需的物品，依法应属于全体业主所有。根据《福建省物业管理条例》第二十三条规定，原业主委员会应当在任期届满十日内将其保管的有关财务凭证、档案等文件资料、印章及其他属于全体业主所有的财物移交新一届业主委员会，并做好其他交接工作。故范瑶英作为原特祥苑业委会主任，在其已不再担任业主委员会主任的情况下，已无权占有业主委员会公章、办公室钥匙等物品，其有义务代表原业委会就其保管的印章及其他属于全体业主所有的财物向新一届业委会进行移交，新成立的业主委员会亦有权要求范瑶英履行移交义务。范瑶英称其担任业委会主任期间曾为清洁特祥苑小区等工作花费20700元，要求现业委会偿还。但是范瑶英垫付的上述费用属于前任业委会因内部管理事项所产生的费用，系范瑶英个人与业主委员会之间的债权债务关系，范瑶英应与新的业主委员会进行结算，并根据结算结果以其个人名义向新的业主委员会主张偿还。该债权债务关系与两届业委会之间因特祥苑小区管理产生的权利义务关系不属于同一法律关系，范瑶英不按时移交公章、办公室钥匙等物品必然影响新的业主委员会履行职能，同时也会对特祥苑小区内广大业主利益造成一定程度的损害，不能因为存在前任业主委员会主任垫付款项未结的情况而影响到整个特祥苑小区业主委员会正常的运作，范瑶英与业委会之间的债权债务关系不能成为其拒绝向新的业主委员会移交公章等相关物品的抗辩理由。

编写人：福建省厦门市湖里区人民法院　张占甫

23

涉嫌诈骗的财物能否适用善意取得

——肖伟诉河南宇翔汽车贸易有限公司返还原物案

【案件基本信息】

1. 裁判书字号

江苏省无锡市惠山区人民法院（2016）苏0206民初字第1545号民事判决书

2. 案由：返还原物纠纷

3. 当事人

原告：肖伟

被告：河南宇翔汽车贸易有限公司（以下简称宇翔公司）

【基本案情】

2015年6月15日，张凤国（乙方）与宇翔公司（甲方）签订借款合同一份，由宇翔公司借给张凤国294000元用于购买奇瑞路虎小型普通客车（以下简称诉争车辆），并约定张凤国只有在全部还清借款本息及其他依本合同约定应当由乙方向甲方支付的款项后，所购车辆的所有权才转移给张凤国，并须办理抵押登记手续。同日，张凤国作为借款人与中国工商银行股份有限公司郑州陇海路支行（以下简称工行陇海路支行）签订个人借款/担保合同，由张凤国向工行陇海路支行借款294000元用于购车，宇翔公司作为出质人与保证人，并以诉争车辆作为抵押。后，张凤国向河南新通孚祥汽车销售服务有限公司（以下简称新通公司）购买了诉争车辆，车辆价款为420000元。次日，宇翔公司向新通公司转账支付车款390000元。后因张凤国未办理车辆抵押手续，无法取得工行陇海路支行的贷款。2015年7月21日，肖伟经案外人师某红作为中间人，向张凤国购买了诉争车辆，车辆价款为386000元。次日，诉争车辆办理了转移登记，获得方式为购买，转入地车辆管理所为江苏省无锡市公安局交通巡逻警察支队车辆管理所，并由肖伟取得了车籍档案。同月23日，肖伟将诉争车辆从郑州开回无锡。同月25日，在宇翔公司负责人李勇敢要求下，公司员工贾运稳等将诉争车辆从无锡惠山区前洲街道一绿佳苑小区停车场开回宇翔公司并由宇翔公司占有至今。当日，肖伟向无锡市公安局惠山分局前洲派出所报案称，其所有诉争车辆被盗，公安机关进行调查并向李勇敢、贾运稳、张伟（工行陇海路支行个贷部客户经理）制作了询问笔录。李勇敢、贾运稳在询问笔录中确认了张凤国骗取购车借款以及将诉争车辆从无锡开到郑州的事实；张伟确认了张凤国通过宇翔公司办理购车贷款以及贷款未获通过的事实。2015年8月31日，宇翔公司李晓平向郑州市公安局金水路分局报案称，张凤国以按揭贷款购买汽车为由，骗取了宇翔公司车款的70%计294000元，并在取得车辆后拒不办理抵押手续且已将车辆转卖他人，造成宇翔公司294000元损失。2016年3月5日，郑州市公安局金水路分局决定对张凤国涉嫌合同诈骗罪立案侦查。2016年3月25日，肖伟诉至法院，要求宇翔公司返还诉争汽车并赔偿损失。

【案件焦点】

诉争车辆的所有权是否适用善意取得。

【法院裁判要旨】

江苏省无锡市惠山区人民法院经审理认为：《最高人民法院、最高人民检察院关于办理诈骗刑事案件具体应用法律若干问题的解释》第十条第二款规定，“他人善意取得诈骗财物的，不予追缴”。从该规定中可以看出，诈骗财物应当适用善意取得，不适用在刑事案件中的追缴制度。本案中，对于肖伟是否善意取得了诉争车辆的所有权，应从主观是否善意、购买渠道是否得当、对价是否合理三方面加以认定。

1. 关于主观是否善意，即肖伟在购买诉争车辆时，是否知晓张凤国与宇翔公司间关于所有权保留的约定。张凤国作为诉争车辆的原登记车主，其登记具有公示效力。对于张凤国与宇翔公司间的约定，在正常情况下肖伟无法知晓，故应由宇翔公司举证证明肖伟主观上知晓该约定，在宇翔公司无法举证证明的情况下应承担举证不能的法律后果。2. 关于购买渠道。肖伟从中间人师某红处，向张凤国购买了诉争车辆，本质上仍为张凤国与肖伟间关于诉争车辆的买卖，该购买方式并无不当。3. 关于对价。肖伟以386000元的价格向张凤国购买诉争车辆，相比于车辆的原售价420000元的价格，应在合理范围内。综上，肖伟支付了合理对价，从原登记车主张凤国处购买了诉争车辆，并办理了车辆转移登记手续，应认定肖伟已善意取得了诉争车辆的所有权。

无权占有不动产或者动产的，权利人可以请求返还原物。宇翔公司以其与诉争车辆前所有权人张凤国间的所有权保留约定以及张凤国涉嫌合同诈骗为由，占有诉争车辆，但所有权保留与涉嫌诈骗犯罪的财产均由肖伟善意取得，故宇翔公司占有诉争车辆的理由并不成立，其占有行为应系无权占有。肖伟系诉争车辆的所有权人，对诉争车辆享有占有、使用、收益、处分的权利。综上，肖伟要求宇翔公司返还诉争车辆的诉讼请求，理由正当，予以支持。因诉争车辆被宇翔公司占有，导致肖伟无法使用，其损失确实存在，肖伟主张该损失按车辆价款的贷款利息计算的主张，并无不当，予以支持。如诉争车辆原物无法返还，宇翔公司应赔偿肖伟因购买该车辆所受车辆价款损失386000元及相应利息损失。据此，依据《中华人民共和国物权法》第三十四条，《最高人民法院、最高人民检察院关于办理诈骗刑事案件具体应用法律若干问题的解释》第十条、第二百六十一条，《最高人民法院关于审理买卖合同纠纷案件适用法律问题的解释》第三十六条，《中华人民共和国民事诉讼法》第六十四条第一款规定，作出如下判决：

一、宇翔公司于本判决生效后立即返还肖伟奇瑞路虎小型普通客车（车辆车架号L2CVA2BG6FG101722、发动机号081014110726）一辆，并赔偿损失（以386000元为本数，自2015年7月25日起至实际返还之日止，按银行同期贷款利率计算）；

二、宇翔公司如无法返还奇瑞路虎小型普通客车（车辆车架号L2CVA2BG6FG101722、发动机号081014110726），则赔偿肖伟车款损失386000元，并支付利息损失自2015年7月25日起至实际返还之日止，按银行同期贷款利率计算）。

【法官后语】

本案处理涉及诈骗财物能否适用善意取得及适用善意取得的条件的问题。在一般的诈骗案件中，犯罪嫌疑人通过犯罪手段取得诈骗财物，因其取得手段不合法，其取得财物的行为应为无效，故在不涉及第三人的情况下，应当将犯罪嫌疑人取得的诈骗财物进行追缴并返还给受害人。对于诈骗财物进行追缴，本质上是对刑事涉案财产的执行问题，根据《最高人民法院关于刑事裁判涉财产部分执行的若干规定》，第三人善意取得涉案财物的，执行程序中不予追缴。作为原所有人的被害人对该涉案财物主张权利的，人民法院应当告知其通过诉讼程序处理，故在涉及第三人取得涉案财物的情况下，原财物所有权人与第三人间关于涉案财物所有权的纠纷，系有关物权的民事纠纷，应当适用物权法关于善意取得的规定进行认定，与刑事案件的处理不存在前提关联性。对于第三人通过正规渠道，从犯罪嫌疑人处取得了诈骗财物，并支付了合理对价，应当登记的已经办理登记手续，不需要登记的已经交付给第三人的情况，出于维护交易安全与保护第三人权益的考虑，应当认定第三人善意取得相应物权。对于受害人的损失，则应当由相应的犯罪嫌疑人予以赔偿。

在现实中，应当拒绝购买来源不明的财产，而对于明显不合理低价的财产则应当提高警惕，注意审查财物是否拥有合法的来源。对于购买车辆、房产等大额财产，应当尽量通过正规的渠道，仔细审查财物的登记资料等信息，并及时办理转移登记手续，以维护自身的合法权益。只要自己尽到善意的注意义务，即使遇到赃物也能维护自身的合法权益。

编写人：江苏省无锡市惠山区人民法院　金民

24

子女不得借析产名义拒绝为父母提供适宜养老的住房

——钱兰芳等诉钱志康、杨荣华物权案

【案件基本信息】

1. 裁判书字号

江苏省溧阳市人民法院（2016）苏0481民初字第2172号民事判决书

2. 案由：物权纠纷

3. 当事人

原告：钱兰芳、邓德康、邓歆潼

被告：钱志康、杨荣华

【基本案情】

钱兰芳、邓德康、邓歆潼分别为钱志康、杨荣华夫妻的女儿、女婿、外孙女。2009年年底，钱志康、杨荣华以女儿、女婿需要买房为由，与管建开夫妻及其母亲协商购房事宜，出卖房屋位于溧阳市埭头镇后六村委土楼下48号、48-1号，依次为东面48号房屋为二间两层平房及西面48-1号房屋为一间两层、一间一层平房。钱志康、杨荣华及钱兰芳看房后，买卖双方达成一致协议，房款为4.8万元。卖方管建开从钱志康、杨荣华处收到定金1万元，另于2010年4月19日，收到3.8万元，并出具收条，仅载明收到房款金额。

2010年4月20日，管建开夫妻、韩详珍与钱兰芳夫妻签订《卖房协议》一

份，约定主要内容为：钱兰芳夫妻购买上述房屋，房款4.8万元，于2010年4月20日前付清，2010年9月30日前交房。落款处，买受方由钱兰芳代其丈夫邓德康签名。同时，由时任村会计在见证单位处签字并加盖村委公章。购买房屋时，因钱兰芳夫妻平常均在无锡做生意，很少在溧阳，购房手续均由钱志康夫妻经办。合同签订后，钱志康夫妻对该房屋进行了装修。2010年10月起，双方当事人均居住在讼争房屋中。2010年10月17日，双方当事人在亲戚的主持下达成协议一份，载明钱兰芳同意将自己房产的西面平顶提供给父母使用至没有使用能力为止。该协议中载明的西面平顶即上述48－1号最西面一间一层平顶房。2010年11月10日，钱志康夫妻以邓金花名义，在该一间平顶房内注册溧阳市埭头集裕堂副食店进行经营至今。同时，钱兰芳夫妻在东面两层房屋内开设茶馆。

2011年3月起，钱兰芳夫妻居住于无锡做生意，不再在上述房屋内经营茶馆，平常也很少在溧阳。钱志康夫妻则一直居住在上述房屋内并经营副食店。2015年年底，因钱兰芳夫妻回到溧阳并常住讼争房屋后，与钱志康夫妻产生矛盾。发生纠纷前，钱志康夫妻及其抚养的未成年孙子（2013年丧父，母亲无抚养能力，小学在读）三人已居住在三间二层平房中最西面一间房的第一层内，该房屋与副食店用房相通，其余房屋均由钱兰芳家庭居住使用。

【案件焦点】

1. 共同居住房屋产权的归属；2. 如产权人属钱兰芳夫妻，其是否有权要求父母搬离共同居住的房屋。

【法院裁判要旨】

江苏省溧阳市人民法院经审理认为：

一、关于讼争房屋的产权归属问题。根据本案证据及法院调查的事实能够认定，钱兰芳夫妻为房屋实际买受人，买卖合同由其本人签订，房款定金1万元及余款3.8万元均来自钱兰芳夫妻，作为钱兰芳的父母仅系为钱兰芳买房的经办人。共同居住在房屋内系因双方为近亲属关系，钱志康夫妻作为父母为钱兰芳夫妻装修房屋，但其并不是房屋的产权人。

二、关于钱兰芳、邓德康、邓歆潼要求钱志康夫妻返还并搬离房屋问题。公民行使民事权利，应符合公序良俗原则，即应与我国公共秩序及善良风俗相适应。作为子女，无论从伦理道德方面还是法律规定方面均有义务为父母提供生活所需的、合适的居住场所，满足父母日常的物质需要，在精神上慰藉父母，善待父母，努力让父母安宁、愉快地生活；同时，作为父母，应当尊重和依法维护子女的财产权利，坚持诚实信用原则，合法、合理、谨慎地使用子女提供的居住场所，避免因利用财产给子女造成负面影响。钱兰芳、邓德康、邓歆潼主张要求钱志康夫妻返还现居住、使用的房屋，与双方签订的协议以及子女应赡养父母的法定义务的要求不符，不予支持。

综上，依照《中华人民共和国民事诉讼法》第六十四条之规定，判决如下：

驳回钱兰芳、邓德康、邓歆潼的诉讼请求。

【法官后语】

家事案件往往杂糅着财产纠纷及人身关系纠纷，法院在审理该类型案件中，既应明晰产权以保护当事人合法财产权利，又应保障老年人的基本养老居所，以妥善处理子女对父母的赡养问题，子女不得以行使财产所有权的名义，要求父母退还居住房屋，父母也应合法、合理使用子女的房屋，不得侵害子女合法的财产权利。

家事纠纷中的析产问题。共同居住的家庭成员，因关系密切，在民事行为中，往往存在书面材料载明的民事主体与实际行为人不一致、实际产权人与占有人不一致的情形。对于房屋的产权归属，法院应查明引起物权产生的买卖合同法律关系，从买卖双方商定的过程、购房出资的来源、房款的交付、房屋的装修、房屋的居住使用等情况综合因素理清房产的权属，房屋占有人、购房经办人不一定是房屋的产权人。农村房屋的买卖行为有其习俗、惯例，法院审理该类纠纷时，应深入纠纷发生实地，对其所在村委、小组及邻里进行走访调查，从而有利于查明案件基础事实，依据仅有的证据，形成内心确信，同时做好家庭纠纷化解在基层的工作。

物权保障与老年人的赡养问题。子女有法定义务赡养父母，应为父母养老提供适宜居住的房屋。在我国，父母随子女居住生活较为常见，父母因养老居住子女房屋属合法占有、有权占有，虽子女与父母关系恶化，但子女不得以行使物权的名义，要求父母搬出其住所。这有违子女赡养父母的法定义务及尊老养老的社会公德，也与禁止滥用物权原则相违背。法院处理农村居民房屋权属与老年人赡养居住问题时，应在查明权属的情况下，切实维护老年人的合法权益，保障老年人的养老居住问题，不得以行使物权的名义，损害老年人的合法权益。

本案在处理中，既做到明晰产权，解决了权属纠纷，又进一步厘清了纠纷根源，妥善处理了老年人的养老问题。总之，在家事审判中，法院应有所作为，积极探索符合家事纠纷特点的有效解决家事纠纷的审判方式。

编写人：江苏省溧阳市人民法院　刘金文

（三）排除妨害纠纷

25

排除妨害纠纷案件的适格主体及妨害是否成立的判断标准

——杜淑贞诉国网北京市电力公司排除妨害案

【案件基本信息】

1. 裁判书字号

北京市西城区人民法院（2016）京 0102 民初字第 9674 号民事判决书

2. 案由：排除妨害纠纷

3. 当事人

原告：杜淑贞

被告：国网北京市电力公司

【基本案情】

杜淑贞为位于北京市西城区阜内北街 × 号 1 号居室 1 间的公有住宅承租人。2015 年 4 月 30 日，经北京市西城区发展和改革委员会批复，由北京市西城区市政市容管理委员会进行关于阜成门内北街电力架空线入地工程项目。国家环境保护总局办公厅出具的环办函（2007）886 号“关于 35 千伏送、变电系统建设项目环境管理有关问题的复函”中明确表述：35千伏送、变电系统可不履行环境影响评价文件审批手续。后经招投标，确定北京华康欣和建筑工程有限责任公司为上述项目的施工单位。2016年3月18日，在北京市西城区阜内北街6号院南房西数第二、三间内安装一台用户分界负荷开关柜（额定电压12KV）和一台高压/低压预装式变电站（高压侧额定电压12KV），上述两处电力设施建立后投入运行使用，产权归国网北京市电力公司所有，由该公司进行管理和维护。现杜淑贞起诉至法院，以涉案的电力设施存在火灾隐患，妨害了其物权为由，要求国网北京市电力公司停止运营涉案电力设施。经法院至现场进行勘验查明，涉案两处电力设施与杜淑贞房屋相邻，距离其房屋西侧墙面112厘米，距离北侧墙面14厘米，距离东侧墙面125厘米。杜淑贞在庭审中提交了中华人民共和国国家标准建筑设计防火规范（GB50016－2014），其中5.2.3规定：“民用建筑与单独建造的变电站的防火间距应符合本规范3.4.1条有关室外变、配电站的规定，但与单独建造的终端变电站的防火间距，可根据变电站的耐火等级按本规范第5.2.2条有关民用建筑的规定确定。民用建筑与10KV及以下的预装式变电站的防火间距不应小于3米……”5.2.3条款并非上述建筑设计防火规范中的强制性条款。

【案件焦点】

应当依据何标准判断国网北京市电力公司运营的电力设施是否对杜淑贞的物权造成妨害。

【法院裁判要旨】

北京市西城区人民法院经审理认为：杜淑贞作为北京市西城区阜内北街×号1号居室1间的公房承租人，基于公房租赁合同而有权占有该房屋。对于妨害其占有的行为，杜淑贞有权要求排除妨害。但杜淑贞应当对于妨害的成立承担举证责任。在作出判决前，原告未能提供证据或者证据不足以证明其事实主张的，应承担不利的后果。就《中华人民共和国国家标准建筑设计防火规范（GB50016－2014）》中的规定来看，涉及民用建筑与预装式变电站之间防火间距的5.2.3条款并非强制性条款，可以选择是否适用，因此，国网北京市电力公司安装在杜淑贞房屋附近的电力设施并没有违反《中华人民共和国国家标准建筑设计防火规范（GB50016－2014）》中的强制性条款规定。杜淑贞未能提交证据材料证明国网北京市电力公司所有的电力设施存在防火安全隐患，并对杜淑贞造成妨害，杜淑贞应承担相应的不利后果，对其主张不予采信。因此，关于杜淑贞要求国网北京市电力公司停止运营其所有的电力设施的诉讼请求，无事实及法律依据，不予支持。

北京市西城区人民法院依照《中华人民共和国物权法》第二百四十五条，《最高人民法院关于适用〈中华人民共和国民事诉讼法〉的解释》第九十条规定，作出如下判决：

驳回杜淑贞的全部诉讼请求。

【法官后语】

该案例涉及排除妨害纠纷案件中，判断原、被告是否适格及妨害是否成立的标准问题。在《中华人民共和国物权法》颁布之前，我国并未规定物权请求权制度。《中华人民共和国物权法》第三十五条规定了所有权人的排除妨害请求权，这是物权请求权制度从理论上升到法律的质的飞跃。随着我国经济建设的飞速发展，民众对物权的保护意识也逐渐加强，法院受理的排除妨害纠纷案件逐年增加。与此不相适应的是，我国《中华人民共和国物权法》关于排除妨害请求权的法律条文规定过于简单薄弱，导致在具体司法实践中，审判人员判断个案是否构成对物权的妨害，主要依据法官的经验及自由裁量权，这对于民事案件审理的规范化及裁判的统一十分不利。因此有必要对于排除妨害纠纷的法律适用进行梳理，以对相关案件的审理提供参考。

（一）排除妨害纠纷的适格主体

1. 排除妨害纠纷的适格原告包括：

（1）被妨害物的所有权人，包括按份共有及共同共有的共有权人。当共有物被第三人妨害时，任何一个共有人均可以主张排除妨害，这时法院应当追加其他共有人共同参与诉讼。同时，当共有人中的任何一人妨害到共有物的权益时，其他共有人可以起诉要求排除妨害。

（2）基于合同关系等产生的占有人。这时的物上同时并存所有权与他物权。但由于物被占有人实际占有，因此对于物的妨害对占有人的影响更大，这时应当由占有人先行使用排除妨害请求权，作为原告进行起诉。当占有人怠于主张时，所有权人也可以起诉要求排除妨害。本案中，杜淑贞即是依据公房租赁合同而成为房屋合法的占有人，进而依据占有人身份作为原告起诉国网北京市电力公司排除妨害。

2. 排除妨害纠纷的适格被告，即承担排除妨害义务的人。

《中华人民共和国物权法》并未对排除妨害纠纷的适格被告进行明确规定，但审判实践中可以采用德国法的通说，将排除妨害的被告分为行为妨害人（直接妨害人）以及状态妨害人（间接妨害人）两种。[①] 前者是以自己的行为妨害他人物权的妨害人，如将无人使用的物品堆放在邻居家门口；后者并不是因自己的行为，而是物品妨害了物权人，被告可以是物品的所有权人、设施的经营人等。本案中，国网北京市电力公司即是作为涉案的电力设施的所有权人及管理人而成为本案适格被告。

（二）判断妨害是否成立的标准及相关依据

现实中，因妨害发生的情形不同，其判断标准及依据也有所不同。主要分为以下几种情形：

1. 直接作用在物权客体上的妨害。即妨害人的行为直接作用到物权客体上，对物产生不利影响。这种妨害是有形的，如向他人门前倾倒垃圾造成对方无法通行的行为。这种行为的构成事实清楚简单，审判人员仅依据生活常识很容易就能判断是否构成妨害。

2. 对物权功能的发挥造成的妨害。这种妨害一般不直接作用在物权客体上，而是无形影响到权利人行使物权权能，最常见的就是由于光、煤气、烟雾等不可称量之物对物质造成的妨害。本案杜淑贞陈述的火灾安全隐患即属于此类妨害。这种妨害判断起来比较复杂，审判人员需要具体问题具体分析。可以适用相关的行政法规、国家标准等来判断是否构成对物权的妨害。本案中，审判人员依据《中华人民共和国国家标准建筑设计防火规范（GB50016－2014）》，认为国网北京市电力公司使用涉案电力设施的行为并不违反国家标准中的强制性条款，因此认定国网北京市电力公司的行为不构成对于杜淑贞物权的妨害。

编写人：北京市西城区人民法院　方晓晨

① ［德］曼弗雷德·沃尔夫：《物权法》第二十版，吴越等译，法律出版社2002年版，第98页。

26

传统丧葬风俗能否突破现行殡葬政策、法律规定

——张冲诉北京市昌平区兴寿镇东庄村民委员会、未来建设集团有限公司排除妨害案

【案件基本信息】

1. 裁判书字号

北京市第一中级人民法院（2016）京01民终字第5652号民事判决书

2. 案由：排除妨害纠纷

3. 当事人

原告（上诉人）：张冲

被告（被上诉人）：北京市昌平区兴寿镇东庄村民委员会（以下简称东庄村委会）、未来建设集团有限公司（以下简称未来公司）

【基本案情】

张启和（2015年9月9日去世）生前系北京市昌平区兴寿镇东庄村（以下简称东庄村）村民。张启和与刘桂英（2015年之前已去世）系夫妻关系，二人生育一子张宝林（已去世），张宝林与朱小云系夫妻关系，二人生育一子张冲。

1997年1月1日，北京市昌平区兴寿镇人民政府（甲方）、北京富明房地产开发有限公司（乙方）及东庄村委会（丙方）签订《协议书》，约定："一、甲方、乙方、丙方三方同意将培训中心南侧50亩土地转让给乙方（培训中心原50亩土地与此次转让土地50亩合计为100亩）；二、本协议生效后，乙方依法享有对转让土地的使用权及对他方的转让权和租赁权……"签订上述协议后，北京富明房地产开发有限公司取得了东庄村村东（培训中心南侧）桃园50亩的使用权。张冲陈述位于东庄村东桃园地的土地上有其家祖坟地，刘桂英及张宝林去世后均安葬在此。2001年8月8日，北京富明房地产开发有限公司经北京市工商行政管理局核准，名

称变更为未来公司。张冲陈述2013年之前，涉案土地的使用人还允许其进入祖坟地祭奠先人，2013年以后便阻止其进入祭拜。2015年9月9日，张启和去世，张冲试图将张启和的骨灰埋葬在涉案土地内，但涉案土地的使用人阻止其进入院内祖坟地处进行安葬。2016年7月5日，法院组织张冲等人到涉案土地进行现场勘验，发现张冲陈述的祖坟地是一片平地，且在该地块上已经种植了果树，没有发现坟头和土包。朱小云陈述坟头已经被人推平。

【案件焦点】

在张冲亲属先前已埋在涉案土地的情况下，张冲亲属当前是否仍然可以埋葬在此土地。

【法院裁判要旨】

北京市昌平区人民法院经审理认为：当事人对自己提出的诉讼请求所依据的事实或者反驳对方诉讼请求所依据的事实有责任提供证据加以证明。没有证据或者证据不足以证明当事人的事实主张的，由负有举证责任的当事人承担不利后果。本案中，未来公司根据与北京市昌平区兴寿镇人民政府及东庄村委会签订的协议书，对涉案土地具有使用权。涉案土地并非荒山瘠地，通过法院现场勘验，在张冲主张存在其家祖坟的地块上并未发现有坟头或者土包，且根据国务院《殡葬管理条例》及《北京市殡葬管理条例》的规定，禁止在耕地、林地土地上建造坟墓的规定，张冲无法亦不能在涉案土地上安葬逝者，故张冲要求判令东庄村委会和未来公司准许其进入东庄村东桃园地的祖坟祭奠先人、安葬逝者，并不得采取任何方式进行阻拦，缺乏事实和法律依据，无法支持。关于张冲要求东庄村委会和未来公司给付精神损害抚慰金50000元，张冲该主张的理由系其祖父已经去世一年有余，而骨灰不能埋入涉案土地，存放在外需要支付金钱，同时东庄村村委会和未来公司的阻止行为给其及家人心理造成了伤害，根据查明的事实，张冲主张的土地上并未发现有坟头，因根据目前《北京市的殡葬管理条例》及国务院制定实施的《殡葬管理条例》，涉案土地上不能再建造坟墓，且本案案由为排除妨害纠纷，故张冲主张此精神损害抚慰金，依据不足，不予支持。

北京市昌平区人民法院依照《中华人民共和国民事诉讼法》第六十四条之规定，作出如下判决：

驳回张冲的诉讼请求。

张冲持一审起诉意见提起上诉。北京市第一中级人民法院经审理认为：一审庭审中，证人蒋某华、门某英出庭作证，均指称张冲家的坟墓确在东庄村东桃园地上，在东庄村村委会和未来公司均没有出庭质证且均没有提供任何反驳证据的情况下，应确认张冲家的坟墓位于涉案土地上。但一审法院现场勘验没有发现涉案土地上存在坟头或土包，故张冲家坟墓的确切位置已经难以确认。同时，根据国务院《殡葬管理条例》第十条规定，禁止在耕地、林地上建造坟墓。而且，东庄村村委会已经安排专门地方安葬去世之人，可以为张冲家提供地方安葬逝者。鉴于上述情况，张冲已经不宜再在东庄村东桃园地上安葬去世之人。故此，一审法院判决不予支持张冲进入东庄村东桃园地祭奠先人、安葬逝者等请求并无不当。根据《中华人民共和国侵权责任法》第二十二条和《最高人民法院关于确定民事侵权精神损害赔偿责任若干问题的解释》第一条规定，当事人请求精神损害赔偿，应通过侵权责任纠纷解决，而不是通过排除妨害纠纷解决。故一审法院对张冲关于精神损害赔偿的请求不予支持亦无不当。张冲可通过改迁墓地等其他途径解决逝者安葬的问题。综上，张冲的上诉请求和理由无事实及法律依据，依法应予驳回。一审判决中对于张冲家墓地是否在涉案土地上的判断有所不当，但判决结果正确，依法应予维持。

北京市第一中级人民法院依照《中华人民共和国民事诉讼法》第一百七十条第一款第（一）项之规定，判决如下：

驳回上诉，维持原判。

【法官后语】

该案涉及传统的丧葬习俗与现行殡葬政策和与之相关的法律法规相冲突时，如何对相应的利益冲突进行价值判断和选择。对此，既要正确适用法律，又要化解矛盾，引导当事人选择正确的权利救济途径。根据国务院《殡葬管理条例》第十条的规定和北京地区现行的殡葬政策，已经禁止在耕地、林地上建造坟墓，农村地区的传统殡葬风俗、殡葬观念应随之改变。我国《中华人民共和国民法总则》中亦规定了“公序良俗原则和绿色原则”，对处理涉及农村地区传统的丧葬风俗习惯案件具有重要的引导和示范意义。在可持续发展理念已经深入人心的背景下，作为我国

《中华人民共和国民法总则》明文规定的基本原则之一，司法实践中进行法律适用、法律解释、法律漏洞填补以及在利益冲突时的价值判断和选择，都应充分考量，用以指导审判。

具体到本案，审理的焦点在于当前张冲能否将已逝亲属安葬在涉案土地之中。首先，需要查明涉案土地的性质，是否允许新建坟墓。根据国务院《殡葬管理条例》第十条“禁止在耕地、林地上建造坟墓”的规定，因涉案土地属于林地，张冲的此项诉请于法无据。其次，需要考虑如何保障张冲安葬、祭奠已故亲人的正当权益。鉴于张冲所在的集体经济组织已按照相关规定在本村为其组织成员统一规划了墓地，张冲完全可以及时安葬逝者，故一、二审法院均驳回其诉讼请求，具有事实、政策和法律依据。同时，二审法院依据证据规则认定张冲亲属的坟墓埋葬在涉案土地之中，从而为其寻求其他权利救济途径提供了事实依据；也相应地引导张冲可另行从其他法律关系角度主张自己的合法权益。作为终审裁判，二审法院的做法，不仅维护了法律尊严，而且在法律、政策允许的范围内尊重了我国的丧葬风俗，有利于减轻当事人对法院判决的抵触心理，更便于实现当事人服判息诉的效果。

编写人：北京市昌平区人民法院　李炜鑫

27

直管公房承租人擅自转让公房，公房经营管理单位能否要求受让人腾退房屋

——北京市怀柔区泉河街道办事处诉张磊、杨雨英排除妨害案

【案件基本信息】

1. 裁判书字号

北京市怀柔区人民法院（2016）京0116民初字第2107号民事判决书

2. 案由：排除妨害纠纷

3. 当事人

原告：北京市怀柔区泉河街道办事处（以下简称泉河街道办）

被告：张磊、杨雨英

【基本案情】

张磊与杨雨英系夫妻关系。1988 年 4 月 28 日，案外人刘某德与原怀柔县房地产管理局房政科签订了“房屋租赁契约”，约定由王晓晨承租位于北京市怀柔区滨湖小区×号楼 203 号房屋（以下简称涉案房屋），起租日期为 1988 年 5 月 1 日，未注明终止期限。1999 年 11 月 5 日，王晓晨（甲方）与张磊（乙方）签订了“房屋买卖协议”，约定（摘要）“甲方自愿将坐落于怀柔区滨湖小区×号楼 203 号房屋二室一厅 70 平方米卖给乙方；房屋价款为 5 万元，协议签订之日，乙方一次性付清，甲方将出卖房屋交给乙方，并负责办理过户手续一些费用；甲方所卖的楼房以后出现其他纠纷问题，乙方的一切经济损失由甲方负责。”该协议签订后，张磊与杨雨英居住在涉案房屋至今。2013 年 12 月 1 日，北京市怀柔区人民政府出台了《怀柔区进一步完善住宅区物业管理工作的办法》（以下简称《办法》），自 2014 年 1 月 1 日起执行，其中规定，直管公房（含政府收取房租的楼房、平房）纳入属地镇乡政府、街道办事处统一管理。涉案房屋所有权人原为北京市怀柔区房地产管理局，改革后变更为泉河街道办。2016 年 3 月，泉河街道办诉至法院，要求张磊、杨雨英立即腾退涉案房屋，并按照月租金 159.21 元的标准，补交自 1999 年至今的房屋使用费 28657.8 元。经法院释明，泉河街道办和张磊、杨雨英现均无法提供王晓晨的身份信息或者住所地。

另查，1980 年 1 月 16 日，北京市房地产管理局关于恢复“房屋租赁契约”的报告（市房统管字〔80〕第 024 号）中，对“房屋租赁契约”的条款内容作出了统一规定。涉案“房屋租赁契约”符合上述规定。

【案件焦点】

王晓晨将涉案直管公房“卖与”张磊，直管公房经营管理单位泉河街道办能否以承租人未经其同意擅自转让房屋为由要求张磊夫妇腾退。

【法院裁判要旨】

北京市怀柔区人民法院经审理认为：妨害物权或者可能妨害物权的，权利人可以请求排除妨害或者消除危险。涉案房屋属于直管公房性质，其经营管理单位原为北京市怀柔区房地产管理局，而案外人王晓晨系涉案房屋的登记承租人，租赁期限自1988年5月1日始，无终止期限。现泉河街道办依据《办法》所规定的“直管公房（含政府收取房租的楼房、平房）纳入属地镇乡政府、街道办事处统一管理”，以排除妨害为由，要求张磊、杨雨英腾退房屋，并支付拖欠的相应租金。庭审中，张磊持其与王晓晨所签“房屋买卖协议”，不同意上述请求。因双方当事人均未能提供王晓晨的身份信息或者住所地，致使本案无法追加王晓晨进行诉讼，无法对涉案“房屋租赁契约”与“房屋买卖协议”的效力和履行问题作出认定。在此前提下，张磊、杨雨英对涉案房屋是否享有居住利益，是否构成无权占有，亦无法认定。故泉河街道办主张排除妨害、支付房屋使用费的诉讼请求，依据不足，难以支持。

北京市怀柔区人民法院依照《中华人民共和国民法通则》第五条、《中华人民共和国物权法》第三十五条之规定，作出如下判决：

驳回原告泉河街道办的诉讼请求。

【法官后语】

公房，又叫使用权房、居住权房，是我国住房实物分配制度下的产物，是特殊历史条件下长期发展逐步形成的，具有很强的政策性。目前，我国还没有专门的法律和行政法规对此作出规定。因此，法院在审理涉及公房纠纷的案件时往往困难重重。

事实上，政府公房管理部门或直管公房经营管理单位具有民事主体和行政主体的双重身份，同时扮演民法上的出租人和行政法上的行政管理人的双重角色。以北京市为例，北京市人民政府自1998年1月1日起施行的《关于城市公有房屋管理的若干规定（修改）》第十条规定，公房买卖必须按房管机关的规定进行。第十二条规定，公房租赁必须遵守房管机关的各项规定。例如，在租赁合同规定的期限内，出租单位需收回房屋自用的，应妥善安置原承租者；租赁合同期满，承租者仍需租用的，应征得出租单位同意，续订合同；承租者外迁或死亡，原同住者要求继续承租的，须经出租单位同意，并新订租赁合同；承租者不得擅自将承租的房屋转租、转让、转借他人或擅自调换使用，不得利用承租的房屋进行非法活动，违者，出租单位有权收回房屋；必须执行市房屋土地管理局制定并经市人民政府批准的租金标准等。由此可见，直管公房买卖（租赁）关系不同于一般的民事买卖（租赁）关系，公法色彩浓厚。公房买卖必须按房管机关的规定进行。在直管公房租赁关系中，承租人的资格、租赁的期限、租金的标准、出租人的权限、出租方与承租人之间的权利义务关系都由政府有关部门统一规定，出租人和承租人的意思自治的范围被压缩到极小。

根据先前规定，公房承租人只能居住或者调换、继承，个人不得买卖甚至出租。后来，国家出台了房改政策，允许个人购买部分公房，即为房改房、已购公房。对于交易公房使用权的，上市交易的一方当事人应当是公有住房的合法承租人。公房使用权交易形式包括：公房承租人之间以互补差价的方式互换公房使用权；公房承租人有偿转让公房使用权；公房承租人以公房使用权交换住房产权；公房承租人将其承租的公房部分或全部转租给他人使用。交易前，当事人双方应当签订书面协议，并持相关材料到房屋所在地直管公房经营管理单位办理公房使用权互换、转让、转租手续。

就本案而言，因案外人王晓晨系争议房屋登记的承租人，租赁合同中未注明租赁终止期限，租赁期间王晓晨将房屋出卖给张磊和杨雨英。在涉案租赁合同尚未解除，以及张磊和杨雨英与王晓晨之间存在“房屋买卖合同”的前提下，泉河街道办直接起诉张磊和杨雨英要求腾退房屋，实为不妥，法院难以支持。需要说明的是，法院在本案中没有支持泉河街道办的腾退请求，并不意味着张磊和杨雨英居住争议房屋就具有合法性，仅是缘于泉河街道办诉讼选择上的问题。而且，在没有解决公房租赁合同问题的情况下，如果判令张磊和杨雨英腾房，对其合法利益亦难以保障。

编写人：北京市怀柔区人民法院　王燕军

28

同一宅基地房屋分属不同权利人的，是否适用建筑物区分所有权规则

——王祖才诉张英、王三六排除妨害案

【案件基本信息】

1. 裁判书字号

湖北省宜昌市中级人民法院（2016）鄂05民终字第1306号民事判决书

2. 案由：排除妨害纠纷案

3. 当事人

原告（上诉人）：王祖才

被告（被上诉人）：张英、王三六

【基本案情】

坐落于秭归县沙镇溪镇大岭村二组（现为沙镇溪镇三星路131号）的砖混结构房屋（即案涉房屋）系王祖才自建于村集体土地上的三层住宅，原为王祖才所有。2001年，因债务纠纷经法院强制执行［执行依据为（2001）秭执字第300-2号民事裁定书］，将该房屋的第二、三层抵偿给其债权人，后张英、王三六分别通过继承和支付对价的方式获得该房屋相应部分的占有、使用权，并在此长期居住，形成了现在王祖才、张英、王三六三方共同居住使用该房屋的格局，即一楼由王祖才所有，二楼靠北的两间正房、两间附属房以及三楼所有房屋均由王三六占有、使用，二楼靠南的四间正房和三间附属房由张英占有、使用。王祖才、张英、王三六以及其家人均在该栋房屋居住生活。案涉房屋位于沙镇溪镇三星大道旁，一楼地面低于三星大道路面，二楼楼面高于三星大道路面，经数级台阶，三星大道路面与二楼房屋楼面相通。房屋东北角的室内有一楼梯，从一楼至楼顶，并与二楼、三楼阳台相

通。一楼北边紧靠三星大道开有一通道，使一楼房屋与外界相通。2001 年 8 月，王祖才将案涉房屋抵偿债务后，用废旧柜子、沙发封堵了一楼至二楼的楼梯。同年 10 月，王三六将二楼阳台用铝合金及玻璃封闭，改成厨房。2003 年 3 月，王三六在二楼将楼梯封堵，利用楼梯空间改建成卫生间。同时，将靠北边的临街部分台阶修改为小斜坡，用以推行摩托车出入自己的房间。2013 年张英将二楼临街靠南边的空闲地用铝合金、玻璃封闭成房间。王祖才认为张英、王三六的改造、封堵行为改变了房屋结构，影响了其居住和出行，侵犯了其权利，诉至法院，请求判令张英、王三六排除妨害、恢复原状。

另查明：1999 年 12 月 22 日，法院对案涉房屋依法进行查封，而王祖才于同月 30 日擅自将房屋过户至其子王强名下，法院于 2001 年 8 月 15 日作出裁定，认定王祖才与王强之间的房屋过户行为无效。案涉房屋至今未办理集体土地使用权变更登记手续，房屋的土地使用权依然登记在王强名下。

【案件焦点】

张英、王三六改建阳台、楼梯间的行为是否侵犯了王祖才的房屋所有权以及对公用设施的使用权。

【法院裁判要旨】

湖北省秭归县人民法院经审理认为：关于二楼、三楼阳台利用问题。第一，从（2001）秭执字第 300－2 号民事裁定书“在本案执行过程中，除该房第一层由被执行人（即王祖才）及其家人享有居住外，经申请执行人王昌鼎、郭道开、胡兴元、宋文英（即王祖才的债权人）同意用被执行人的第二、三层房屋清偿债务，不足部分自愿放弃”的表述看，王祖才只享有第一层房屋所有权，王昌鼎等债权人享有第二、三层房屋所有权与王三六的抗辩主张相符。第二，从房屋结构看，二楼、三楼的阳台除与楼梯相通外，只与王三六、张英的房间相通，且王三六与张英的二楼阳台已做了隔断，相互独立。第三，从阳台功能看，以房抵债前，王祖才可通过二楼某一房间经过阳台到二楼其他房间、经过阳台走楼梯下一楼、上三楼及楼顶，此时的阳台具有通行功能。以房抵债后，二楼房间全部归属于他人，王祖才无法通过二楼下一楼、上三楼及楼顶，阳台具有独立性、专用性，不再具有通行功能，阳台及二楼以上楼梯对王三六、张英以外的人利用价值不大。相反，一楼住户若随意到二楼、三楼阳台，会增加二楼、三楼住户的不安全感。第四，从王祖才早期行为看，在以房抵债后，王祖才即用废旧柜子、沙发封堵了一楼至二楼的楼梯，用自己的行为表明，楼梯及阳台对其利用价值不大，放弃了对阳台、楼梯的利用。同时，一楼北边紧靠三星大道开有一通道，方便一楼住户出入。因此，二楼、三楼阳台及二楼以上楼梯，在当时尚无“业主的建筑物区分所有权”法律制度的情况下，王三六、张英独自占有、使用，不违反当时的法律规定，亦不影响王祖才的合法权益。为方便生活，王三六将二楼楼梯封堵，改成卫生间，将二楼阳台用铝合金、玻璃封闭，改成厨房，对一楼住户王祖才无明显影响，且王祖才未提供证据证明，其改造后对房屋结构造成危害。

关于台阶改为小斜坡问题。王三六为方便摩托车出入自己房间，将案涉房屋二楼自己房间门口临街的部分台阶改为小斜坡，系对自己通行道路的合理利用，而对房屋整体结构无影响。王祖才认为将台阶改为小斜坡后，推行摩托车对一楼房屋结构造成影响，未提供证据证明，其主张不予支持。

关于楼顶炮楼（注：高出主体屋面部分的建筑，用于晾晒粮食作物、储物、屋顶防漏雨等）归属问题。(2001）秭执字第300-2号民事裁定书载明案涉房屋除第一层由王祖才所有外，将第二、三层及相连的附属房抵偿给三位债权人，并明确到人。其中楼顶附属房归属清楚，即王三六辩称其楼顶炮楼等附属房由王三六占有、使用，有事实根据，予以支持。

关于张英在空闲处修建房屋问题。张英将自己进出房间的必经通道、空闲地，用质地较轻的铝合金、玻璃封闭成房间，对王祖才的生活及其一楼并无影响，且王祖才未提供证据证明该房间建成后对一楼房屋造成危害。至于张英未经批准擅自搭建房屋，系另一法律关系，与本案无关。

综上所述，案涉房屋楼顶炮楼使用权归属于王三六，王三六封堵二楼楼梯修建卫生间、封闭阳台修建厨房、将部分台阶改成小斜坡以及张英擅自将二楼空闲地封闭成房间，未妨碍王祖才的生活及其合理利用一楼，王祖才亦未提供证据证明王三六、张英的改建行为对房屋造成了危害，王祖才要求王三六、张英排除妨害、恢复原状的诉讼请求，无事实根据，难以支持。

需要指出的是，本案虽然定性为排除妨害纠纷，实则是同一楼房上下邻居之间的相邻关系问题。同住一栋楼，各方当事人本应该坚持有利生产、方便生活、和睦友善、互谅互让、充分协商、公平合理、和平相处等原则处理相互关系，在合理利用空间、通行、给排水、排污、防漏等方面，既要考虑自己的现实需要，实现利益最大化，又要顾及相邻各方的感受，既要尊重历史成因，还要依照法律法规办事。

根据《中华人民共和国物权法》第二十八条、第二十九条、第三十条、第三十五条，《中华人民共和国民事诉讼法》第六十四条规定，判决：

驳回王祖才的诉讼请求。

王祖才不服一审判决，提出上诉。

宜昌市中级人民法院以与一审相同的裁判理由认为，原审认定事实清楚，适用法律正确，王祖才的上诉理由均不能成立。依照《中华人民共和国民事诉讼法》第一百七十条第一款第（一）项规定，判决如下：

驳回上诉，维持原判。

【法官后语】

本案初审系从建筑物区分所有权的角度认定争议房屋的楼梯为王祖才和王三六、张英共有部分，阳台为王三六专有部分，判决王三六将占用楼梯空间改建的卫生间拆除，恢复楼梯原状，但该判决被上级法院发回重审。重审后法院认为本案属于相邻关系问题，故从相邻关系的角度分析了王三六的改建行为对王祖才的房屋并未造成明显影响及妨害，是对建筑物空间的合理利用，实现了利益最大化，故判决驳回了王祖才的全部诉讼请求。因此，本案所讨论的是建筑物区分所有关系的认定以及宅基地房屋是否适用建筑物区分所有权规则的问题。

1. 建筑物区分所有权认定及适用

《中华人民共和国物权法》第七十条规定，业主对建筑物内的住宅、经营性用房等专有部分享有所有权，对专有部分以外的共有部分享有共有和共同管理的权利，该条即对建筑物区分所有权的法律认定。如何认定建筑物区分所有权，简单的理解就是同一建筑物上能成立结构上、功能上独立的空间，且能分属不同的所有人，则能成立建筑物区分所有权，若不能成立独立空间或不能分属不同的所有人，则不能成立。同时，《最高人民法院关于审理建筑物区分所有权纠纷案件具体应用法律若干问题的解释》第一条、第二条、第三条分别地“业主、专有部分、共有部分”作了解释。即：

(1) 业主。只要能依法登记取得或者根据《中华人民共和国物权法》第二章第三节规定取得建筑物专有部分所有权的人，即可认定为业主。

(2) 专有部分。建筑区划内符合下列条件的房屋，以及车位、摊位等特定空间，应当认定为《中华人民共和国物权法》第六章所称的专有部分：具有构造上的独立性，能够明确区分；具有利用上的独立性，可以排他使用；能够登记成为特定业主所有权的客体。

(3) 共有部分。建筑物的基础、承重结构、外墙、屋顶等基本结构部分，通道、楼梯、大堂等公共通行部分，消防、公共照明等附属设施、设备，避难层、设备层或者设备间等结构部分；其他不属于业主专有部分，也不属于市政公用部分或者其他权利人所有的场所及设施等。

具体到本案，案涉房屋为王祖才在自己宅基地上所建的房屋，各层房屋、楼梯、阳台的功能实际都只供王祖才家庭所用，可以认为只是单独一个结构独立、功能独立的空间，各层结构、功能上不具有相互完整的独立性，二、三楼没有修建卫生间、厨房，居住生活功能并不完整，在张英、王三六对楼梯及阳台改建后才具有了功能上的独立性，及区分所有权的基础性条件。同时按现行的法律规定，根据房地一体原则，利用农村集体宅基地所建的房屋转让是有严格限制的，其一就是转让人与受让人须为同一集体经济组织内部的成员，禁止城镇居民在农村购置宅基地。本案中，王祖才和张英、王三六分属不同村集体经济组织，张英、王三六虽然分别取得了案涉房屋二、三层的使用权，但不能取得所有权，所以本案不适用建筑物区分所有权的相关规定。

2. 农村宅基地房屋能否适用建筑物区分所有权的规定

笔者认为，对同一农村宅基地房屋分属不同权利人的，如在已建多层多户的小产权房中，建筑物区分所有权规则能否适用要以房主能否取得房屋所有权为前提。只要权利人未取得房屋所有权，就不能适用建筑物区分所有权的相关规定。买受人对买得的房屋仅有使用权，对建筑物中应当划为共有部分的通道、楼梯、屋顶等部分也仅享有使用权，无共有权，这部分建筑的所有权归房屋的实际所有人所有，不能确定房屋所有权人的归集体经济组织所有。

因此，农村宅基地房屋的所有权人或集体经济组织有权利对房屋及建筑共用部分的楼梯、通道、楼顶等进行改建或进行其他建设，不需要其他使用权人的同意。

但使用权人对使用居住的房屋改建需要征得所有权人或集体经济组织的同意，无权对共用部分进行改建，如使用权人出于生产生活的必需，拟对共用部分进行改建的，房屋所有权人或集体经济组织应当给予便利，允许其进行改建。同时不论是所有权人还是使用权人在进行改建时都应当遵守相邻关系准则的相关内容，按照有利生产、方便生活、团结互助、公平合理的原则，正确处理相邻关系。

编写人：湖北省秭归县人民法院　谭旭

29

建筑物区分所有权中共有部分的范围及使用权的行使

——宿迁京奥置业有限公司诉沭阳县张生记酒楼、吴清排除妨害案

【案件基本信息】

1. 裁判书字号

江苏省宿迁市中级人民法院（2015）宿中民终字第02461号民事判决书

2. 案由：排除妨害纠纷

3. 当事人

原告（上诉人）：宿迁京奥置业有限公司（以下简称京奥公司）

被告（被上诉人）：沭阳县张生记酒楼（以下简称张生记酒楼）、吴清

【基本案情】

2011年3月8日，吴清采用分期付款方式与京奥公司签订了购房预售协议，购买京奥公司开发的天津花园5－108室商业用房，建筑面积651.46平方米，并交纳了首次房款。后吴清开始对张生记酒楼进行装修，烟道和广告牌以及室内装修相继完工，京奥公司、市容管理和环境保护相关部门未予制止。吴清于2012年2月22日登记注册了张生记酒楼并正式营业。2013年2月27日，吴清与京奥公司订立了天津花园5－108室房屋买卖合同。后吴清将酒店出租给朱成志经营。2014年年底，京奥公司使用自己开发的天津花园三楼从事餐饮业务。2015年7月，京奥公司以张

生记酒楼、吴清经营的酒楼烟道及"张生记大酒店"广告牌影响六层阁楼办公、烟道超出使用范围，侵害了京奥公司权利为由提起排除妨害诉讼。

另查：京奥公司对于其开发建设的涉案楼栋商业用房第五层整层及阁楼享有所有权，张生记酒楼的广告牌悬挂在涉案楼栋商业用房第五层及阁楼的外墙上。

【案件焦点】

1. 张生记酒楼、吴清是否有权在涉案楼房的楼顶平台布置排烟管道；2. 张生记酒楼、吴清是否有权在涉案楼房的第五层及阁楼外墙上悬挂广告字牌。

【法院裁判要旨】

江苏省沭阳县人民法院经审理认为：首先，吴清购买京奥公司天津花园5－108室商业用房从事酒店经营，其装饰墙外烟道及广告牌的过程不是一天完成的，京奥公司未予制止，应认定是明知和认可的，京奥公司称张生记酒楼、吴清擅自搭建广告牌和烟道与事实不符。广告牌和烟道是非动态的，油烟排放于楼房上层空间，京奥公司庭审中出示的证据不能证明京奥公司受到了损害以及存在损害后果，且烟道和广告牌也没有影响京奥公司对该房屋的使用。其次，根据物权法的规定，室外墙体和楼顶上部空间非京奥公司私有空间，张生记大酒店作为共有人，有权使用室外墙体和楼顶上部空间。京奥公司要求张生记酒楼、吴清拆除烟道和广告牌于法无据。最后京奥公司未能提供五层以上阁楼合法性相关证据。且张生记酒楼的广告牌并未悬挂在京奥公司的阁楼墙体上。综上，京奥公司的诉讼请求无事实和法律依据，不予支持。

江苏省沭阳县人民法院依照《中华人民共和国物权法》第七十条、第八十四条、第九十一条、第九十二条，《中华人民共和国民法通则》第一百三十四条第一款第（一）项、第（二）项，《中华人民共和国民事诉讼法》第六十四条、第一百四十二条之规定，作出如下判决：

驳回京奥公司的诉讼请求。

京奥公司不服一审判决，提起上诉。江苏省宿迁市中级人民法院经审理认为：根据《最高人民法院关于审理建筑物区分所有权纠纷案件具体应用法律若干问题的解释》规定，业主基于对住宅、经营性用房等专有部分特定使用功能的合理需要，无偿利用屋顶以及与其专有部分相对应的外墙面等共有部分的，不应认定为侵权。

本案中，张生记酒楼、吴清基于对其所有的经营性用房用于经营酒店而布置烟道的合理需要，无偿利用屋顶，不应认定为侵权。京奥公司主张烟道安装不符合相关的技术规范，但未提供证据证明，故不予支持。张生记酒楼、吴清将广告牌悬挂在京奥公司专有部分相对应的外墙面上，侵害了京奥公司享有的无偿利用其专有部分相对应的外墙面的合法权益。京奥公司亦不同意张生记酒楼、吴清有偿使用，故京奥公司对张生记酒楼、吴清擅自占用京奥公司专有部分相对应的外墙面进行经营性活动，有权请求排除妨害。

江苏省宿迁市中级人民法院依据《最高人民法院关于审理建筑物区分所有权纠纷案件具体应用法律若干问题的解释》第三条第一款第（一）项、第四条、第十四条第一款，《中华人民共和国民事诉讼法》第一百七十条第一款第（二）项的规定，作出如下判决：

一、撤销沭阳县人民法院（2015）沭民初字第02672号民事判决；

二、张生记酒楼、吴清于本判决生效之日起十日内拆除悬挂在沭阳县天津花园5号楼商业用房第五层和阁楼外墙上的“张生记大酒店”广告字牌；

三、驳回京奥公司的其他诉讼请求。

【法官后语】

本案涉及的主要问题是：作为区分所有建筑物共有权人的业主对建筑物共有部分的使用权的认定及行使。

建筑物区分所有权是我国《中华人民共和国物权法》专章规定的不动产所有权的一种，其内容主要包括区分所有建筑物专有部分的单独所有权、共有部分的共有权和因区分所有权人的共同关系所产生的成员权（或者称管理权）。其中，共有权是指以区分所有建筑物的共用部分为标的物，全体业主共同享有的不可分割的共同共有权。本案的争议焦点问题之一便是张生记酒楼和吴清对楼房外墙及楼顶平台共有部分是否享有使用权。

要回答上述问题，首先需要明确共有部分的范围。根据我国《中华人民共和国物权法》和《最高人民法院关于审理建筑物区分所有权纠纷案件具体应用法律若干问题的解释》（以下简称《建筑物区分所有权司法解释》）的规定，共有部分的范围笼统地讲是专有部分以外的建筑物的其他部分。《中华人民共和国物权法》第七十二条第一款规定："业主对建筑物专有部分以外的共有部分，享有权利，承担义务；不得以放弃权利不履行义务。"业主对共有部分享有的权利包括：使用权、收益共享权、处分权、物上追及权等；业主对共有部分负有的义务包括：维护现状的义务、不得侵占的义务、按照共用部分的用途使用的义务、费用负担义务等。其中，业主对共有部分的使用权是指业主有权按照共有部分的种类、性质、构造、用途，使用共有部分，其他业主不得限制和干涉。至于如何使用，应当依照共有部分的性质而定，也可以依照约定来处理，或者为共同使用，或者为轮流使用。违反使用用途的使用为不当使用，应当按照规约处理，停止不当使用，造成损失的应当赔偿。同时，《建筑物区分所有权司法解释》第四条也规定，业主基于对住宅、经营性用房等专有部分特定使用功能的合理需要，无偿利用屋顶以及与其专有部分相对应的外墙面等共有部分，不应认定为侵权。但违反法律、法规、管理规约，损害他人合法权益的除外。

本案中，吴清购买了京奥公司天津花园5－108室商业用房，与京奥公司均为涉案楼房的共有权人，对该楼房的共有部分均享有使用权和收益权。吴清将其购买的天津花园5－108室商业用房出租给张生记酒楼，张生记酒楼基于租赁关系，也就享有了该楼房共有部分的使用权。屋顶是该楼房的共有部分，张生记酒楼和吴清对于该楼房的屋顶享有无偿利用的权利。因此，张生记酒楼、吴清基于对其所有的经营性用房用于经营酒店需布置烟道的合理需要，无偿利用屋顶，不应认定为侵权。但是，张生记酒楼、吴清在该栋楼房的第五层和阁楼没有相对应的专有部分，其对于该栋楼房的第五层和阁楼的外墙面不享有无偿利用权。因此，张生记酒楼、吴清将"张生记大酒店"广告字牌悬挂在京奥公司专有部分相对应的外墙面上，侵害了京奥公司享有的无偿利用其专有部分相对应的外墙面的合法权益。京奥公司亦不同意张生记酒楼、吴清有偿使用，故京奥公司对张生记酒楼、吴清擅自占用京奥公司专有部分相对应的外墙面进行经营性活动，有权请求排除妨害。

编写人：新疆生产建设兵团第八师中级人民法院　王德顺

江苏省宿迁市中级人民法院　刘宗强

30

不动产相邻权人主张排除妨害应先确定不动产物权

——刘尚好诉许文来排除妨害案

【案件基本信息】

1. 裁判书字号

北京市密云区人民法院（2016）京0118民初字第218号民事裁定书

2. 案由：排除妨害纠纷

3. 当事人

原告：刘尚好

被告：许文来

【基本案情】

刘尚好、许文来系北京市密云区北庄镇土门村（以下简称土门村）村民，且前后院相邻居住，刘尚好居前院，许文来居后院。2005年，刘尚好从土门村村民委员会购得房屋8间，即其现在所居住的房屋。该房屋西边有一棵许文来的栗树。2015年12月1日，刘尚好欲垒院墙，认为从自家西房山墙外向南取直，许文来的栗树树枝东半部分已延伸至自家房屋四至范围内，故主张该树对其垒建院墙产生妨害，要求许文来排除妨碍，将延伸至其宅院内的栗树树枝剪除。许文来则认为刘尚好垒墙的地方以前是空地，土门村村民委员会无权出售给刘尚好，且该栗树往东四米左右是其所分山场的范围，栗树已经栽植几十年，其经营至今，对刘尚好并未形成妨碍。

本案在审理过程中，刘尚好未能提供有效证据证明其房屋院落的四至范围，其垒建院墙占用土地的使用权归属并不明确。许文来对该土地提出权利主张，由此对刘尚好垒建院墙是否形成妨害产生争议。

【案件焦点】

刘尚好是否享有垒建院墙占用涉案土地的使用权，其主张相邻方许文来排除妨害是否应先确定自身享有该土地使用权。

【法院裁判要旨】

北京市密云区人民法院经审理认为：本案双方当事人之间的纠纷属于对土地使用权所产生的争议。《中华人民共和国土地管理法》规定，土地所有权和使用权争议，由当事人协商解决；协商不成的，由人民政府处理。现刘尚好主张许文来的栗树树枝延伸至其院落内，但其未提供有效证据证明其院落的四至；许文来则认为刘尚好垒墙的地方以前是空地，村委会无权出售给刘尚好，且栗树往东四米左右是许文来所分山场的范围，栗树已经栽植几十年，许文来经营至今，对刘尚好并未形成妨碍。现双方均对诉争土地提出权利主张，故双方应就土地使用权的争议到相关土地管理部门解决。

北京市密云区人民法院依照《中华人民共和国民事诉讼法》第一百五十四条第一款第（三）项之规定，作出如下裁定：

驳回刘尚好的起诉。

【法官后语】

本案涉及在相邻土地使用权存在争议和土地使用范围不明确的情况下，相邻一方主张另一方排除妨害，人民法院能否支持的问题。结合《中华人民共和国物权法》第三十五条和第八十四条之规定，妨害物权或者可能妨害物权的，权利人可以请求排除妨害或者消除危险。不动产的相邻权利人应当按照有利生产、方便生活、团结互助、公平合理的原则，正确处理相邻关系。相邻权利人在主张排除妨害时，该权利人应享有该相邻关系依附的不动产物权，该不动产物权归属和范围应是确定的。这是正确处理相邻关系的前提。相邻权实质是不动产所有权或使用权的适度延伸和扩张，基于此，相邻权人才有权在一定限度内合理使用邻人之不动产，并在邻人限制其使用或为此使用设置障碍时，有权请求取消限制、排除妨害。基于物权保护或者相邻权关系要求相邻一方排除妨害，需要先对相邻不动产（本案指土地）使用权归属和范围作出认定，案件基础法律关系实质为当事人双方对该土地的使用权争议。

《中华人民共和国土地管理法》第十六条对个人之间土地权属争议的解决途径作了明确规定，即土地使用权争议，由当事人协商解决；协商不成的，由人民政府处理。对此类争议，首先应由当事人对土地使用权归属和权利范围进行协商；协商不成由政府有关部门进行确权，该争议不属于人民法院民事诉讼的受案范围。当事人一方以土地使用权人的名义提起物权保护或相邻关系之讼，没有物权法依据，不具备原告主体资格。因土地使用权涉及的土地面积、四至范围存在争议，原告之诉请不能确定诉争地块位置和面积等，故其要求排除妨害的诉讼请求不明确、不具体。综合上述法理，在未明确诉争土地权属和使用权范围的情况下提起的排除妨害之诉，原告在主体上不适格，诉讼请求亦不明确、不具体，不符合《中华人民共和国民事诉讼法》规定的起诉条件。

本案即属于相邻土地使用权权属和权利范围不明，当事人协商解决未果，有关政府部门尚未确定权属之前，一方向法院起诉主张相邻方排除妨害，于法无据。该类纠纷的实质是土地权属纠纷，系土地权属紊乱、土地面积范围不明、土地边界不清引发，涉及历史遗留问题、政策执行、有关政府部门、村集体经济组织职能发挥等问题，先由政府有关部门对诉争土地进行确权，未经此处理，法院作为民事案件受理的，应驳回起诉。

编写人：北京市密云区人民法院　蒲威

31

无产权证房屋的权利保护

——北京市密云水库管理处诉宁小玲排除妨害案

【案件基本信息】

1. 裁判书字号

北京市第三中级人民法院（2016）京03民终字第7232号民事判决书

2. 案由：排除妨害纠纷

3. 当事人

原告（被上诉人）：北京市密云水库管理处（以下简称水库管理处）

被告（上诉人）：宁小玲

【基本案情】

水库管理处与北京佳博房地产开发有限公司（以下简称佳博公司）于2003年9月1日签订拆迁合同，约定由佳博公司对水库管理处的幼儿园和园林所大院进行拆迁，在碧水花园项目竣工后提供合格且可办理房产证的普通居民楼3877平方米作为对水库管理处的全额补偿。2006年12月29日，双方签订《拆迁合同》补充协议，就欠付的补偿房屋面积，由佳博公司一次性补偿给水库管理处25套房屋。2009年9月15日，佳博公司向水库管理处发出入住通知，将碧水花园25号楼2单元301号等房屋作为拆迁补偿提供给水库管理处。因未办理产权登记，水库管理处曾诉至法院，北京市密云县人民法院（2013）密民初字第5096号民事判决书判决佳博公司协助水库管理处办理密云县（现密云区，下同）碧水花园25号楼2单元301号等房屋权属转移登记手续。该判决现已生效。

宁小玲2004年至2007年曾任佳博公司销售业务员。双方曾于2005年1月15日签订北京市商品房买卖合同，合同对所购商品房为密云县溪翁庄镇中心广场西南侧的第2幢2单元301号等房屋事项进行了约定。因未取得房屋所有权证，宁小玲曾诉至法院，要求佳博公司为其办理密云县溪翁庄镇中心市场西南侧的第2幢2单元301号（即4号楼2单元301号）的房屋所有权证，因其未能提供合同原件、首付款证据原件、偿还贷款证据原件且未能提供合法入住的证据，北京市密云县人民法院（2013）密民初字第460号民事判决书判决驳回了宁小玲的诉讼请求。宁小玲不服提起上诉，北京市第二中级人民法院（2013）二中民终字第13296号民事判决书以一审同样理由及宁小玲所提供证据不足以证明其与佳博公司存在真实买卖关系为由，判决驳回了宁小玲的上诉，维持原判。后宁小玲又向北京市高级人民法院提出再审申请，被北京市高级人民法院（2014）高民申字第1708号裁定书裁定驳回。

另查明，密云县碧水花园25号楼2单元301号与密云区溪翁庄镇中心广场西南侧的4号楼2单元301号为同一套房屋。

【案件焦点】

生效判决已判令佳博公司协助水库管理处办理房屋产权证，在尚未取得产权证的情况下，水库管理处是否有权要求占用涉诉的宁小玲腾退房屋并支付占房使用费。

【法院裁判要旨】

北京市密云区人民法院经审理认为：对妨害占有的行为，占有人有权请求排除妨害或者消除危险，因占有或者妨害造成损害的，占有人有权请求损害赔偿。本案中，水库管理处和宁小玲就涉案房屋均曾向法院提起诉讼，根据法院生效判决，可以认定宁小玲对涉诉房屋不享有占有和使用的权利基础；根据本案已查明的事实，涉诉房屋系水库管理处原有的房屋被拆迁而取得的拆迁安置房之一，水库管理处已办理了涉诉等房屋的入住手续，且已生效的北京市密云县人民法院（2013）密民初字第5096号民事判决书判决佳博公司协助水库管理处办理涉诉等房屋权属转移登记手续，水库管理处作为涉诉房屋的权利人，依法享有占有、使用、收益的权利，现宁小玲无合法依据占用涉案房屋，影响到了权利人的合法利益，理应将该房屋腾退并返还给水库管理处。故水库管理处要求宁小玲腾退涉案房屋并支付逾期腾退占房使用费的诉讼请求，理由正当，予以支持。宁小玲所作辩解，无事实和法律依据，不予支持。

北京市密云区人民法院依照《中华人民共和国物权法》第二百四十五条，《中华人民共和国民事诉讼法》第六十四条之规定，作出如下判决：

宁小玲于本判决生效之日起十日内将其占用的密云县碧水花园25号楼2单元301号房屋腾退，逾期每月向水库管理处支付占房使用费1000元。

宁小玲持原审起诉意见提起上诉。北京市第三中级人民法院经审理认为：首先，关于涉案房屋是否为宁小玲实际占用的房屋。根据佳博公司的证明和密云县溪翁庄镇第三社区居民委员会证明等在案证据，可以认定佳博公司开发建设的碧水花园小区中，原4号楼现变更为25号楼。宁小玲在庭审中自认其占用的房屋为碧水花园小区4号楼2单元301号，且在多次诉讼的裁判文书中列明宁小玲的住址也是碧水花园小区4号楼2单元301号。因此，一审法院根据有效证据认定宁小玲在碧水花园小区中占用的房屋就是涉案房屋。其次，水库管理处是否有权请求宁小玲腾退涉诉房屋。北京市密云县人民法院（2013）密民初字第5096号民事判决书认定，水库管理处与佳博公司签订的拆迁合同、补充协议，均合法有效，并判令佳博公司协助水库管理处办理涉案房屋的房屋权属转移登记手续。佳博公司亦曾向水库管理处发出入住通知书，但由于曾为佳博公司销售业务员的宁小玲占用涉案房屋，排除了水库管理处对涉案房屋的控制与支配。目前，水库管理处基于合同关系已享有涉案房屋的合法占有权，有权请求、依法排除他人对其财产权益的妨害。最后，宁小玲是否有权占用涉案房屋。已有生效法律文书认定，宁小玲与佳博公司之间没有真实的房屋买卖关系，宁小玲亦未向法院提供合法入住证据。在本案审理过程中，宁小玲亦未向法院提供有效证据证明其有权占有、使用涉案房屋。故，宁小玲在没有占有权的前提下，仍以其与佳博公司有买卖合同为由拒绝腾退涉案房屋，对此不予支持。

北京市第三中级人民法院依照《中华人民共和国民事诉讼法》第一百七十条第一款第（一）项之规定，作出如下判决：

驳回上诉，维持原判。

【法官后语】

根据物权法的规定，不动产所有权的取得以记载于不动产登记簿时发生效力，房管部门给购房者发放房产证，是从法律上保护购房者的所有者权益。回迁房屋亦需办理房产证。在回迁房屋已办理入住，且法院已判决拆迁方为被拆迁人办理房屋登记手续，但房产证因其他原因未能办理的情况下，被拆迁人可基于合法占有维护自己的合法权益。

本案中，水库管理处作为基于拆迁合同而对涉诉房屋享有回迁权利的被拆迁方，在办理房屋入住手续后，该房屋占有、使用、收益等相应权利已转移至水库管理处，就涉诉房屋的产权证问题，佳博公司协助水库管理处办理房屋产权证的义务已被生效判决所确认。作为对涉诉房屋享有合法占有权的水库管理处，其财产权益被侵害时，当然有权排除他人对其财产权益的妨害。而生效判决已确认宁小玲与佳博公司间不存在真实的房屋买卖关系，宁小玲亦未向法院提供合法的入住证据。故宁小玲在欠缺对涉案房屋享有占有的物权、债权、监护权等本权的情况下，系无权占有。其拒绝腾退涉案房屋于法无据。

在诉讼之初，水库管理处曾诉求宁小玲自2010年9月20日，即水库管理处发现涉诉房屋被宁小玲侵占，遂要求其搬出，宁小玲拒绝搬出之日起给付占房使用费用，结合该案情况，承办法官认为应自宁小玲诉请佳博公司为其办理产权证被法院驳回的判决生效之日为起点给付占房使用费更为妥当。因为在权利不明的状况下，水库管理处要求宁小玲给付占房费依据不足，而在生效判决明确判明双方对涉诉房屋是否享有相关权利后，水库管理处依照占有权要求宁小玲腾退房屋并支付占房使用费即有了充足的法律依据。在向水库管理处释明后，水库管理处表示为督促宁小玲尽早腾退涉诉房屋，愿意在支付占房费方面做出让步，遂变更了相关的诉讼请求，即要求宁小玲于判决生效后10日内腾退碧水花园小区25号楼2单元301号楼房，逾期按每月1000元支付占房使用费。在以往的诉讼过程中，宁小玲曾表示涉诉房屋被其以1200元每月的价格出租给他人，结合当地房屋出租价格，水库管理处要求宁小玲支付占房使用费的数额符合市场行情，故法院依法支持了其诉讼请求。

编写人：北京市密云区人民法院　李娜

（四）财产损害赔偿纠纷

32

继承人杀害被继承人，继承人近亲属占有被继承人名下财产是否应予返还

——史某某等诉赵甲、赵某某返还财产案

【案件基本信息】

1. 裁判书字号

江南省南京市浦口区人民法院（2015）浦少民初字第166号民事判决书

2. 案由：返还财产纠纷

3. 当事人

原告：史某某、余某某、赵乙

被告：赵甲、赵某某

【基本案情】

余某某系余某父亲，史某某系余某母亲，赵某某系赵甲父亲。余某与赵甲于2001年5月23日登记结婚，2008年10月28日生一女赵乙。余某于2014年10月因机械性窒息死亡。江苏省南京市中级人民法院于2015年3月16日作出（2015）宁刑初字第4号刑事判决书，载明："被告人赵甲的父母与被害人近亲属余某某、史某某达成和解协议，即赵甲赔偿被害人近亲属人民币50万元，赵乙的监护权由被害人近亲属行使，被害人近亲属对赵甲的犯罪行为给予谅解"，判决：被告人赵甲犯故意杀人罪，判处无期徒刑，剥夺政治权利终身。

余某于2000年办理建房许可证，在南京市浦口区顶山镇南圩村东圩组建房，房屋产权申报地址为：吉庆村东圩87号。2009年1月8日，余某与浦口区征地拆迁办签订《征地房屋拆迁补偿协议》一份，载明：被拆迁人余某，被拆迁房屋坐落于顶山吉庆，拆迁补偿款701009.9元。取得拆迁款后，余某以320000元购买浦口区浦珠北路59号大华锦绣华城柳洲苑×幢3单元605室房屋，2009年11月16日以550000元价款出售该房屋。拆迁安置房屋三套，位于浦口区珍珠南路85号乐府江南家园×幢1单元202室、×幢1单元1102室、×幢2单元1105室，乐府江南家园×幢1单元202室已于2011年4月20日以价款580000元出售，乐府江南家园×幢1单元1102室、×幢2单元1105室于2011年3月22日办理产权登记，登记产权所有人为余某。三套安置房价款合计38万余元，以出售浦口区浦珠北路59号大华锦绣华城柳洲苑×幢3单元605室房屋价款支付。2014年2月21日，余某与中国建设银行股份有限公司签订理财产品客户协议书一份，购买理财产品880000元。2014年5月19日，赵甲与中国建设银行股份有限公司签订理财产品客户协议书一份，购买理财产品200000元。出售浦口区珍珠南路85号乐府江南家园×幢1单元202室房屋的价款580000元用于购买上述理财产品。

2015年11月19日，南京市浦口区人民法院作出（2015）浦少民初字第14号民事判决：坐落于顶山吉庆的被拆迁房屋系余某婚前财产，婚后拆迁权益应属余某所有。位于浦口区珍珠南路 85 号乐府江南家园 × 幢 1 单元 1102 室、× 幢 2 单元 1105 室系拆迁安置房，结合拆迁补偿款数额、购买拆迁安置房价款、拆迁时间、购买安置房时间，法院认为乐府江南家园 × 幢 1 单元 1102 室、× 幢 2 单元 1105 室房屋应属余某生前个人财产……对于余某、赵甲分别在中国建设银行股份有限公司购买的理财产品，因涉及案外人赵某某，本案不予处理，当事人可另行主张。

余某、赵甲在中国建设银行股份有限公司所购两笔理财产品及收益款合计 1113907.5 元，自余某去世后，被告赵某某将 1113907.5 元以转账或取款形式分多次转走或取出。赵甲、赵某某均认可：因考虑刑事案件诉讼中达成谅解需要花费款项，赵甲将银行卡的密码告知赵某某后，赵某某对诉争款项进行了转账或取款。

【案件焦点】

1. 赵某某占有已过世儿媳余某名下的财产是否合法；2. 是否应将余某名下的财产返还余某父母及子女。

【法院裁判要旨】

江苏省南京市浦口区人民法院经审理认为：公民合法的民事权益受法律保护。坐落于顶山吉庆的被拆迁房屋系余某婚前财产，婚后拆迁权益应属余某所有。位于浦口区珍珠南路 85 号乐府江南家园 × 幢 1 单元 202 室系拆迁安置房，结合拆迁补偿款数额、购买拆迁安置房价款、拆迁时间、购买安置房时间，该房屋出售前应属余某个人财产，该房屋的出售款 580000 元为余某个人生前财产。本案诉争的两笔理财产品及收益款合计 1113907.5 元，其中购买理财产品的 580000 元系余某个人财产；其余 533907.5 元为购买理财产品的款项及两笔理财产品的收益，应属赵甲和余某的夫妻共同财产，应由赵甲和余某各半所有。余某的遗产应为 846953.75 元（580000 元 + 266953.75 元）。公民依法享有继承权，被告赵甲故意杀害被继承人余某，丧失继承权。余某去世后，史某某、余某某、赵乙作为其父母、子女并未放弃继承，应视为接受继承。因余某生前未留有遗嘱，史某某、余某某、赵乙作为同一顺序继承人应继承的份额各应为余某遗产的三分之一。即诉争的 1113907.5 元，史某某、余某某、赵乙各应继承 282317.92 元，被告赵甲应享有 266953.75 元。被告赵甲辩称，诉争财产应包含其父母的出资，史某某、余某某、赵乙未予认可且赵甲未提供证据，不予采信。赵某某辩称，史某某、余某某、赵乙主张的846953.75元应包含赵甲的财产，在农村建的房子（建房许可证登记的名字为余某）系赵某某出资，该项辩称缺乏事实和法律依据，不予采信。赵某某主张赵甲名下的200000元理财产品，赵甲和余某生前同意给赵某某和其妻子；史某某、余某某、赵乙未予认可且赵某某未提供证据，不予支持。赵甲故意杀害被继承人余某，该刑事案件判决后，赵某某无正当理由继续占有应属史某某、余某某、赵乙继承的款项，三原告向被告赵某某主张归还诉争款项，赵某某应及时归还，故史某某、余某某、赵乙要求赵某某支付利息的诉讼请求，于法有据，应予支持。逾期利息的计算方式为，自2015年7月13日起，赵某某分别对史某某、余某某、赵乙以本金282317.92元为基数，逾期利息按中国人民银行同期贷款利率计算至本判决确定的履行期限届满之日止。赵某某取款行为系赵甲告知了密码，其二人形成取款合意，对于赵某某的上述义务，赵甲应承担连带责任。

南京市浦口区人民法院依照《中华人民共和国民法通则》第五条、第五十七条，《中华人民共和国婚姻法》第十七条、第十八条，《中华人民共和国继承法》第一条、第二条、第三条、第五条、第七条、第九条、第十条、第十三条、第二十六条、第二十九条，《中华人民共和国民事诉讼法》第六十四条第一款之规定，判决如下：

一、赵某某于本判决生效后十五日内返还史某某、余某某、赵乙各282317.92元并支付利息（逾期利息的计算方式为：自2015年7月13日起，以本金282317.92元为基数，逾期利息按中国人民银行同期贷款利率计算至本判决确定的履行期限届满之日止）；

二、赵甲对赵某某的上述义务承担连带责任。

【法官后语】

公民的合法财产依法受法律保护，当事人有权处分自己名下合法财产和他人委托处理的财产，但其处分行为不得侵害他人合法利益。《中华人民共和国继承法》第十条规定，第一顺序继承人为配偶、子女、父母，同时《中华人民共和国继承法》第七条明确了继承权丧失的适用范围，继承人故意杀害被继承人的，丧失继承权。作为被继承人的合法继承人，其享有的继承权受法律保护，任何人不得侵害。

本案中，赵甲与余某夫妻之间产生矛盾时，情绪失控，赵甲使用暴力致余某窒息机械性死亡，在赵甲被追究刑事责任期间，其父赵某某利用儿子赵甲之前交付的身份证件，将余某名下存款全部转移至自己名下，并拒绝向死者父母、子女归还。赵甲故意杀害妻子，对于夫妻共同财产中不属于自己的财产份额和属余某个人所有的财产均丧失继承权。

赵甲承担杀害被继承人的刑事责任后，继承纠纷的生效判决已经明确了被继承财产的范围，作为赵甲的父亲赵某某无合法、正当的理由继续占有应由合法继承人即被继承人父母、子女继承的财产，应承担及时返还给合法继承人的义务。赵某某继续占有被继承人财产的行为，不能再视为善意的保管行为，应为对继承人财产权益的侵害。史某某、余某某、赵乙向赵某某主张归还诉争款项，赵某某应及时归还，但是赵某某依然拒不归还，应一并承担相应的利息损失。赵甲的行为与赵某某占有被继承人的财产有直接的关联，形成了合意，应连带承担返还财产和给付利息的责任。本案对无权占有被继承人遗产的姻亲，判决其及时返还并承担相应的利息损失，以保护刑事被害人的继承人的合法继承权益。

编写人：江苏省南京市浦口区人民法院　汪会中

33

恋爱期间男方为女方购车支付的首付款，分手后女方应否返还

——陈某诉蒋某某返还财产案

【案件基本信息】

1. 裁判书字号

江苏省扬州市中级人民法院（2016）苏10民终字第2481号民事判决书

2. 案由：返还财产纠纷

3. 当事人

原告（被上诉人）：陈某

被告（上诉人）：蒋某某

【基本案情】

蒋某某与陈某自2015年8月至2016年1月为男女朋友关系。2015年10月26日，蒋某某经徐某某介绍同陈某三人一起购买大众汽车一辆，车价款253800元，陈某刷卡支付首付款、保险费等合计87226.93元，余款由蒋某某贷款支付。2016年1月5日，蒋某某办理了讼争机动车行驶证，车号牌为苏KF××××，所有权人为蒋某某。购买车辆后因蒋某某尚未获得驾驶证，故车辆由陈某保管驾驶，蒋某某获取驾驶证后也驾驶过该车辆。2016年1月下旬，陈某将讼争车辆开走，因蒋某某一直未归还陈某向案外人许某所借的车辆首付款故而将讼争车辆交给了许某，现该车辆在许某处。

后陈某和蒋某某因车辆归属纠纷诉至扬州市广陵区人民法院，该院审理后认为，公民的合法财产受法律保护。根据蒋某某提交的购车发票、机动车行驶证以及当事人的陈述，讼争车辆为蒋某某所有。陈某将讼争车辆开走并称蒋某某将首付款返还后车辆就返还给蒋某某，蒋某某认可该款项由陈某支付但认为该款项系陈某偿还其之前向蒋某某的借款，陈某在该款项性质及是否需要蒋某某返还尚未明确之前无正当理由占有蒋某某的车辆，蒋某某要求其返还讼争车辆有事实和法律依据，予以支持。至于陈某认为诉争车辆首付款系出借给蒋某某的意见，其可以另案主张。该院判决陈某将苏KF××××号车辆（品牌型号为大众牌FV7187ZADBG，车辆识别代码LFV3A23C7F3418423，发动机号C41934）返还给蒋某某，陈某给付蒋某某800元。

上述判决生效后，陈某向扬州市邗江区人民法院起诉，认为在涉案车辆已经归还被告的情况下，蒋某某应当将相关款项返还给陈某，故请求法院判决蒋某某立即返还陈某87226.93元。

【案件焦点】

蒋某某应否向陈某返还购车首付款87226.93元。

【法院裁判要旨】

江苏省扬州市邗江区人民法院经审理认为：债务应当清偿。苏 KF××××号车辆登记在蒋某某名下，且扬州市广陵区人民法院生效判决认为该车为蒋某某所有，并判决陈某将该车返还给蒋某某，而陈某支付了苏 KF××××号车辆首付款等合计 87226.93 元，故陈某要求蒋某某返还 87226.93 元，应予支持。蒋某某辩称陈某支付的首付款系陈某偿还之前向蒋某某的借款，但并未提供证据予以证明，故对该辩解不予采纳。

江苏省扬州市邗江区人民法院依照《中华人民共和国民法通则》第一百零八条之规定，作出如下判决：

蒋某某应于本判决发生法律效力之日起十日内向陈某返还 87226.93 元。

判决后，蒋某某提起上诉。

江苏省扬州市中级人民法院经审理认为：蒋某某应当返还陈某购车首付款，保险金无须返还。理由：陈某和蒋某某原系男女朋友关系，两人曾一起购置大众牌 FV7187ZADBG 汽车一辆，该车首付款及保险费计 87226.93 元系陈某支付。两人分手后，就案涉车辆的产权产生争议，诉至法院，法院将案涉车辆判归蒋某某，故蒋某某理应向陈某返还购车首付款。对于首付款如何返还的问题，由于案涉车辆系 2015 年 10 月 26 日购买，法院将案涉车辆判归蒋某某后，其通过法院执行直到 2016 年 9 月左右才取得案涉车辆，近一年时间内车辆几乎由陈某控制使用，故首付款不应全额返还。考虑案涉车辆的使用情况，对于陈某支付的首付款 78140 元，酌定蒋某某返还 65000 元。对于保险金 9086.93 元，因该费用系其向保险公司缴纳的一年的保费，近一年时间车辆大部分由陈某使用，且陈某在使用案涉车辆期间曾发生交通事故。并由保险公司理赔，故陈某要求蒋某某返还保费 9086.93 元的诉请依法不予支持。综上，一审判决认定事实清楚，但判令蒋某某全额返还购车首付款及保险金不妥，依法应予纠正。

江苏省扬州市中级人民法院依照《中华人民共和国民事诉讼法》第一百七十条第一款第（二）项之规定，作出如下判决：

一、撤销江苏省扬州市邗江区人民法院（2016）苏 1003 民初字第 4891 号民事判决；

二、蒋某某应于本判决发生法律效力之日起十日内向陈某返还 65000 元；

三、驳回陈某的其他诉讼请求。

【法官后语】

本案处理重点在于陈某为蒋某某购车所付款项的性质及蒋某某应否全额返还的判断。

关于款项的性质，陈某支付的款项包括购车首付款和保险费两部分，这两部分款项性质不同。首付款是为取得车辆所有权而向车辆销售商支付的对价，车辆保险费是机动车所有人根据保险公司确定的相应险别的费率向保险公司交纳的费用，目的是在机动车辆由于自然灾害或意外事故造成人身伤亡或财产损失时获得保险赔偿，一般一年一交。

关于蒋某某应否全额返还，首先，应确定涉案车辆的产权归属。买车时，陈某和蒋某某处于恋爱关系，并非夫妻，也无其他法律关系，因此，各自的财产归各自所有。其二人对涉案车辆均有出资，故涉案车辆应属其二人共有。《中华人民共和国物权法》第一百零三条规定："共有人对共有的不动产或者动产没有约定为按份共有或者共同共有，或者约定不明确的，除共有人具有家庭关系外，视为按份共有。"第一百零四条规定："按份共有人对共有的不动产或者动产享有的份额，没有约定或者约定不明确的，按照出资额确定；不能确定出资额的，视为等额享有。"陈某与蒋某某出资购买涉案车辆时，对涉案车辆所有权并未进行约定，二人又不具有家庭关系，故应视为按份共有。同时，其没有约定对涉案车辆享有的份额，但能确定出资额，则应按照出资额确定各自的共有份额。现涉案车辆登记在蒋某某名下，生效法院判决也已将涉案车辆判归蒋某某所有，故应认定该车辆所有权归属于蒋某某，基此，陈某为取得该车所有权而支付的首付款应予返还。其次，应考虑涉案车辆的实际使用情况，根据谁受益谁付出的原则，判断蒋某某应如何返还。根据案情，近一年时间内涉案车辆几乎由陈某占有使用，其同时也就享受了车辆保险所带来的利益，故在确定蒋某某返还的首付款时应根据车辆的折旧情况予以适当扣减，对陈某所付车辆保险费则不应返还。

编写人：江苏省扬州市邗江区人民法院　胡珍玉

34

不可抗力与高速公路施工方、承建方共同侵权叠加情况下的民事责任划分

——灵宝市富泉水产养殖专业合作社诉河南弘卢高速公路有限公司、河南省交通运输厅高速公路三门峡管理处财产损害赔偿案

【案件基本信息】

1. 裁判书字号

河南省三门峡市中级人民法院（2016）豫12民终字第87号民事判决书

2. 案由：财产损害赔偿纠纷

3. 当事人

原告（被上诉人）：灵宝市富泉水产养殖专业合作社（以下简称富泉水产）

被告（上诉人）：河南弘卢高速公路有限公司（以下简称弘卢公司）、河南省交通运输厅高速公路三门峡管理处（以下简称三门峡管理处）

【基本案情】

富泉水产位于灵宝市大王镇神窝村，经营养殖鱼产品等，其养殖用水来源于灵宝市沟水坡水库下游的河道。2013年7月18日，三淅高速的建设单位弘卢公司和三门峡管理处建设并管理的位于神窝村的排水渠存在严重隐患，因天降暴雨，冲垮三淅高速的排水渠，造成泥水冲入灵宝市沟水坡水库管理所的西干渠闫家坪段渠道内，后因该渠道内淤泥堆积，渠道不畅通，部分污泥水流入闫家坪村水库下游的河道内，污染了河道水源，导致从该河道内取水用于养殖的富泉水产的鱼塘内鱼类因缺氧大量死亡，造成事故。富泉水产遂向三门峡渔政渔船监督管理处报案。2013年8月5日，三门峡渔政渔船监督管理处委托河南省渔业检测中心对富泉水产的损失进行鉴定。经鉴定，富泉水产所在的三区鱼产品损失1372.23公斤，价值61271元，清淤费2304元，鉴定费6000元。

【案件焦点】

天降暴雨同高速公路施工方、承建方共同侵权叠加情况下的民事责任划分。

【法院裁判要旨】

河南省三门峡市灵宝市人民法院经审理认为：本案中，弘卢公司作为高速公路位于神窝村排水渠的承建单位，没有单独修建排水渠，而是直接将高速公路污水排入沟水坡水库西干渠，因干渠内淤泥堆积过多，污水流入河道而引发河水污染，导致从该河道内取水用于养殖的富泉水产的鱼塘内鱼类因缺氧大量死亡。弘卢公司应当保证修建的渠道排水顺畅，尽可能减少高速公路所排污水对河道的污染；三门峡管理处作为高速公路的经营管理单位，应当对高速公路排水渠进行维护、排查安全隐患，其未尽到管理人的注意义务，未能保障高速公路排水渠排水的安全畅通，造成河道污染，故弘卢公司、三门峡管理处对富泉水产构成侵权行为，应承担损害赔偿责任。而富泉水产作为水产品专业养殖社，应当谨慎选择养殖水源，其在未采取任何防护措施的情况下，直接从河道内取水养殖，导致所养殖鱼类因水源污染发生事故，其自身存在一定的过错，对事故的发生应当负相应的责任，故应当减轻弘卢公司、三门峡管理处的责任。富泉水产要求弘卢公司、三门峡管理处进行赔偿，理由正当，其合理损失法院予以支持。考虑到河道水源污染还存在暴雨冲刷引起山体泥水流入西干渠及河内，沟水坡水库西干渠淤泥堆积，排水不畅等因素，也是导致河水污染的原因，结合富泉水产和弘卢公司、三门峡管理处的过错情况，弘卢公司、三门峡管理处应承担富泉水产损失69575元的50%即34787.5元。

河南省三门峡市灵宝市人民法院依照《中华人民共和国侵权责任法》第六条、第十五条、第十九条、第二十六条之规定，作出如下判决：

一、弘卢公司、三门峡管理处共同赔偿富泉水产损失34787.5元，限其于本判决生效后十日内付清；

二、驳回富泉水产的其他诉讼请求。

弘卢公司和三门峡管理处不服一审判决，提起上诉。

河南省三门峡市中级人民法院经审理认为：富泉水产的鱼类死亡原因及损失情况经三门峡渔政渔船监督管理处委托河南省渔业检测中心进行鉴定，该鉴定中心经对养殖现场及坍塌现场进行实地考察、询问相关人员调查事情经过，询问苗种投放、饲料喂养记录、听取三门峡渔政渔船监督管理处和灵宝市渔政管理处的情况介绍等对事件原因和造成的损失作出鉴定结论，程序合法，一审予以采信并无不当；对三淅高速公路灵宝至卢氏段，弘卢公司提交的验收报告中明确建议尽快完善边坡绿化、排水渠设施等，验收后仅半年多的时间就出现排水渠被暴雨冲垮的情况，对本案的发生具有过错；三门峡管理处作为高速公路的管理方未能尽到管理人的注意义务，对本案的发生亦有过错。一审结合本案实际情况，判决弘卢公司与三门峡管理处共同承担富泉水产损失50%赔偿责任并无不当。

河南省三门峡市中级人民法院依照《中华人民共和国民事诉讼法》第一百七十条第一款第（一）项之规定，作出如下判决：

驳回上诉，维持原判。

【法官后语】

本案处理重点主要在于特殊自然现象引发的共同侵权，应当如何合理划分民事责任。

《中华人民共和国侵权责任法》第二十九条规定："因不可抗力造成他人损害的，不承担责任。法律另有规定的，依照其规定。"本案突发暴雨虽系不可抗力范畴，而仅系导致本案损害结果的自然天气诱因。暴雨冲刷引起山体泥水流入西干渠及河内，造成河水污染是客观情况，但并非导致鱼类死亡的直接原因。弘卢公司对所建工程没有按照设计要求完善相关配套施工设施的瑕疵建设行为和三门峡管理处作为高速公路管理人对高速公路督促管理过失相互结合，才是导致本案损害发生的根本原因。故本案不能简单适用上述第二十九条之规定，而应当根据各方当事人行为对损害后果的原因力和过失大小，综合判定各自应承担的责任。

关于弘卢公司与高速公路管理处责任承担问题。弘卢公司虽将涉案三淅高速公路灵宝至卢氏段工程交工验收，但验收报告中明确建议尽快完善边坡绿化、排水渠设施等。弘卢公司未按验收报告要求进行排水渠设施及绿化完善措施，导致工程验收后半年多的时间即出现排水渠被暴雨冲垮的情况，其作为承建单位对本案的发生存在过错，应当对富泉水产的经济损失承担侵权责任；三门峡管理处作为高速公路的管理方，其在公路承建单位对排水设施建设存在瑕疵的情况下，未尽到督促完善义务，亦未采取合理措施避免或者降低排水设施建设瑕疵造成损害的危险可能，对本案的发生亦有过错。弘卢公司的建设瑕疵行为与三门峡管理处的管理过失行为相互结合，导致三淅高速的排水渠被暴雨冲垮，进而导致富泉水产养殖的鱼类死亡，弘卢公司与高速公路管理处虽无共同故意和过失，但其侵害行为直接结合造成同一损害后果，且弘卢公司与三门峡管理处的过失行为对损害后果的原因力无法明确区分，故法院判决弘卢公司与三门峡管理处承担共同侵权责任，共同赔偿富泉水产损失的50%并无不当。

对于方富泉水产而言，作为水产品专业养殖社，应当谨慎选择养殖水源，其在未采取任何防护措施的情况下，直接选择从河道内取水养殖。这样虽然降低了养殖成本，但加重了导致损害结果发生的可能性。故对其鱼类因水源污染所致损失，其自身也存在一定的风险防控过错，根据《中华人民共和国侵权责任法》第二十六条规定，被侵权人对损害的发生也有过错的，可以减轻侵权人的责任。且若无突降大雨这一自然天气诱因，弘卢公司与高速公路管理处的过失行为并不会必然导致富泉水产鱼类死亡这一损害后果。恰逢暴雨，加重了弘卢公司与三门峡管理处过失行为的损害程度。故法院结合实际情况，认定富泉水产对自身损失承担50%的责任亦无不当。

编写人：河南省三门峡市中级人民法院　刘迪　李剑

35

财产损害赔偿纠纷中责任的划分、赔偿标准的确定

——上海东胜食品有限公司诉周良根等财产损害赔偿案

【案件基本信息】

1. 裁判书字号

上海市第二中级人民法院（2016）沪02民终字第155号民事判决书

2. 案由：财产损害赔偿纠纷

3. 当事人

原告（被上诉人）：上海东胜食品有限公司（以下简称东胜公司）

被告（上诉人）：周良根、上海环震包装制品有限公司（以下简称环震公司）

告：滇鸿公司、陆君龙、陆年君

【基本案情】

东胜公司与周良根签订租赁合作协议，约定周良根将宝山区民科路2弄5号北房屋出租给东胜公司使用，年租金约定为138000元；另东胜公司与环震公司的法定代表人周萍签订租赁合作协议，约定将宝山区民科路2弄5号南上层房屋出租给东胜公司使用，年租金约定为45990元。合同签订后，东胜公司在该处承租使用房屋。2014年2月4日10时52分许，位于上海市宝山区民科路2弄5－6号楼的环震公司发生火灾，消防员在救火过程中，因5号楼局部坍塌，造成2名消防员牺牲、2名消防员受伤及财物损失。经上海市宝山区公安消防支队认定，起火原因为："起火部位位于宝山区民科路2弄5号楼与6号楼之间雨棚下方东南侧，起火原因排除电气线路故障、外来火种、用火不慎、雷击和物质自燃，无法排除小孩玩火引燃可燃物并扩大成灾。"东胜公司认为，对于东胜公司的财产损失，系环震公司失火，陆君龙、陆年君、周良根建造、出租不符合国家安全标准的厂房共同导致，故诉至法院，要求环震公司、陆君龙、陆年君、周良根连带赔偿经济损失共计7175330元。

因火灾过火面积的七幢房屋系危房且系违章建筑，有关行政部门组织力量要拆除，情况紧急，东胜公司于2014年6月26日起诉环震公司，法院以（2014）宝民一民初字第4989号立案，东胜公司向法院提出申请，就遭受火灾相关损失进行评估。法院依法通过上海市高级人民法院委托上海银信资产评估有限公司对东胜公司遭受火灾毁损的机器设备及直接财产损失予以评估。由于环震公司拒绝配合评估现场勘查工作且无法认可任何东胜公司方提出的委托资产范围，经法院确认，以东胜公司提供的直接财产损失评估范围资产清单中物品作为本次评估范围，该公司于2014年11月7日作出一份评估咨询报告，委托资产清单中的物品的评估咨询值为（基准日2014年2月4日）3224000元。东胜公司为本次评估支付评估费33000元。因陆君龙、陆年君、周良根刑事部分正在审理中，东胜公司撤诉，等刑事判决生效后另行追加陆君龙、陆年君、周良根为滇鸿公司后，再次起诉至法院。

陆君龙、陆年君、周良根犯重大劳动安全事故罪被依法追究刑事责任，其刑事责任部分已由法院的（2014）宝刑初字第2107号刑事判决确定，根据该判决查明："滇鸿公司人陆君龙于2004年，在其姐夫周春明的牵头下，与宝山区罗泾镇肖泾村村委会签订了土地使用权转让协议，拟在肖泾村投资建设工业厂房，后因上海市用地政策调整，停止办理土地使用权性质变更。滇鸿公司人陆君龙明知存在上述问题仍未终止投资，在无法按照建设工程项目规定的流程办理任何许可证的情况下，即私自从宜兴老家聘请了滇鸿公司人陆年君，招聘民工后在其投资的民科路以西（民科路2弄）共计18.41亩地块内开工建设厂房。滇鸿公司人陆年君在明知自己无建设工业厂房资质，该工程也未取得任何建设许可证的情况下，仍带领民工在此建成厂房共计七幢。在建设过程中，为节省开支，滇鸿公司人陆君龙又指使滇鸿公司人陆年君使用废旧砖头与楼板，致使该楼存在重大安全隐患。2007年7月，滇鸿公司人陆君龙将上述七幢厂房全部转手出售给滇鸿公司人周良根。周良根在明知上述厂房系违章建筑，无任何证照的情况下，即将厂房对外出租。其中6号厂房一楼及二楼南侧一半出租给周南永，周南永又转租给谭超用于开办上海环震包装制品有限公司，不久谭超又直接向滇鸿公司人周良根另租下了5号楼部分厂房，并经周良根同意，在5、6号楼之间的空地上搭建彩钢顶棚用于堆放其公司生产的塑料气泡袋。2014年2月4日上午10时许，因堆放在5、6号楼之间的塑料气泡袋燃烧引发火灾……。"

【案件焦点】

因火灾引起的财产损害赔偿中侵权人责任的划分、损害赔偿范围及赔偿标准的确定。

【法院裁判要旨】

上海市宝山区人民法院经审理认为：行为人因过错侵害他人民事权益，应当承担侵权责任。二人以上分别实施侵权行为造成同一损害，能够确定责任大小的，各自承担相应的责任。

关于环震公司的责任，环震公司经周良根同意，在5、6号楼之间的空地上搭建彩钢顶棚用于堆放其公司生产的塑料气泡袋。经公安消防部门认定，起火部位位于雨棚下方东南侧，起火原因排除电气线路故障、外来火种、用火不慎、雷击和物质自燃，无法排除小孩玩火引燃可燃物并扩大成灾。故能够得出火灾的发生与环震公司存在关联的结论，环震公司虽然主观上不愿出现此种后果，可客观上这种后果已经发生，并给自己和他人带来了较大损失，显然环震公司日常的安全管理不到位，对火灾的发生、蔓延、扩大负有直接责任，认定环震公司有疏于管理和防范的过失，对自己租用的房屋未尽消防安全管理职责，对火灾的发生具有过错，构成对东胜公司侵害，应承担赔偿责任。

周良根作为厂房的所有人，是出租厂房的直接得益者，经其同意环震公司在5、6号楼之间的空地上搭建彩钢顶棚用于堆放其公司生产的塑料气泡袋，即使签订了治安消防责任书，也不能据此免除其对外承担责任，其对出租厂房的消防安全管理不到位，未尽到对房屋使用人进行挑选、监督使用房屋的安全监管责任，故应对东胜公司的损失承担相应的补充赔偿责任，酌情确定为20%的比例。

陆君龙作为厂房的原始所有者、建造者，于2007年7月将七幢厂房全部转售给周良根，已失去对房屋的控制和管理责任，其转售厂房的民事法律行为与本起火灾造成的损失没有直接的关联性，东胜公司要求陆君龙承担赔偿责任无法律依据。

陆年君参与七幢厂房的建造，对房屋建造质量承担相应的责任，对本次火灾造成东胜公司的损失没有直接的关联性，故东胜公司请求陆年君承担赔偿责任没有法律依据，不予支持。

关于赔偿数额的确定问题，以上海银信资产评估有限公司以东胜公司资产清单中物品作出的本次评估咨询报告作为参考更有合理性，确定东胜公司经济损失为3257000元（含评估费33000元）。至于东胜公司主张的其余损失，虽客观存在，但现有证据尚不足以支持其主张，难以支持。据此，依照《中华人民共和国侵权责任法》第六条、第十二条之规定，判决如下：

一、环震公司于本判决生效之日起十日内赔偿东胜公司经济损失3257000元；

二、周良根对环震公司依据本判决第一项所承担的给付义务承担20%的补充赔偿责任；

三、东胜公司的其余诉讼请求不予支持。

一审判决后，环震公司、周良根提起上诉。上海市第二中级人民法院经审理认为：当事人对自己提出的诉讼请求所依据的事实或者反驳对方诉讼请求所依据的事实有责任提供证据加以证明。没有证据或者证据不足以证明当事人的事实主张的，由负有举证责任的当事人承担不利后果。一审法院根据当事人的诉称、提交的证据对本案事实进行了认定，并在此基础上依法作出一审判决，合法合理，理由阐述充分，不再赘述。环震公司、周良根主张原审认定事实不清，适用法律不当，请求二审法院撤销原审判决，其在二审中都没有新的事实与理由，也没有提交新证据佐证自己的主张。上海市第二中级人民法院依法认可一审法院对事实的分析认定及对相关法律法规的理解与适用，环震公司、周良根的主张缺乏事实及法律依据，故对其上诉请求，难以支持。综上所述，一审认定事实清楚，判决并无不当。据此，依照《中华人民共和国民事诉讼法》第一百七十条第一款第（一）项之规定，判决如下：

驳回上诉，维持原判。

【法官后语】

在司法实践中应用《中华人民共和国侵权责任法》第十九条确定财产损害赔偿责任，应当从总的规则和具体事项方面把握。在总的规则方面，确定财产损害赔偿范围，应当以全部赔偿为原则，即财产损害赔偿数额的确定，以客观的财产、财产利益所损失的价值为客观标准，损失多少就赔偿多少。正是本条规定的“财产损失按照损失发生时的市场价格或者其他方式计算”。这种赔偿原则的依据，是由侵权损害赔偿的性质所决定的。损害赔偿最基本、最主要的性质是补偿被侵权人的损失。既然如此，补偿就只能以财产损失的多少为依据，赔偿大于损失就超过了补偿的意义，赔偿小于损失就没有达到补偿的要求。在具体注意事项方面，就财产损害全部赔偿应当着重强调以下两点：

1. 关于赔偿责任的确定。在决定侵权人是否承担法律责任时，要考虑其过错程度及关联性。《中华人民共和国侵权责任法》规定，行为人因过错侵害他人民事权益，应当承担侵权责任。二人以上分别实施侵权行为造成同一损害，能够确定责任大小的，各自承担相应的责任。本案中，环震公司日常的安全管理不到位，对火灾的发生和蔓延、扩大负有直接责任，法院认定其有疏于管理和防范的过失，对自己租用的房屋未尽消防安全管理职责，对火灾的发生具有过错，构成对东胜公司的侵害，应承担赔偿责任。周良根作为厂房的所有人，其对出租厂房的消防安全管理不到位，未尽到对房屋使用人进行挑选、监督使用房屋的安全监管责任，故应对东胜公司的损失承担相应的补充赔偿责任。陆君龙转售厂房的民事法律行为及与本起火灾造成的损失没有直接的关联性。陆年君参与七幢厂房建造的行为，均与本起火灾造成的损失没有直接的关联性，不应承担赔偿责任。

2. 关于赔偿范围的确定。在实行全部赔偿原则的时候，必须有一个前提，就是予以赔偿的损失必须是合理的。不合理的损失不应赔偿。《中华人民共和国侵权责任法》规定的“按照损失发生时的市场价格或者其他方式计算”，体现的就是赔偿合理损失。实行全部赔偿，必须从全部损失中扣除新生利益，实行损益相抵原则。当然，还应考虑适用预期利益损失原则，确定适当的赔偿数额。本案中，火灾为一个持续的过程，其中燃烧起火仅是造成货物损失的一种形式，在火灾起因中受损的货物及救火过程中被损坏的货物（如被灭火液体浸泡发生的湿损、被灭火设施撞坏的物品）都可以认定为由火灾造成。关于东胜公司因火灾造成的经济损失，由于环震公司拒绝配合评估现场勘查工作且不认可任何东胜公司提出的委托资产范围，故对上海银信资产评估有限公司以东胜公司资产清单中物品作出的评估咨询报告作为参考更有合理性；至于东胜公司主张的其余损失，虽客观存在，但现有证据尚不足以支持其主张，法院难以支持。

编写人：上海市宝山区人民法院　张超亮

36

财产损害填平原则的适用

——蔡土城诉陈素英、蔡良水财产损害赔偿案

【案件基本信息】

1. 裁判书字号

福建省厦门市同安区人民法院（2016）闽0212民初字第3361号民事判决书

2. 案由：财产损害赔偿纠纷

3. 当事人

原告：蔡土城

被告：陈素英、蔡良水

【基本案情】

陈素英与蔡良水系夫妻关系。2015年7月27日，陈素英与蔡土城因土地纠纷发生争执，陈素英持石头打砸蔡土城的不锈钢防盗门，经厦门市公安局莲花派出所委托鉴定，蔡土城的不锈钢防盗门直接损失价值为1453元，莲花派出所因此对陈素英处以行政拘留五日。2016年2月6日，蔡良水持锄头打砸蔡土城不锈钢防盗门及不锈钢防盗窗，经莲花派出所委托，同安区价格认定中心认定不锈钢防盗门损失价值为702元，被损坏的不锈钢防盗窗因损坏程度及维修方案不确定，同安区价格认定中心无法作出价格认定，莲花派出所对蔡良水处以行政拘留五日、收缴锄头一把。

审理中，蔡土城明确诉讼请求为：陈素英、蔡良水赔偿不锈钢防盗门和防盗窗款10000元。蔡土城陈述，被砸的防盗窗有3根不锈钢管损坏，维修前应敲打墙体，取出窗框，维修后需重新砌砖、装修，其主张的赔偿款10000元扣除防盗门损失2155元，剩余7845元用于防盗窗维修。

【案件焦点】

被损坏的防盗窗如何修复。

【法院裁判要旨】

福建省厦门市同安区人民法院经审理认为：公民的合法财产受法律保护，任何单位和个人不得破坏。陈素英打砸蔡土城不锈钢防盗门，致防盗门直接损失价值1453元，蔡土城有权要求陈素英承担赔偿责任。蔡良水打砸蔡土城不锈钢防盗门、防盗窗，依法应当承担相应的赔偿责任，不锈钢防盗门经鉴定直接损失价值为702元。关于防盗窗的损坏程度及维修方案问题，蔡土城庭审中陈述防盗窗有3根不锈钢管损坏，其维修只能敲打墙体、取出窗框、重新砌墙。法院认为，防盗窗仅为部分钢管损坏，敲打墙体、取出窗框、重新砌墙并非唯一的维修方式，从资源节约、防盗功能恢复的角度而言，通过不锈钢管切割、焊接等方式进行维修更加合理、便捷，酌情确定防盗窗维修款为300元，蔡良水合计应赔偿蔡土城为1002元，蔡土城主张的不合理部分不予支持。蔡良水经法院传票传唤，无正当理由拒不到庭参加诉讼，又未提出书面答辩意见，视为放弃诉讼权利，依法缺席判决。

福建省厦门市同安区人民法院根据《中华人民共和国物权法》第三十七条、第六十六条及《中华人民共和国民事诉讼法》第六十四条、第一百四十四条之规定，判决如下：

一、陈素英于本判决生效之日起十日内赔偿蔡土城1453元；

二、蔡良水于本判决生效之日起十日内赔偿蔡土城1002元；

三、驳回蔡土城的其他诉讼请求。

【法官后语】

财产权是指以财产利益为内容，直接体现财产利益的民事权利，它是宪法赋予公民的重要经济权利，也是公民行使其他权利和自由的物质基础。财产损害是侵权行为，侵害财产权，使财产权的客体遭到破坏，其价值贬损、减少或完全灭失，或者破坏了财产权人对财产权客体的支配关系，使财产权人的财产利益受到损失，从而导致权利人拥有的财产价值减少和可得财产利益丧失。按照损害程度，财产损害包括对财产的毁灭和损坏，前者指财物的质的根本改变，由于受到侵害，该物已经不是原来意义上的财物，而是成为另外一种意义上的物，使用价值完全改变。后者是指财物的非本质的改变，作为原来意义上的财物并没有发生变化，只是其使用价值降低。损害程度的划分意义在于区分财产损害的不同救济途径，财产被毁灭后，恢复原状已然不适用，而一般的财产损坏则可通过恢复原状、折价赔偿进行救济。恢复原状是将该财产修复如初，既可以要求由侵权行为人进行，也可以由受害人自行修理，要求侵权行为人负担费用，恢复原状费用之请求，意旨在于实现法益状态之完整，非若金钱赔偿之仅在弥补法益价值之差额，故性质上仍属恢复原状的评价范畴，选择权在于受害人。本案中，陈素英、蔡良水打砸蔡土城的不锈钢防盗门、防盗窗，造成蔡土城的不锈钢防盗门、防盗窗不同程度受损，但并没有毁灭，蔡土城有权要求陈素英、蔡良水恢复原状。庭审中，蔡土城要求陈素英、蔡良水进行修复，但陈素英、蔡良水并不同意，蔡土城转而要求陈素英、蔡良水赔偿修复费用。但究竟如何修复，蔡土城始终坚持通过敲打墙体、取出窗框、重新砌墙的方式，由此产生的全部费用由陈素英、蔡良水承担。笔者认为，民事赔偿的“填平原则”要求对受害的损失全面填补，权利人损失多少，侵权人赔偿多少，使权利人在经济上不受损失，从这一意义上看，权利人的损失得到补偿性赔偿后，不应额外获利。此外，民法关于恢复原状之责任承担方式的规定，在于对被损坏之财产恢复其原有的外观、性能、结构及功能，使其发挥原有的效用，以补偿受害人所受之损害。因此，对受损的防盗窗进行修复，应本着节约资源、恢复防盗功能的原则，通过不锈钢管切割、焊接等合理、便捷方式进行维修。蔡土城主张的敲打墙体、取出窗框、重新砌墙，并非防盗窗的唯一修复方案，也绝非现实生活中的最佳维修方案，因此，法院结合案件事实与日常生活经验，酌情确定防盗窗修复费用为300元。该处理结果不仅维护了蔡土城的合法权益，让陈素英、蔡良水为自己的违法行为付出赔偿代价，使蔡土城的房屋恢复一般居民住宅的安全居住标准，也避免蔡土城通过诉讼进行盈利，防止财产权的保护超过必要的限度。

编写人：福建省厦门市同安区人民法院　洪佩兰

37

当事人约定的民事赔偿协议不因刑事裁判而失效

——梁某某诉陈某某财产损害赔偿案

【案件基本信息】

1. 裁判书字号

广东省云浮市中级人民法院（2016）粤53民终字第212号民事判决书

2. 案由：财产损害赔偿纠纷

3. 当事人

原告（被上诉人）：梁某某

被告（上诉人）：陈某某

【基本案情】

梁某某与陈某某是老乡，2006年7月24日，梁某某、陈某某签订了一份《证明》，该《证明》载明：办理房地产生意、护照、送礼及各种证件等原因，梁某某、陈某某共花去人民币170000元。现此事未能成行，经二人协商，同意由陈某某支付上述款项中的95000元给梁某某，从今以后，相互不拖欠。后陈某某支付

95000元给梁某某。2009年11月17日，梁某某向公安机关报案，称陈某某以介绍女朋友、办理护照出国为名，骗取其现金17万余元，要求公安机关处理。对此，公安机关侦查后，检察机关以陈某某涉嫌诈骗罪向广东省新兴县人民法院提起公诉。广东省新兴县人民法院作出（2011）云新法刑初字第114号刑事判决，陈某某上诉，广东省云浮市中级人民法院作出（2012）云中法刑终字第3号刑事裁定，将该案发回重审。广东省新兴县人民法院经重审，于2012年4月9日作出（2012）云新法刑重字第3号刑事判决，认定陈某某共骗取梁某某现金及财物共计128300元并认定陈某某已退还95000元给梁某某，判决陈某某犯诈骗罪，处有期徒刑三年缓刑四年。案经广东省云浮市中级人民法院二审，于2012年7月21日作出（2012）云中法刑终字第57号刑事裁定，驳回陈某某的上诉，维持原判。梁某某认为陈某某骗取其128300元，除了已返还的95000元，尚欠33300元，遂提起本案民事诉讼，要求判决陈某某归还33300元及支付该款项的利息。

【案件焦点】

在侵害财产的刑事案件受理前，受害人与被告人已达成财产赔偿的协议，刑事案件裁判后，受害人能否以原协议确定的赔偿数额少于实际损失为由重新要求对方赔偿。

【法院裁判要旨】

广东省新兴县人民法院经审理认为：陈某某骗取梁某某128300元，有生效的法律文书证实，应予以确认。减去陈某某已赔偿的95000元后，陈某某尚欠梁某某款项33300元（128300－95000＝33300）。对于陈某某所称在2006年7月24日已和梁某某签订《证明》了结此事的抗辩，由于陈某某已构成刑事犯罪，生效刑事判决亦已认定陈某某诈骗梁某某的金额为128300元，因此对陈某某的该抗辩，不予采纳。对于陈某某提出该案已超过诉讼时效的问题，由于生效的刑事判决书并没有明确陈某某退还赃款的时间，因此，该案没有超过法律规定的诉讼时效。由于确认陈某某犯诈骗罪的生效文书于2012年7月21日作出裁定，因此应从2012年7月21日起开始计算利息。梁某某要求按银行同期同类贷款利率计算利息至法庭辩论终结之日止，符合法律规定，予以支持。

广东省新兴县人民法院人民法院依照《中华人民共和国民法通则》第一百一

十七条第一款、第一百三十四条第一款第（四）项，《中华人民共和国侵权责任法》第十五条第一款第（四）项，《中华人民共和国民事诉讼法》第六十四条第一款、第一百四十四条的规定，判决如下：

一、陈某某应于判决发生法律效力之日起十日内退还款项33300元及支付利息（按银行同期同类贷款利率从2012年7月21日起计至2015年10月9日止）给梁某某；

二、驳回梁某某的其他诉讼请求。

陈某某不服，以一审的抗辩理由提起上诉。广东省云浮市中级人民法院经审理认为：对于梁某某与陈某某之间的财物纠纷问题，在陈某某被认定构成犯罪之前，已由双方进行了协商处理，并在2006年7月24日自愿签订了《证明》，梁某某同意陈某某支付95000元予以了结，且陈某某亦履行了该款项的支付义务，签订该《证明》是双方真实意思表示，对双方均具有法律约束力。虽然陈某某构成刑事犯罪，但对于其违法所得财物处理问题，仍应遵循自愿的原则，由双方当事人进行处分，可依据双方共同达成的协议予以解决。梁某某要求陈某某在上述《证明》确定的义务之外返还款项，理据不足，不予支持。

广东省云浮市中级人民法院依照《中华人民共和国民事诉讼法》第一百七十条第一款第（二）项之规定，判决如下：

一、撤销广东省新兴县人民法院（2015）云新法民一初字第152号民事判决；

二、驳回梁某某的诉讼请求。

【法官后语】

被告人因涉嫌刑事犯罪，检察机关提起公诉或者由受害人提起刑事自诉，人民法院受理后，对被告人进行刑事审判，作出有罪与否的判决，对构成犯罪的被告人予以定罪量刑，上述刑事诉讼活动，是人民法院对被告人追究刑事责任的过程。由于财产型犯罪的被告人侵害了受害人的财产权利，造成受害人的财产损失，人民法院通过刑事审判对被告人处以刑罚并不能对受害人被损害的财产权利予以救济，仍需由被告人对受害人以赔偿损失等民事责任方式予以补偿。据此，构成犯罪的被告人一方面要承担刑事责任，另一方面要承担民事责任。对于民事权利的救济，权利人一般采用刑事附带民事诉讼或另行提起民事诉讼的方式，刑事附带民事诉讼是将刑事诉讼与受害人提起的民事诉讼合并审理，对于附带民事诉讼部分，适用民事诉讼的法律规定。由于民事诉讼权利主体要救济的是私权，应适用当事人自治的原则，故对于受害人主张的财产权利，无论其通过刑事附带民事诉讼还是单独提起民事诉讼，都可以进行调解。

本案的特殊之处在于，在刑事立案前，侵害人与受害人已经对财产损害问题达成了赔偿协议，并已按协议履行，经刑事审判认定的损失额与原协议确定的赔偿款额不一致。那么，受害人是否可因此对差额部分主张权利，提起民事诉讼？笔者认为，要解决好这个问题，关键要正确认定刑事审判前侵害人与受害人对财产损害问题达成协议的性质及效力范围。赔偿协议是双方当事人对自己民事权利的处分，由于当事人处分的是自己的民事权利，故协议赔偿的内容是允许与实际损失不一致的，只要反映协议双方的真实意思，在不违反法律规定，不损害国家利益和其他民事主体权益的情形下，应属有效，对协议双方均具约束力。刑事审判并不构成对民事主体处分私权的干预，当事人在刑事诉讼前作出的民事赔偿协议依然有效，在义务人履行了协议后，权利人再行主张，应不予支持。如果因为赔偿协议确定的赔偿额与刑事判决认定的损失额不一致而支持受害人就差额部分主张的请求，实质上是否定了协议主体对自身权利的处分，与协议的性质相矛盾。

本案中，陈某某构成诈骗罪，刑事审判认定其骗取梁某某的款项128300元，与刑事立案前双方协商的赔偿款95000元虽有33300元的差额，但梁某某在陈某某履行了赔偿协议后，又提起民事诉讼要求对方赔偿，在之前的协议效力未被否定的情况下，其新的民事诉求缺乏理据，故二审法院认为虽然陈某某构成刑事犯罪，但对于其违法所得财物的处理，仍应遵循自愿的原则，故作出驳回梁某某诉讼请求的判决。

编写人：广东省云浮市中级人民法院　李艳徽

38

拆迁人与被拆迁人达不成拆迁安置补偿协议的纠纷法院能否受理

——张琴女诉奎屯中天房地产开发有限公司财产损害赔偿案

【案件基本信息】

1. 裁判书字号

新疆生产建设兵团第七师中级人民法院（2016）兵07民再1号民事裁定书

2. 案由：财产损害赔偿纠纷

3. 当事人

原告（上诉人、再审申请人）：张琴女

被告（被上诉人、被申请人）：奎屯中天房地产开发有限公司（以下简称中天公司）

【基本案情】

张琴女父母（已故）于1997年7月经新疆生产建设兵团第七师一三一团（以下简称一三一团）批准，取得位于一三一团试验站198m^2的建筑用地使用权。张琴女作为法定遗产继承人，享有该建筑物、附着物占有、使用、收益、处分的权利，以及该建筑物、附着物使用范围的土地使用权。2010年5月13日，新疆生产建设兵团农七师国土资源局与中天公司签订国有建设用地使用权出让合同，由中天公司交纳土地出让金，取得包含张琴女上述土地在内的天北新区团结北街以东、凤翔路以南、人杰路以北的50年出让期的国有建设用地占有、使用、收益和依法处置的权利。张琴女的房屋属于拆迁征收范围，中天公司曾与张琴女就房屋拆迁补偿事宜进行过协商，双方对补偿有分歧至今未能达成房屋拆迁补偿协议。中天公司在与张琴女达不成拆迁补偿安置协议的情况下，于2013年11月（张琴女所主张时间）将涉案房屋拆除。张琴女认为中天公司的行为严重侵犯了其合法财产权益，遂诉至法院，要求中天公司赔偿房产及地上附着物损失710025.23元。

【案件焦点】

张琴女在与中天公司达不成拆迁补偿安置协议的情况下，以财产损害赔偿纠纷提起诉讼，是否属于法院民事案件受案范围。

【法院裁判要旨】

新疆生产建设兵团奎屯垦区人民法院经审理认为：国家行政机关在对土地作出重新规划使用时，应当依法对张琴女的房屋等财产作出征收决定，张琴女作为原财产所有权人，也有权利要求行政机关作出相应行政行为。因此，本案张琴女主张的诉讼请求其基本法律关系本质上属于征收补偿关系，不属于人民法院民事案件受理范围，当事人起诉到人民法院，人民法院应当不予受理，已经受理的，应当驳回起诉。

新疆生产建设兵团奎屯垦区人民法院依照《中华人民共和国民事诉讼法》第一百一十九条第（四）项，《最高人民法院关于适用〈中华人民共和国民事诉讼法〉的解释》第二百零八条第三款之规定，作出如下裁定：

驳回张琴女的起诉。

张琴女持原审起诉意见提起上诉。新疆生产建设兵团第七师中级人民法院经审理认为：依据《最高人民法院关于当事人达不成拆迁补偿安置协议就补偿安置争议提起民事诉讼人民法院应否受理问题的批复》的答复意见中，关于“拆迁人与被拆迁人或者拆迁人、被拆迁人与房屋承租人达不成拆迁补偿安置协议，就补偿安置争议向人民法院提起民事诉讼的，人民法院不予受理，并告知当事人可以按照《城市房屋拆迁管理条例》第十六条的规定向有关部门申请裁决”的规定，本案不符合人民法院民事案件的受案范围。故张琴女以财产损害赔偿纠纷主张民事权益，不符合上述规定，一审法院裁定驳回张琴女的起诉符合相关法律规定，应予维持。

新疆生产建设兵团第七师中级人民法院依照《中华人民共和国民事诉讼法》第一百七十条第一款第（一）项的规定，作出如下裁定：

驳回上诉，维持原裁定。

张琴女仍不服，以本案属于人民法院受理民事案件范围，向新疆维吾尔自治区高级人民法院生产建设兵团分院申请再审。新疆维吾尔自治区高级人民法院生产建设兵团分院经审查认为：《最高人民法院关于当事人达不成拆迁补偿安置协议就补偿安置争议提起民事诉讼人民法院应否受理问题的批复》中规定，拆迁人与被拆迁人达不成拆迁补偿安置协议，就补偿安置争议向人民法院提起民事诉讼的，人民法院不予受理，并告知当事人向有关部门申请裁决。但是，原建设部《城市房屋拆迁行政裁决工作规程》第八条第一款第（四）项规定，房屋已经灭失的，房屋拆迁管理部门不予受理行政裁决申请。现张琴女与中天公司未能就房屋拆迁补偿事宜达成协议，又因为房屋已被拆迁而不能依据最高人民法院的批复申请有关行政部门裁决，在此种情况下，张琴女以财产损害赔偿纠纷向人民法院提起诉讼，符合《中华人民共和国民事诉讼法》第一百一十九条规定的起诉条件，人民法院应当受理。

新疆维吾尔自治区高级人民法院生产建设兵团分院依照《中华人民共和国民事诉讼法》第二百零四条、第二百零六条之规定，作出如下裁定：

指令新疆生产建设兵团第七师中级人民法院再审本案。

新疆生产建设兵团第七师中级人民法院经再审认为：中天公司在未与张琴女达成拆迁协议的情况下，就将其房屋拆除，损害了张琴女的财产利益。张琴女以财产损害赔偿纠纷向人民法院提起诉讼，符合《中华人民共和国民事诉讼法》第一百一十九条的规定，人民法院应当受理。原一、二审裁定不予受理确有错误，应当予以纠正。依照《最高人民法院关于适用〈中华人民共和国民事诉讼法〉的解释》第三百三十二条、第三百三十三条第（一）项规定，裁定如下：

指令新疆生产建设兵团奎屯垦区人民法院对本案进行审理。

【法官后语】

本案属于拆迁人与被拆迁人达不成拆迁补偿安置协议，张琴女作为被拆迁人，就补偿安置争议向人民法院提起的民事诉讼。究其根本原因，当地政府违反《国有土地上房屋征收与补偿条例》第二十七条规定的先补偿、后搬迁和禁止建设单位参与搬迁活动的规定，在未与被拆迁人张琴女达成拆迁补偿安置协议的情况下，让建设单位中天公司参与拆迁，并采取非法方式进行拆迁，才引发此案。

《最高人民法院关于当事人达不成拆迁补偿安置协议就补偿安置争议提起民事诉讼人民法院应否受理问题的批复》规定："拆迁人与被拆迁人或者拆迁人、被拆迁人与房屋承租人达不成拆迁补偿安置协议，就补偿安置争议向人民法院提起民事诉讼的，人民法院不予受理，并告知当事人可以按照《城市房屋拆迁管理条例》第十六条的规定向有关部门申请裁决。”《城市房屋拆迁管理条例》① 第十六条第一款规定：“拆迁人与被拆迁人或者拆迁人、被拆迁人与房屋承租人达不成拆迁补偿安置协议的，经当事人申请，由房屋拆迁管理部门裁决。”二审法院正是依据此批复，认为本案不属于人民法院受理民事案件的范围。

虽然最高人民法院在上述批复中规定，拆迁人与被拆迁人达不成拆迁补偿安置协议，就补偿安置争议向人民法院提起民事诉讼的，人民法院不予受理，并告知当事人向有关部门申请裁决。但是，该批复有其适用条件，即先补偿、后拆迁，一旦拆迁人与被拆迁人就拆迁安置补偿未达成一致意见，拆迁人须提请政府主管部门行政裁决，然后才可强制拆迁。而本案中，中天公司在未与张琴女达成拆迁安置协议，也未申请行政裁决的情况下，直接将张琴女的房屋拆除，已不属于补偿安置争议，而是因拆迁人侵犯被拆迁人财产权益引发的侵权纠纷。另外，原建设部《城市房屋拆迁行政裁决工作规程》第八条第一款第（四）项规定，房屋已经灭失的，房屋拆迁管理部门不予受理行政裁决申请。现张琴女与中天公司未能就房屋拆迁补偿事宜达成协议，张琴女又因为房屋已被拆迁而不能依据最高人民法院的批复申请有关行政部门裁决，在此种情况下，若人民法院再不以民事侵权案件予以受理，势必造成张琴女的损失无其他救济途径。既然司法是“正义的最后一道防线”，那么民事诉讼就应起到“兜底”的作用，即法院应作为民事案件予以受理，以防公民权利受到侵害而得不到救济。并且中天公司在本案中仅是举证证实其合法取得了包含涉案房屋在内的国有建设用地权利，但并未提供证据证实其具有拆迁人资格并合法拆迁的事实。在中天公司没有行政依据，擅自违法拆除或毁损涉案房屋的情况下，涉案房屋的所有权人张琴女提起侵权赔偿诉讼，应当作为民事案件予以受理。

综上，从法律适用的角度讲，人民法院对此类案件依法受理与审判，也是法律权威的直接体现，有利于督促当地政府依法进行国有土地房屋征收与补偿活动，杜绝房地产开发企业在开发房地产过程中损害被拆迁人利益的情形。

编写人：新疆维吾尔自治区高级人民法院生产建设兵团分院　丁卫军

---

① 现已失效。

39

多重法律关系中，受害人的损失应如何分摊

——冉光德诉赵波等财产损害赔偿案

【案件基本信息】

1. 裁判书字号

云南省昭通市中级人民法院（2016）云民终字第1080号民事判决书

2. 案由：财产损害赔偿纠纷

3. 当事人

原告（上诉人）：冉光德

被告（上诉人）：赵波

被告（被上诉人）：谢浪

被告：邓尚刚、李正权

【基本案情】

2015年1月，冉光德将其所有的云CF××××号车辆租赁给李正权使用，李正权聘请谢浪为驾驶员驾驶车辆。同年3月8日，赵波以去务基镇接人为由，向谢浪借用云CF××××号车，谢浪向赵波讲明要取得李正权的同意而且要有驾驶资格的人驾驶才能借车，赵波向谢浪表示已经电话告知李正权后，谢浪将车钥匙交给赵波。随后，邓尚刚驾驶云CF××××号车与陶富娥一同前往务基镇接人。当日23时30分，邓尚刚驾车返程至溪务公路K11+100米处，由于其在未确保安全的原则下通行，致使云CF××××号车翻至公路30米坎下，造成邓尚刚及乘车人陶富娥受伤、车辆受损的道路交通事故。永善县公安局交通警察大队作出道路交通事故认定书，认定邓尚刚在此次事故中负全部责任。事故发生后，李正权、赵波联系拖车将事故车拖至永善县城。

云CF××××号车受损后经云南鼎丰司法鉴定中心鉴定，鉴定意见为：1. 云

CF××××号肇事车严重损坏，无修复经济价值，达到报废条件，建议报废；2. 该车肇事前（2015年3月7日）的价值约为人民币30400元。冉光德支付了鉴定费7000元。云CF××××号车于2015年1月7日在中国人民财产保险股份有限公司永善支公司投保了交强险及商业险，保险期限为1年，保险费为1540.56元，保险公司代收了车船税300元。2013年1月22日，冉光德为云CF××××号车办理溪洛渡水电站施工区通行证，向溪洛渡工程建设部交纳了办证押金1000元。冉光德认为因云CF××××号车受损不能修复，要求李正权、谢浪、赵波、邓尚刚连带赔偿其车辆损失64333.8元。谢浪愿意在其责任范围内承担赔偿责任。赵波则认为，该车实际上是其借来去接人，使用人是邓尚刚，对于发生交通事故是意料不到的事情，其作为出借人无过错，所以对原告的损失不同意赔偿。邓尚刚认为，其属义务帮工，不应承担赔偿责任。李正权认为，云CF××××号车是交给谢浪管理的，其不应承担赔偿责任。

【案件焦点】

1. 冉光德的请求是否符合相关法律规定；2. 李正权、谢浪、赵波、邓尚刚对原告的损失是否应当承担责任。

【法院裁判要旨】

云南省永善县人民法院经审理认为：公民的合法财产受法律保护，财产权益受到侵害的，侵权人应依法承担相应的侵权责任。

本案中，冉光德所有的云CF××××号车的损失为：经云南鼎丰司法鉴定中心鉴定车辆已报废，事故前价值为30400元；原告支付鉴定费7000元；保险费用损失，冉光德于2015年1月7日为云CF××××号车在保险公司投保，保险费和车船使用税为1840.56元，到车辆发生事故前保险有效期还有10个月，故保险费损失为1840.56÷12×10=1533.80元；对原告主张的每月3000元的替代交通工具费用，因本案在第一次开庭时，冉光德申请对车辆损失进行鉴定，但因自身原因致使鉴定时间拖延，故对替代交通工具费用计算期限减除3个月，冉光德要求每月3000元的损失，诉求过高，酌情支持每月600元，从2015年3月8日起至2016年5月8日，共计14个月，扣除3个月冉光德自身原因造成的损失，故对替代交通工具费用支持600元×11个月=6600元；对冉光德诉请的办理施工区通行证的费用

1000元，因该费用系押金，按规定能够退还，故对此请求不予支持。对冉光德的各项损失，计算如下：1. 车辆损失30400元；2. 鉴定费7000元；3. 保险费损失1533.80元；4. 替代交通工具费用6600元；以上四项合计45533.80元。

赵波向谢浪谎称已取得李正权的同意而借得云CF××××号车，又将该车交给邓尚刚驾驶而发生车辆毁损的交通事故。邓尚刚为赵波无偿提供劳务而驾驶车辆，在从事帮工活动中致使冉光德的车辆损害，在此次交通事故中邓尚刚负全部责任，具有重大过失。《最高人民法院关于审理人身损害赔偿案件适用法律若干问题的解释》第十三条规定，为他人无偿提供劳务的帮工人，在从事帮工活动中致人损害的，被帮工人应当承担赔偿责任，帮工人存在故意或重大过失的，赔偿权利人请求帮工人和被帮工人承担连带责任的，人民法院应予以支持。结合冉光德的诉讼请求及本案的实际情况，赵波作为车辆借用人和被帮工人在本案中应承担主要赔偿责任，邓尚刚作为帮工人应对赵波承担的赔偿部份承担连带赔偿责任。谢浪作为李正权聘用的驾驶员，对云CF××××号车负有管理的责任和使用权利，谢浪明知赵波无驾驶资格而将该车借给赵波，也未核实清楚赵波是否取得李正权同意而将车借出，因此，谢浪在本案中应承担次要赔偿责任。李正权对于车辆外借并不知情，对损害事实也无过错，故其不承担直接赔偿责任，但作为车辆租赁人，对所租车辆应尽到安全管理和完好归还车辆的义务，因他人过错造成了车辆损害，故对冉光德的损失，李正权应对其他侵权人的赔偿义务承担连带责任。

云南省永善县人民法院依照《中华人民共和国民法通则》第一百一十七条第二款，《中华人民共和国侵权责任法》第二条、第三条、第八条、第十五条第（六）项的规定，判决如下：

一、由谢浪赔偿冉光德各项损失13660.14元，限本判决生效之日给付；

二、由赵波赔偿冉光德各项损失31873.66元，邓尚刚承担连带赔偿责任，限本判决生效之日给付；

三、李正权对上述二项赔偿款承担连带赔偿责任；

四、驳回冉光德的其他诉讼请求。

冉光德与赵波不服一审判决，提起上诉。云南省昭通市中级人民法院审理认为：本案中，冉光德对其主张的替代交通工具费在一、二审诉讼过程中均未提交证据予以证明，故一审法院根据本案实际酌情按每月600元计算11个月符合本案实际。

本案中，赵波向谢浪借车的事实各方当事人均无异议，对该事实予以确认。根据《最高人民法院关于审理人身损害赔偿案件适用法律若干问题的解释》第十三条的规定："为他人无偿提供劳务的帮工人，在从事帮工活动中致人损害的，被帮工人应当承担赔偿责任。被帮工人明确拒绝帮工的，不承担赔偿责任。帮工人存在故意或者重大过失，赔偿权利人请求帮工人和被帮工人承担连带责任的，人民法院应予支持"。本案中，赵波在向谢浪借到车后交由有驾驶资格的邓尚刚驾驶，赵波与邓尚刚之间应视为义务帮工关系，一审法院根据本案实际判决由赵波承担70%的赔偿责任符合本案实际。

综上所述，原判认定事实清楚，适用法律正确。冉光德、赵波的上诉理由均不成立，不予支持。

云南省昭通市中级人民法院依照《中华人民共和国民事诉讼法》第一百七十条第一款第（一）项之规定，判决如下：

驳回上诉，维持原判。

【法官后语】

本案的处理要点在于对冉光德的损失计算是否合理以及责任由谁承担的问题。冉光德的损失包括车辆受损前的自身价值（已通过评估确认）、鉴定费以及对车辆的投入损失等直接损失（如为车辆购买保险的费用等）。本案的标的物已经毁损，无修复经济价值，已达到报废条件，因该车辆的性质属于家用车辆，冉光德主张车辆受损至诉讼期间的替代交通工具费用的请求属合理请求，法院酌情按每月600元计算并无不当。

本案存在多重法律关系，即（1）冉光德与李正权之间的车辆租赁关系；（2）李正权与谢浪之间的雇佣关系；（3）谢浪与赵波之间的车辆借用关系；（4）赵波与邓尚刚之间的无偿帮工关系。因此，责任的分配与承担是本案的一大要点。本案是财产损害赔偿纠纷，对于标的物的损坏，应探寻引起损害的直接原因，并根据各相关人员与该损害事实的权利义务关系程度，依次确定其赔偿责任。首先，驾驶人邓尚刚有重大过失，基于邓尚刚与赵波之间的无偿帮工关系，邓尚刚在无偿帮工关系中致他人财产损害，作为帮工人的邓尚刚应当与被帮工人赵波在其承担的责任

（主要赔偿责任）范围内承担连带赔偿责任。其次，涉案车辆毁损发生在赵波借用期间，而谢浪作为车辆管理人，出借时未核实其雇主李正权的意见，擅自将车辆出借给无驾驶执照的赵波，存在过错，因此应当承担次要赔偿责任。本案中的车辆承租人李正权对于车辆外借并不知情，对于车辆损害本身没有过错，对于冉光德的损失不直接承担赔偿责任，但是基于他与出租人冉光德之间的车辆租赁关系，李正权作为车辆的承租人对车辆应当尽到安全管理和完好归还的义务，因此他对其他侵权人的赔偿义务应当承担连带责任。

编写人：云南省永善县人民法院　胡潇

40

以“以物抵债”为由私自处分他人财产的处理

——金鑫诉王亮亮物权保护案

【案件基本信息】

1. 裁判书字号

安徽省淮南市潘集区人民法院（2016）皖0406民初字第1310号民事判决书

2. 案由：物权保护纠纷

3. 当事人

原告：金鑫

被告：王亮亮

第三人：谢桂荣

【基本案情】

2015年6月1日，王亮亮以金鑫欠其借款为由通过一个叫凌某某的“黄牛”，到车管所将原属于金鑫所有的车辆过户给谢桂荣，现涉案车辆在谢桂荣处。金鑫在庭审中称其已经报案，公安机关答复其“现王亮亮等人已经涉嫌赌博被刑拘”，但没有提供证据加以证明。王亮亮辩称，金鑫与其存在100000元的债务关系，以车抵债并过户给谢桂荣是金鑫同意的，但没有提供充分的证据加以证实。谢桂荣称金鑫欠王亮亮50000元钱，又欠代某某50000元，车辆抵押在代某某处，王亮亮从谢桂荣处拿的钱，替金鑫赎的车，金鑫的车辆就抵押给王亮亮了。后经法院调查，代某某向法院陈述其与金鑫之间没有借贷关系，金鑫的车辆也没有抵押在其处。

另查明，经金鑫申请，法院对涉案车辆进行了评估，评估价为110000元。

【案件焦点】

1. 金鑫与王亮亮之间是否存在以车抵债关系；2. 王亮亮将车辆过户给他人是否经过金鑫同意；3. 谢桂荣在本案中承担什么样的责任。

【法院裁判要旨】

安徽省淮南市潘集区人民法院经审理认为：王亮亮辩称金鑫的车辆是抵债给其本人的，而金鑫在庭审中予以否认。王亮亮又不能证明其和金鑫之间存在质押合同关系。故应认为双方之间没有形成有效质押，涉案车辆不存在被质押问题。

假使存在车辆质押，王亮亮也无权私自将涉案车辆过户给他人。我国《物权法》《担保法》均规定抵押权人与质权人对抵押物或者质物享有优先受偿的权利，但并没有规定抵押权人与质权人有处置抵押物或者质物的权利。在《中华人民共和国民事诉讼法》及《最高人民法院关于适用〈中华人民共和国民事诉讼法〉的解释》中均规定了实现担保物权应由担保物权人和担保人协商或由担保物权人向人民法院申请通过法定程序实现，担保物权人不能自行处置担保物。本案中，王亮亮即使享有担保物权，也无权将涉案车辆过户给谢桂荣。因此，王亮亮的行为侵害了金鑫的物权，依法应当予以返还或者赔偿。王亮亮辩称涉案车辆过户经过了金鑫的同意，因没有提供证据加以证明，不予采信。因过户时金鑫并没有在场，也没有给王亮亮出具同意过户的任何书面证明，且金鑫当庭予以否认。对王亮亮称金鑫欠其借款，因属于另一法律关系，王亮亮可以另行主张。王亮亮称金鑫将车辆抵债给自己，没有提供证据加以证明，不予采信。

谢桂荣称曾借给王亮亮50000元，给王亮亮替金鑫还欠代某某的借款，并将金鑫的车辆从代某某处赎回。代某某向法院证明，其与金鑫之间没有借贷关系，金鑫的车辆也没有抵押在其处，故谢桂荣的陈述是不真实的。假使谢桂荣与王亮亮之间存在 50000 元的借贷关系。本案涉案车辆经评估价值为 110000 元，谢桂荣也没有支付合理的对价，显然不属于善意第三人，故谢桂荣占有涉案车辆的行为属于无权占有，依法应当予以返还，若未能返还应与王亮亮共同按照评估价值（110000 元）赔偿金鑫的经济损失。

本案案由原定为财产损害赔偿纠纷，经审理查明，本案不仅涉及财产损害赔偿，还涉及返还原物，案由应定为物权保护纠纷为宜。

综上所述，王亮亮将本属于金鑫所有的一辆轿车过户给谢桂荣，其行为侵害了金鑫的物权。金鑫诉请返还涉案车辆；若不能返还由王亮亮与谢桂荣按照评估价值（110000 元）赔偿经济损失的诉讼请求，予以支持。据此，依照《中华人民共和国物权法》第三十四条、第三十七条的规定，判决如下：

一、谢桂荣于本判决生效十日内将其占有的车牌号为皖 DK8×××上海大众朗逸牌轿车返还金鑫并协助办理过户手续；

二、若谢桂荣未能按期返还车辆，则由王亮亮与谢桂荣共同于本判决第一项期限届满后十日内赔偿金鑫 110000 元。

【法官后语】

以物抵债，亦称代物清偿，是我国法律允许的一种债权实现、债务消灭的方式。根据债法原理，以物抵债也称代物清偿，是指当事人之间达成协议，由债权人受领他种给付以替代原定给付，进而使原债权债务关系归于消灭。我国现行法律尚无以物抵债的明文规定，对于以物抵债的法律性质、效力等，理论、实务界意见分歧较大，相关的司法裁判也认定不一，甚至大相径庭，亟待有权机关尽早统一法律适用标准。

近年来，在民间借贷关系中，有的债权人为了急于实现自己的债权，基于与债务人以物抵债的约定，将债务人所有的财产直接予以处分以获得清偿，殊不知，代物清偿协议系实践性合同，仅有合意，而未实际履行物权转移的，债务并未消灭，抵债的目的也未实现，反而侵犯了债务人的财产权益。

本案中，王亮亮称金鑫的车辆是抵债给其本人的，对此，其应举证证明金鑫因到期不能清偿债务而同意以其车辆进行抵偿。但是，王亮亮无充分证据证明金鑫曾同意其处分涉案车辆；同时，金鑫不认可其与王亮亮之间存在债务关系，也不认可曾同意王亮亮处分涉案车辆。故王亮亮对金鑫的车辆不享有处分权，其未经金鑫同意将金鑫的车辆过户给谢桂荣，此行为侵害了金鑫的物权。因金鑫的车辆已过户至谢桂荣名下并由谢桂荣实际占有，且谢桂荣对该车辆不构成善意取得，故谢桂荣作为涉案车辆的名义所有人和占有人，依法应当承担返还责任。

编写人：安徽省淮南市潘集区人民法院　冯旭敏

（五）其他物权保护纠纷

41

恶意串通的认定标准

——蒋崴诉岑裕高、袁京荣物权案

【案件基本信息】

1. 裁判书字号

北京市第一中级人民法院（2016）京01民终字第1394号民事判决书

2. 案由：物权纠纷

3. 当事人

原告（上诉人）：蒋崴

被告（被上诉人）：岑裕高、袁京荣

【基本案情】

岑裕高与袁京荣于1980年10月登记结婚，1999年9月8日经北京市海淀区人民法院调解离婚。2013年10月29日，岑裕高与袁京荣复婚。

2004年11月5日，经案外人武某梅介绍，岑裕高与蒋崴签订《转让购房协议》，约定岑裕高将位于北京市昌平区回龙观镇黄土店南侧北空军械修理厂×号楼

3单元501号的两室两厅单元房一套转让给蒋崴。协议签订后，双方履行了各自的主要义务。2005年11月16日，北京市昌平区建设委员会颁发了上述房屋的所有权证，登记的房屋所有权人为岑裕高，房屋性质为经济适用房，房屋坐落为北京市昌平区回龙观镇黄土店南侧北空军械修理厂×号楼3单元501（即诉争房屋，以下简称501号房屋）。2008年，岑裕高诉至法院，请求确认上述《转让购房协议》无效。同年12月20日，法院作出（2008）昌民初字第10544号民事判决书，判决驳回岑裕高的诉讼请求。岑裕高不服该判决，提起上诉。2009年9月2日，北京市第一中级人民法院作出（2009）一中民终字第08471号民事判决书，判决：驳回上诉，维持原判。

2012年5月28日，岑裕高与袁京荣签订《协议书》，主要内容为："从2004年到2009年岑裕高多次向袁京荣借款，共计750000元（不含利息），现因岑裕高无力偿还，经协商岑裕高自愿将其名下房产一套转让给袁京荣以偿还债务，并配合办理相关手续。房屋位置：北京市昌平区回龙观镇黄土店南侧北空军械修理厂×号楼3单元501室。至此，双方债务两清……自签字之日起生效。"2013年11月1日，岑裕高、袁京荣向北京市昌平区住房和城乡建设委员会提出申请，内容为："岑裕高与袁京荣系夫妻关系，双方共同出资购买位于昌平区回龙观镇黄土店南侧北空军械修理厂×号楼3单元501住房一套，证号为：京房权证昌私移字第211591号。当时产权证登记在岑裕高名下，现因夫妻自愿等相关问题，双方自愿申请将产权人由岑裕高变更为袁京荣。"同日，双方办理了房屋所有权转移登记，将上述房屋转移登记至袁京荣名下。

二审中，蒋崴围绕上诉请求提交了（2009）一中民终字第08471号案件的授权委托书及询问笔录，证明岑裕高于2009年3月31日向袁京荣出具授权委托书，委托袁京荣作为其代理人参加诉讼，同年7月13日袁京荣以岑裕高代理人的身份接受了法院的询问，并在询问笔录上签字的事实，进而证明袁京荣对于岑裕高将诉争房屋出售给蒋崴是知情的。岑裕高、袁京荣对该份证据的真实性予以认可，但坚持认为袁京荣对卖房一事不知情。

【案件焦点】

袁京荣与岑裕高之间是否符合恶意串通构成要件的认定标准。

【法院裁判要旨】

北京市昌平区人民法院经审理认为：不动产权属证书是权利人享有该不动产物权的证明。本案中，诉争房屋原登记于岑裕高名下，后经岑裕高、袁京荣向登记机构申请，该房屋产权转移登记至袁京荣名下。蒋崴虽与岑裕高签订有合法有效的房屋买卖合同，但并无证据证明其对诉争房屋享有所有权，蒋崴仅与岑裕高之间存在债权债务关系。现蒋崴提起本案物权纠纷，要求确认岑裕高、袁京荣之间的转移登记行为无效，法律依据不足，不予支持。判决：

驳回蒋崴的诉讼请求。

蒋崴持一审起诉意见提起上诉。北京市第一中级人民法院经审理认为：恶意串通，损害第三人利益的，合同无效。本案诉争的501号房屋的原产权人系岑裕高，在其已经将501号房屋出售给蒋崴的情况下又将501号房屋过户至袁京荣名下，其主观上显然是恶意的，且双方的行为在客观上已对蒋崴的利益造成了损害，故岑裕高与袁京荣之间的行为是否具有效力取决于岑裕高与袁京荣之间是否构成恶意串通，这是本案争议的焦点问题。根据蒋崴在二审中提交的证据可以表明，袁京荣在岑裕高与蒋崴之间关于合同效力纠纷的诉讼中，曾经作为岑裕高的委托代理人参加诉讼。故袁京荣对于诉讼的起因、过程、结果以及501号房屋实际上一直由蒋崴占有使用的情况应当是明知的。故在岑裕高与蒋崴之间的房屋买卖合同被法院生效判决确认有效的情况下，仍然配合岑裕高实施转移登记行为，主观上亦具有恶意。双方基于这种恶意进而实施了串通行为。综上所述，岑裕高与袁京荣实施的过户行为符合恶意串通的构成要件，且损害了蒋崴的合法权利，违反了法律的强制性规定，故上述行为应当认定为无效。

依据《中华人民共和国民事诉讼法》第一百七十条第一款第（二）项，《中华人民共和国民法通则》第五十八条第一款第（四）项，《最高人民法院关于适用〈中华人民共和国物权法〉若干问题的解释（一）》第十五条第一款之规定，判决如下：

一、撤销北京市昌平区人民法院（2015）昌民初字第16331号民事判决；

二、岑裕高将501号房屋转移登记至袁京荣名下的行为无效。

【法官后语】

恶意串通，损害第三人利益的，合同无效。即当事人据此主张合同无效需具备两个条件：一是当事人对于诉讼标的享有权利；二是需证明恶意串通的事实。本案诉争的501号房屋系蒋崴从岑裕高处购买，且全额支付了购房款，房屋也已经交付给蒋崴居住，特别是双方之间的房屋买卖合同经过生效判决认定为有效，故蒋崴对该房屋应享有相应的权利。岑裕高与袁京荣之间的转移登记行为在客观上已对蒋崴的利益造成了损害，故上述行为是否具有效力取决于岑裕高与袁京荣之间是否构成恶意串通，这是本案争议的焦点问题。

恶意串通是指民事活动的当事人，为牟取不法利益，共同合谋实施的损害国家、集体或者第三人利益的违法行为。其构成要件即为“恶意”与“串通”。其中“恶意”是指双方均有损害国家、集体或第三人利益的恶意，此处的恶意是相对于善意而言的，即明知或者应当知道其行为会造成国家、集体或第三人利益的损害而故意为之。由于恶意系当事人的主观心理状态，除当事人自认之外，往往难以认定，故需要根据当事人的举证情况、结合日常生活经验来推定当事人的真实意思表示。“串通”是指双方存在共同合谋的行为。首先是指双方具有共同的目的，即意思联络，可以表现为当事人事先达成一致的协议，也可以是一方作出意思表示后对方明知实施该行为所达到的非法目的，而用默示的方式表示接受。其次是当事人基于共同的目的相互配合或者共同实施了非法行为。

通过岑裕高与袁京荣办理转移登记时的客观情况以及种种不合常理的表现，二者在主观上具有恶意已经具备了高度的盖然性，并且在主观恶意的支配下实施了串通行为，损害了蒋崴的利益。对于恶意串通的认定标准问题，应当结合当事人的行为进行推定，只要排除了合理怀疑，即当事人对其提出的存在恶意串通的事实主张已提供充分的证据，达到了足以排除合理怀疑的证明标准，法官能够做到内心确认，完全可以推定恶意串通的成立。

编写人：北京市第一中级人民法院　朱文君

42

土地承包经营过程中的间接经济损失是否能够得到赔偿

——李玉英诉冉万才物权保护案

【案件基本信息】

1. 裁判书字号

新疆生产建设兵团第八师中级人民法院（2015）兵八民一终字第496号民事判决书

2. 案由：物权保护纠纷

3. 当事人

原告（上诉人）：李玉英

被告（上诉人）：冉万才

【基本案情】

2009年8月25日，冉万才向新疆生产建设兵团第八师国土资源局（以下简称八师国土局）提交临时用地申请，以畜禽养殖用地为由，申请临时使用第八师一五二团其养殖场东侧2915.75平方米的土地（即涉案土地），使用期限为一年（2009年8月25日至2010年8月24日）。八师国土局审核后予以批准，并与冉万才签订了《临时使用土地合同》。后冉万才在涉案土地上陆续种植了1000余棵果树，并建造了青储窖池、修建了东围墙干打垒土墙。冉万才的临时用地使用权合同到期后，未重新办理临时用地手续。李玉英以特色养殖为由向八师国土局提出用地申请。2011年12月28日，李玉英经八师国土局批准取得包括涉案土地在内的5523.69平方米土地的土地使用权，并于2012年3月13日办理了国有土地使用证［师国用（2012）第152010002号］，使用期限至2041年12月27日，用途为设施农用地。后李玉英在该宗土地的西侧建造了砖混结构围墙，中间设有一大门。

经法院现场勘查查明：冉万才种植的果树约497棵已经挂果、果树苗约200

棵，修建的干打垒围墙、厕所、青储窖池仍然在涉案的土地上。

庭审中，李玉英申请对涉案土地自2011年9月至2014年9月以笼养蛋鸡产生的可得利益损失价格进行评估。法院委托石河子市恒信价格评估事务所进行评定。2015年3月12日，该事务所作出石恒信鉴字（2014）065号价格鉴定报告。结论为：涉案土地2011年9月至2014年9月以笼养蛋鸡产生的可得利益损失为79158元。

【案件焦点】

冉万才是否应拆除其在李玉英承包土地上的地上附着物，是否应赔偿李玉英以笼养蛋鸡产生的可得利益损失。

【法院裁判要旨】

新疆维吾尔自治区石河子市人民法院经审理认为：虽然冉万才在涉案土地上种植了果树、修建了青储窖、围墙、厕所，但在李玉英取得了该土地使用权后，冉万才应当及时清理涉案土地上的附着物，其怠于清理致使李玉英在取得涉案土地使用权后无法按照批准的用途使用该土地，故冉万才的行为侵害了李玉英的土地权益，对于李玉英要求冉万才移除种植的果树，对修建的青储窖、围墙、厕所进行拆除的请求，予以支持。在李玉英取得涉案土地的使用权后，冉万才怠于清理涉案土地的地上附着物给李玉英造成的损失应予赔偿，但李玉英在取得土地使用权后没有进行实际笼养蛋鸡经营生产，且笼养蛋鸡具有一定的风险性，因此，李玉英要求冉万才赔偿2011年9月至2014年9月以笼养蛋鸡产生的可得利益损失的请求，缺乏事实依据，不予支持。

依照《中华人民共和国物权法》第三十七条的规定：“侵害物权，造成权利人损害的，权利人可以请求损害赔偿，也可以请求承担其他民事责任。”第二百四十五条第一款规定：“占有的不动产或者动产被侵占的，占有人有权请求返还原物；对妨害占有的行为，占有人有权请求排除妨害或者消除危险；因侵占或者妨害造成损害的，占有人有权请求损害赔偿。”判决如下：

一、冉万才于本判决生效之日起三十日内移除［师国用（2012）第152010002号］土地上的果树及果树苗；

二、冉万才于本判决生效之日起三十日内拆除［师国用（2012）第152010002

号］土地东侧的土围墙、厕所；

三、冉万才于本判决生效之日起三十日内填平［师国用（2012）第152010002号］土地上的青储窖池；

四、驳回李玉英要求冉万才赔偿损失的诉讼请求。

冉万才不服，提起上诉。新疆生产建设兵团第八师中级人民法院经审理认为：

关于焦点一，李玉英经相关部门的审批、登记，取得了涉案土地的土地使用权，其权利应受到保护。虽然冉万才在2007年与八师国土局签订了《临时使用土地合同》，开始使用该土地，但该合同的使用期限仅为一年（2009年8月25日至2010年8月24日），此后，冉万才既未续签《临时使用土地合同》，也未取得该土地的土地使用权。因此，在李玉英取得涉案土地的土地使用权后，冉万才继续占有该土地则妨害了李玉英土地使用权的行使，侵害了李玉英的权益，李玉英依法可以请求排除妨害。冉万才的上诉理由不成立，一审判令冉万才移除涉案土地上种植的树木，拆除、填平修建的地上附作物正确，应予维持。

关于焦点二，由于李玉英在取得土地使用权后，没有实际开展笼养蛋鸡的生产经营，同时生产经营本身的风险性和可得利益损失的不确定性，也使李玉英请求冉万才赔偿其可得利益损失79158元的请求缺乏相应事实依据，李玉英的上诉理由不成立，原判决对李玉英该项诉讼请求未予支持正确。

综上，一审判决认定事实清楚，适用法律正确，应予维持。根据《中华人民共和国民事诉讼法》第一百七十条第一款第（一）项之规定，判决如下：

驳回上诉，维持原判。

【法官后语】

本案系一起国有土地承包经营权引起的纠纷。

被侵害财产的损失，分为直接损失和间接损失。直接损失是受害人现有财产的减少，也就是加害人不法行为侵害受害人的财产权利、人身权利，致使受害人现有财产直接受到的损失。例如，财物被侵夺而使受害人财富的减少，致伤、残后受害人医疗费用的支出，人格权受到侵害后支出的必要费用等，都是直接损失。间接损失就是可得利益的丧失，即应当得到的利益因受侵权行为的侵害而没有得到，包括人身损害造成的间接损失和财物损害造成的间接损失。对于侵夺他人承包的土地造成的损失，应以直接损失为计算依据，而经营管理土地获得的收益，属于间接损失且会因劳动者的耕种水平及种植结构的不同而不同，该收益具有不确定性。不论是按照被侵权人实际经营管理涉案土地获得的收益为标准还是按照侵权人实际经营管理涉案土地获得的收益为标准均会造成同一侵权行为出现不同的侵害后果。

本案中，李玉英被侵害的实质是涉案土地的承包经营权。土地承包经营权以对承包土地的管理、占有、使用、收益为目的，是为稳定农村和城镇国有现有土地制度设立的一种新型用益物权，其主要特点为有期限性和可流转性。由于冉万才的侵占行为，造成李玉英2012年至2014年承包的土地无法进行有效的利用，因此，冉万才应当按市场价格赔偿李玉英土地承包经营权的价值。土地承包经营权的价值是通过土地承包经营权流转费的形式体现的，因此，李玉英只能按当年相同地理位置、相同土地肥沃程度、相同面积的土地流转费要求冉万才赔偿其占用期间的经济损失。因此，李玉英要求冉万才赔偿其笼养蛋鸡造成的间接损失的诉讼请求，因李玉英既没有为笼养蛋鸡做必要的准备工作，又没有为笼养蛋鸡进行必要的投资，因此，其要求冉万才赔偿其请求的间接损失问题是不能得到支持的。

编写人：新疆维吾尔自治区石河子市人民法院　杜世成

43

农村新增土地归属需要重新确权

——济南市长清区崮云湖街道办事处坡庄村村民委员会诉张其国物权保护案

【案件基本信息】

1. 裁判书字号

山东省济南市中级人民法院（2016）鲁01民终字第2073号民事判决书

2. 案由：物权保护纠纷

3. 当事人

原告（被上诉人）：济南市长清区崮云湖街道办事处坡庄村村民委员会（以下简称坡庄村村委会）

被告（上诉人）：张其国

【基本案情】

2013年，济南市长清区水务局实施北大沙河治理工程，在济南市长清区崮云湖街道办事处坡庄村（以下简称坡庄村）段工程完工后，张其国于2013年在坡庄村河道上200米×20米的土地上种植了树木，2015年，坡庄村村委会要求张其国移除清理其栽种的树木，张其国拒绝，故形成诉讼。

2015年11月17日，济南市长清区水务局出具证明如下：长清区北大沙河崮五路桥—沙河南桥段于2013年—2014年进行河道治理工程，长清区河道没有确权划界，河道的所有权归当地政府所有和管理，区水务局对河道负责监督和指导。2015年11月19日，济南市长清区人民政府崮云湖街道办事处、长清区崮云湖街道崮山管理区、坡庄村村委会出具关于张其国抢栽抢种地块情况说明，内容如下：2013年至2014年长清区水务局实施北大沙河治理工程，崮云湖街道办事处坡庄段工程完工后，沿河两岸产生的土地所有权归坡庄村村集体所有。张其国抢栽抢种地块位于河道治理工程产生的土地上，属坡庄村村集体所有。

【案件焦点】

因为清理河道新开采出的土地所有权、使用权归属如何认定。

【法院裁判要旨】

山东省济南市长清区人民法院经审理认为：本案系物权保护纠纷，主要争议焦点为，张其国栽种树木的土地归谁所有。坡庄村村委会提交济南市长清区水务局出具的证明及济南市长清区人民政府崮云湖街道办事处、长清区崮云湖街道崮山管理区出具的关于张其国抢种地块情况说明，应认定张其国栽种树木的土地为坡庄村村集体所有。根据《中华人民共和国物权法》第四条的规定，国家、集体、私人的物权和其他权利人的物权受法律保护，任何单位和个人不得侵犯。第三十五条规定，妨害物权或者可能妨害物权的，权利人可以请求排除妨害或者消除危险。第六十条规定，对于集体所有的土地和森林、山岭、草原、荒地、滩涂等，依照下列规定行使所有权：（一）属于乡镇农民集体所有的，由村集体经济组织或者村民委员会代表集体行使所有权；（二）分别属于村内两个以上农民集体所有的，由村内各该集体经济组织或者村民小组代表集体行使所有权；（三）属于农民集体所有的，由乡镇集体经济组织代表集体行使所有权。本案中，张其国未经坡庄村村委会同意，擅自在坡庄村村集体所有的土地上栽种树木，坡庄村村委会要求张其国清除所栽种树木的请求符合法律规定，予以支持。依照《中华人民共和国民法通则》第四条、第三十五条、第六十条，《中华人民共和国民事诉讼法》第六十四条之规定，判决如下：

由张其国于本判决生效之日起十日内清除其在济南市长清区北大沙河治理工程河道旁属于坡庄村村委会所有的土地上栽种的树木。

张其国提起上诉。山东省济南市中级人民法院经审理认为：坡庄村村委会主张涉案争议土地为坡庄村村集体所有土地，请求判令张其国停止侵权并清除地上栽种的树株；张其国主张争议土地属于国有河道，不属于坡庄村村集体所有的土地。现双方当事人的主要争议是涉案土地的所有权或使用权归谁所有的问题。《中华人民共和国土地管理法》第十六条规定，土地所有权和使用权争议，由当事人协商解决；协商不成的，由人民政府处理。单位之间的争议，由县级以上人民政府处理；个人之间、个人与单位之间的争议，由乡级人民政府或者县级以上人民政府处理。故对于涉案土地的所有权及使用权争议，应由当地人民政府处理，不属于人民法院民事案件受理范围。依照《中华人民共和国民事诉讼法》第一百一十九条、第一百七十条第一款第（二）项之规定，裁定如下：

一、撤销济南市长清区人民法院（2015）长民初字第1785号民事判决；

二、驳回坡庄村村委会的起诉。

【法官后语】

本案系物权保护纠纷，坡庄村村委会向法院提起诉讼，应首先证实其对争议标的具有所有权或者相关权利，否则不具备合法的主体资格；坡庄村村委会还需证实系其合法权利受到侵害，其主张才有可能得到法律的保护。

案中坡庄村村委会主张张其国侵权，张其国栽种树木的土地是政府清理河道时在坡庄村河段新增的土地。坡庄村村委会未提供权属证书，但是提供了河道主管部门水务局及当地乡镇一级政府出具的证明，以证实该土地位于坡庄村段，其据此主张涉案土地所有权归坡庄村村委会所有；张其国则主张该土地权属不明。如果该土地可以认定为坡庄村所有，则坡庄村村委会可以主张权利，反之则不可。所以，本案的争议焦点是涉案土地的权属问题，在坡庄村村委会未提供权属登记材料，只提供证明的情况下能否认定权利归属？权属不明，则物权保护无从提起。

根据《中华人民共和国物权法》第十七条、第三十二条的规定，对于不动产应提供“不动产权属证书”或者相关“法律文书、征收决定”，方能确认所有权。涉案土地虽然位于坡庄村范围内，但因涉及流经村内的公共河道，所以在坡庄村村委会未提供上述有效证据的情况下，无法直接证实其对该土地的所有权或使用权。那么，在坡庄村村委会提供了两份证明之后，能否依据该两份证据确认土地权属？根据《中华人民共和国土地管理法》第十六条的规定，此类土地权属争议，应由乡级人民政府或者县级以上人民政府处理。也就是说应通过政府行政程序解决，在行政处理后，权利人则可以凭相关证据主张权利，而不能通过司法程序直接确认。坡庄村村委会提供的两份证明，属于在民事诉讼中当事人自己提供的书证，并非政府有权机关作出的有效行政决定或者裁决，更不属于权属登记证据，所以，法院不宜直接依据此证据认定涉案土地权属。在民事诉讼中应注意区分普通的书证与具有行政效力的文书证据，两者对于事实的认定具有不同的价值，不能以证明代替行政决定。综上所述，坡庄村村委会提供的证明不属于相关职能部门的确权文书，其不能证实对争议土地具有所有权，无权提起本案诉讼，对其起诉应予以驳回。

但值得注意的是，对于新出现的土地，因无法直接认定权属，出现纠纷时无人可以主张权利，不利于社会的稳定，相关权利主体应及时申请对新增的土地进行确权。

编写人：山东省济南市长清区人民法院　冯建

44

物权继受取得人受保护的前提为完成所有权变更登记和转移占有

——陈水胜、许亚萍诉洪春梅物权保护案

【案件基本信息】

1. 裁判书字号

福建省厦门市中级人民法院（2016）闽02民终字第2952号民事判决书

2. 案由：物权保护纠纷

3. 当事人

原告（被上诉人）：陈水胜、许亚萍

被告（上诉人）：洪春梅

【基本案情】

厦门市思明区文兴东五里12号503室原系案外人姚某贤所有房产。2011年，姚某贤起诉洪春梅，要求其从讼争房屋内搬离，一审法院作出（2011）思民初字第3654号民事判决，判令洪春梅一家应于判决生效之日起三个月内腾出讼争房屋归还姚某贤。洪春梅不服，提起上诉。厦门市中级人民法院作出（2011）厦民终字第2581号民事判决，维持原判。该二审判决已于2011年11月1日生效。

2015年8月31日，厦门市房地产交易权籍登记中心向许亚萍填发厦国土房证第01288099－1号《厦门市土地房屋权证》，其中载明：房地坐落思明区文兴东五里12号503室，许亚萍按份共有1/2，陈水胜按份共有1/2，房屋用途住宅，建筑面积89.51平方米。

2014年，姚某贤起诉洪春梅，要求洪春梅向其支付自2012年1月24日起至实际搬离之日止的房屋占有使用费。一审法院作出（2014）思民初字第9063号民事

判决，判决洪春梅于判决生效之日起十五日内向姚某贤支付厦门市思明区文兴东五里12号503室的房屋占有使用费（按2300元/月的标准，自2012年2月1日起计至洪春梅实际腾退之日止）。洪春梅不服，提起上诉。厦门市中级人民法院于2015年2月26日作出（2015）厦民终字第226号民事判决，驳回洪春梅的上诉，维持原判。洪春梅与其女儿至今仍居住在讼争房屋内。陈水胜、许亚萍请求判令洪春梅立即搬离厦门市思明区文兴东五里12号503室，将厦门市思明区文兴东五里12号503室归还陈水胜、许亚萍并支付房屋占有使用费（按每月3500元的标准，自2015年8月31日起计至实际搬离之日止）。洪春梅认为讼争房产原产权人尚在申请强制执行，陈水胜、许亚萍未实际取得讼争房产，无权提起主张。

【案件焦点】

房屋继受取得人仅凭完成所有权变更登记而直接诉请房屋实际占用人向其返还房屋、支付占用费的是否应予支持。

【法院裁判要旨】

福建省厦门市思明区人民法院经审理认为：陈水胜、许亚萍系讼争房屋不动产权属证书记载的所有权人，讼争房屋原所有权人姚某贤确在申请强制执行的过程中将讼争房屋转让给陈水胜、许亚萍，不违反法律规定。洪春梅占有、使用陈水胜、许亚萍所有的房屋无合同或法律依据，对陈水胜、许亚萍要求洪春梅搬离并返还讼争房屋，予以支持。洪春梅使用讼争房屋给陈水胜、许亚萍造成了一定损失，应支付占用费。

福建省厦门市思明区人民法院依照《中华人民共和国物权法》第十七条、第三十四条、第三十七条，《中华人民共和国民事诉讼法》第六十四条第一款，《最高人民法院关于适用〈中华人民共和国民事诉讼法〉的解释》第九十二条第一款之规定，作出如下判决：

一、洪春梅于本判决生效之日起三个月内腾出厦门市思明区文兴东五里12号503室并归还陈水胜、许亚萍；

二、洪春梅于本判决生效之日起十日内向陈水胜、许亚萍支付厦门市思明区文兴东五里12号503室的房屋占用费（按每月2300元的标准，自2015年8月31日起计至实际腾出之日止）；

三、驳回陈水胜、许亚萍的其他诉讼请求。

洪春梅持原审答辩意见提起上诉。福建省厦门市中级人民法院经审理认为：本案讼争房产一直由洪春梅居住使用。根据生效法律文书确认的事实，可以认定陈水胜、许亚萍虽然在法律上取得了讼争房产的权属证书，但陈水胜、许亚萍未提供有效证据证明房产交易相对方将讼争房产交付其使用，讼争房产事实上并未实际交付。生效法律文书判决洪春梅向姚某贤腾房、支付房屋占有费，且案件尚在执行中，因此，陈水胜、许亚萍的诉讼请求与生效法律文书相冲突。一审判决认定事实错误，依法应予以纠正。

福建省厦门市中级人民法院依照《中华人民共和国民事诉讼法》第一百七十条第一款第（三）项之规定，作出如下判决：

一、撤销厦门市思明区人民法院（2016）闽0203民初字4918号民事判决；

二、驳回陈水胜、许亚萍的诉讼请求。

【法官后语】

房屋作为不动产，物权变动以所有权转移登记为生效要件，但所有权转移登记只是房屋继受取得行为的一部分，完整的继受取得行为应当包括原所有人将该房屋转移占有予房屋继受人并使其取得该物所有权的行为。房屋转移占有与房屋所有权移转登记是两种不同性质的履行行为，应当予以区分，即原所有人不仅应当将房屋的所有权转移登记予继受人，而且还应当将房屋的占有转移予继受人。

本案中，陈水胜、许亚萍以其取得了涉讼房屋的权属登记证书，也就是说其是从原所有权人处继受取得了涉讼房屋的所有权并作为涉讼房屋的权利人而诉请要求洪春梅向其交房。但在该物权保护的法律关系当中，陈水胜、许亚萍是作为物权继受取得人，其权利来源于原所有人姚某贤。

另，因姚某贤在其作为涉讼房屋的所有人时，已依法对洪春梅提起诉讼，诉请洪春梅一家腾出、归还讼争房屋；并另案诉请洪春梅支付房屋占有使用费。前述二案业经人民法院依法作出判决，即判令洪春梅一家应于判决生效之日起三个月内腾出讼争房屋并归还姚某贤和判令洪春梅于判决生效之日起十五日内向姚某贤支付讼争房屋占有使用费。在本案审理时，姚某贤诉洪春梅之二案仍在执行当中，即姚某贤尚未收回涉讼房产。

陈水胜、许亚萍虽然取得了涉讼房屋的权属登记证书，但根据其与姚某贤之间的房屋产权转让关系，涉讼房屋并未转移占有，且转移占有的义务人是姚某贤，而不是洪春梅。换言之，涉讼房屋的交付义务并未完成，且交付的义务人是姚某贤，并不是洪春梅。

另外，陈水胜、许亚萍并未取得其可以直接跳过姚某贤而向洪春梅主张转移占有的权利来源证明，故其虽取得涉讼房屋的权属登记证书，但还是不享有直接要求洪春梅向其返还房屋或支付占用费的权利，除非姚某贤与陈水胜、许亚萍另约定由陈水胜、许亚萍自行负责收房，且姚某贤在另案执行当中，放弃与本案相关的诉求，并告知洪春梅向陈水胜、许亚萍履行返还房屋义务。

编写人：福建省厦门市中级人民法院　林巧玲

45

长期居住不能成为拒绝向所有权人返还房屋的理由

——欧阳某诉陈某物权保护案

【案件基本信息】

1. 裁判书字号

北京市西城区人民法院（2016）京 0102 民初字第 504 号民事判决书

2. 案由：物权保护纠纷

3. 当事人

原告：欧阳某

被告：陈某

【基本案情】

欧阳某于 1998 年 12 月 28 日与陈某的父亲陈某某登记结婚，陈某某于 2013 年 11 月 7 日去世。其去世后，就其遗产的法定继承纠纷经一审、二审判决［（2015）二中民终字第 11352 号］，确认位于北京市西城区南礼士路三条南里 1 号楼 3 单元 A

号房屋（以下简称A号房屋）归欧阳某所有，欧阳某给陈某及其奶奶范某支付房屋折价款。2008年2月，欧阳某与陈某某曾共同出资128万元为陈某购买了位于北京市朝阳区北苑路180号（加利大厦）E座B号、建筑面积147.58平方米的房屋作为结婚用房，但陈某一直居住在欧阳某名下的A号房屋内，欧阳某多次要求陈某搬离未果，现欧阳某无房屋居住。

陈某不同意腾退房屋系因为欧阳某仍未支付判决确认的房屋折价款，且位于北京市西城区手帕口南街46号楼3层C号房屋系陈某名下房屋，陈某某去世后，陈某私自将该房屋过户到欧阳某之子欧阳某某名下，因继承诉讼时该房屋并非登记在陈某某名下，所以在该案中未处理，目前就该房的继承纠纷未处理完毕，现陈某名下无其他住房。

本案审理中，为证明已履行生效判决确认的支付折价款义务，欧阳某提交跨行人民币汇款凭证，其上显示：1. 2016年1月25日，欧阳某分别向法院转账汇款576.8元、510970.16、21013.33元，用途记载分别为：依（2015）二中民终字第11352号判决，欧阳某支付给陈某应收应付对冲后余款、支付范某房屋及银行存款费用、欧阳某某支付陈某应收对冲后余款。

【案件焦点】

陈某是否应当返还A号房屋。

【法院裁判要旨】

北京市西城区人民法院经审理认为：所有权人对自己的不动产或者动产，依法享有占有、使用、收益和处分的权利。经（2015）二中民终字第11352号生效判决确认，诉争房屋归欧阳某所有，欧阳某向陈某支付该房屋折价款及其他应付款项，同时陈某亦负有向欧阳某支付其他继承款项之义务，欧阳某现提供了汇款凭证，该凭证可以证实其已经向法院支付了双方所负金钱给付义务冲抵后的余款及其应负担的诉讼费用，因此陈某所述欧阳某未支付房屋折价款的抗辩理由法院不予采纳。作为经生效判决确认的房屋所有权人，欧阳某享有占有、使用不动产之权利，陈某现占用房屋已经失去事实及法律依据，欧阳某要求其腾退房屋，理由正当，予以支持。就陈某所作在他处无住房及与欧阳某就其他房屋存在继承纠纷之抗辩不应成为对抗欧阳某所有权之理由，对此不予采纳。就其他房屋的继承问题双方应另行解决。据此，依照《中华人民共和国物权法》第三十四条、第三十九条之规定，判决如下：

自本判决生效之日起三十日内，陈某将A号房屋腾空，交欧阳某收回。

【法官后语】

《中华人民共和国物权法》规定，所有权人对自己的不动产、动产，依法享有占有、使用、收益、处分的权利；无权占有不动产或动产的，权利人可以请求返还原物；对于妨害物权或者可能妨害物权的，权利人可以请求排除妨害或者消除危险。本案中，诉争的A号房屋已经法院生效判决确认为欧阳某所有，欧阳某有权根据自己的意志决定该房屋的使用或处分。但陈某一直居住使用该房屋，在欧阳某同意或者无异议的情况下，陈某的居住使用属于有权占有，他人不得妨碍。但自欧阳某要求其腾退A号房屋时起，陈某就失去了居住使用该房屋的依据，转为无权占有，构成对欧阳某房屋所有权的侵犯和妨碍。现欧阳某提起物权保护之诉，要求陈某返还A号房屋，陈某所提曾长期居住于此、其名下无其他住房等理由，均不构成对欧阳某行使房屋所有权的抗辩，故其应依法返还A号房屋给欧阳某。

编写人：北京市西城区人民法院　罗胜利

二、所有权纠纷

（一）侵害集体经济组织成员权益纠纷

46

超生子女能否取得集体经济组织成员资格

——张蔚诉厦门市翔安区大嶝街道阳塘社区居民委员会侵害集体经济组织成员权益案

【案件基本信息】

1. 裁判书字号

福建省厦门市中级人民法院（2016）闽02民终字第5167号民事判决书

2. 案由：侵害集体经济组织成员权益纠纷

3. 当事人

原告（上诉人）：张蔚

被告（被上诉人）：厦门市翔安区大嶝街道阳塘社区居民委员会（以下简称阳塘社区居委会）

【基本案情】

张炳艺、谢宝卿夫妻于2009年11月28日违反规定超生张蔚。张蔚出生后户口即随父母申报落户于阳塘社区居委会。厦门市翔安区人口和计划生育局于2010年11月16日作出《厦门市翔安区人口和计划生育局征收社会抚养费决定书》，决定向张炳艺、谢宝卿征收社会抚养费42180元。张炳艺、谢宝卿于2012年4月28日和5月30日先后向厦门市翔安区人民法院缴纳计划生育行政非诉执行款30000元和征收社会抚养费执行款12180元。2011年8月至2014年3月，因国家建设需要，阳塘社区居委会的虾池、石蛎、盐场（西堤）、底播被征收并得到补偿款。嗣后，经民主决议程序，阳塘社区居委会制定了《大嶝街道阳塘社区虾池、石砺、盐场（西堤）、底播补偿款分配方案》，确定违反国家计划生育政策计划外生育的子女，已按规定接受处罚并且已入户的，是可分配虾池、石砺、盐场、底播退养补偿款的对象。阳塘社区居委会于2014年9月9日发给其集体经济组织成员每人补偿款24240元，但未发给张蔚补偿款。张蔚遂于2015年3月24日向法院提起诉讼，请求法院判决阳塘社区居委会支付张蔚征地补偿款24240元。审理中，代表阳塘社区居委会参加诉讼的原主任张华明在本案第一次庭审中表示，阳塘社区居委会同意发给张蔚征地补偿款24240元。阳塘社区居委会在第二次庭审中又表示，张华明的意见没有经过居民代表大会集体决议，是无效的。阳塘社区居委会请求法院依法判决。

【案件焦点】

超生子女能否同其他集体经济组织成员一样享受征地补偿款。

【法院裁判要旨】

福建省厦门市翔安区人民法院经审理认为：计划生育是宪法规定的基本国策，任何人都不得违反计划生育的法律规定。张蔚系其父母违反计划生育超生，不具有参与分配阳塘社区居委会虾池、石砺、盐场（西堤）、底播补偿款的权利。张蔚请求法院判决阳塘社区居委会支付其征地补偿款24240元理由不足，不予支持，判决：

驳回张蔚的诉讼请求。

张蔚持一审意见提起上诉。

福建省厦门市中级人民法院经审理认为：本案争议的焦点在于张蔚是否有权获得阳塘社区居委会的征地补偿款。张蔚能否获得阳塘社区居委会的征地补偿款，应首先审查其是否具备阳塘社区集体经济组织成员资格。对于父母双方均具有本集体经济组织成员资格的，出生人员自出生就当然取得本集体经济组织成员资格。依据查明的事实，张蔚父母在张蔚出生时均系阳塘社区集体经济组织成员，张蔚出生后也落户于阳塘社区。据此，张蔚自出生时即取得阳塘社区集体经济组织成员资格。因农村集体经济组织成员资格涉及公民的基本民事权利，不能因当事人系超生子女或非婚生子女而剥夺。虽张蔚系超生子女，但系阳塘社区集体经济组织成员，其生活基础依赖于阳塘社区，且其父母也缴纳了社会抚养费，据此，其应当与其他成员一样享有阳塘社区的征地补偿款。一审法院判决驳回张蔚诉讼请求不当，应予纠正。阳塘社区居委会应当支付张蔚征地补偿款 24240 元。

综上所述，张蔚的上诉请求成立，予以支持。依法判决如下：

一、撤销厦门市翔安区人民法院（2015）翔民初字 860 号民事判决；

二、阳塘社区居委会应于本判决生效之日起七日内支付张蔚征地补偿款 24240 元。

【法官后语】

农村集体经济组织成员资格反映的是其成员的社员权，该项权利是涉及农民生存和发展的基本人权，其实质是土地权利的外在象征。伴随我国城镇化、农业现代化以及人口流动复杂化，农民土地承包经营相关权利的现行法律制度规范不能完全满足需要，重点表现为农民土地承包经营权的主体法律地位即农民作为农村集体经济组织成员资格的确定性，延伸出与农民生存权、发展权相关联的现代农业经营的市场法律制度和农民财产权的法律制度规范。

1. 农村集体经济组织成员资格的取得

根据目前的学理研究和司法实务的归纳和总结。农村集体经济组织成员资格主要有自然取得，即因出生取得和人口迁移而取得等两种情形。

其中，因自然取得，即因出生取得是指农村集体经济组织成员所生子女，自出生时即取得该组织成员资格，而无论是婚生子女（指计划内生育，下同）或非婚生子女、计划外生育子女（下称“超生子女”），均应该享受生存发展基本权利，决定了婚生子女或非婚生子女、超生子女都应该享有农村集体经济组织成员资格。若父母在同一农村集体经济组织内，则该子女自动成为该集体经济组织成员；父母分属不同的农村集体经济组织，子女应该认定为其户口所在的父母一方所在的农村集体经济组织成员；若子女没有登记户口，应以实际生活居住地为认定原则，其随父母实际生活地为其所属的农村集体经济组织。

其中，非婚生子女和超生子女登记户口与征收社会抚养费相衔接，导致部分未缴纳社会抚养费的超生子女暂无登记户口的，一般应认定其取得实际生活居住地的农村集体经济组织成员资格。

2. 集体组织征地补偿款的分配对象及其资格确定

解决集体经济组织成员资格问题是解决集体土地征用补偿纠纷的前提，也是化解集体经济组织成员与集体、集体经济组织成员之间矛盾的重要基础。

根据《中华人民共和国土地管理法》及《中华人民共和国土地管理法实施条例》关于集体土地的规定，土地征收补偿款项的分配对象为全体集体经济组织成员。而关于集体经济组织成员资格的认定，因农村集体经济组织成员资格反映的是其成员的社员权，其实质是土地权利的外在象征。

另，因我国户籍制度具有一定识别意义，在户籍制度改革之前，农村户口与农村集体经济组织成员基本是一一对应关系；但该对应关系随着户籍制度改革逐步出现了例外情形，有的虽属当地村民，但并不一定取得集体经济组织成员资格，有的虽已不是当地村民，但仍保留当地集体经济组织成员身份，这在法律上也予承认。

综上，集体经济组织成员资格的认定在目前法律法规及户籍制度的框架下，宜一般以户籍识别为原则，再结合实际用地情况和土地承包经营权的取得情况判定。

本案中，张蔚虽为超生子女，但其因出生当然取得阳塘社区集体经济组织成员资格；后，其又落户于阳塘社区居委会，其生活基础依赖于阳塘社区，且其父母已缴纳了社会抚养费，据此，其依法被认定为阳塘社区集体经济组织成员，有权请求阳塘社区居委会支付相应份额的征地补偿款。

编写人：福建省厦门市中级人民法院　许莹

47

租赁合同期满后租赁场地内抛弃物的归属

——六都镇某村村民小组诉林锦元、邓水群侵害集体经济组织成员权益案

【案件基本信息】

1. 裁判书字号

广东省云浮市中级人民法院（2016）粤53民终字第440号民事判决书

2. 案由：侵害集体经济组织成员权益纠纷

3. 当事人

原告（上诉人）：六都镇某村村民小组（以下简称某村小组）

被告（上诉人）：林锦元、邓水群

第三人：中铁二十三局集团有限公司（以下简称中铁二十三局）

【基本案情】

因南广铁路铜锣坪隧道进口工程施工需要，中铁二十三局于2010年6月20日与某村小组签订租地协议，约定临时租用某村小组珍珠坑的土地作为弃碴堆放用地，租用时间为2010年6月20日至2013年6月19日，租金、地力补偿及复耕费、青苗补偿款在双方签订协议之日起七个工作日内一次性付清；期满如不续租，施工方将场地内临时建筑物及机械设备清理退场，对弃碴沿山势斜面稍作平整后，表层覆盖三十公分以上泥土作耕作层，完工后由某村小组代表验收认可，交付土地使用。协议签订后，中铁二十三局依约支付了三年的租金、青苗补偿款、复耕费等款项给包括林锦元、邓水群在内的各农户，并使用了租赁土地。中铁二十三局用于堆放弃碴的土地属某村小组所有，由包括林锦元、邓水群在内的五户农户承包耕种。租赁期满后，中铁二十三局并没有依约对弃碴场作清理及对弃碴作平整后覆土，亦未经村民代表验收。2014年4月28日，林锦元、邓水群到云安区协调厂农矿农关

系办公室信访，要求清理堆放在其本人山地及水田的弃碴。云安区协调厂农矿农关系办公室答复：为解决土地复耕和责任地管理问题，建议堆碴地段的使用和管理归属原租户。某村小组及中铁二十三局并没有回应及清理弃碴。在本案一审诉讼中，中铁二十三局表示，未清走的弃碴不再使用。

涉案弃碴主要是由石料、泥土、建筑废料构成。2014 年 5 月 5 日，陈惠彬支付 450000 元给林锦元、邓水群，运走堆放在某村小组珍珠坑林锦元、邓水群承包山地上的石料自用。

【案件焦点】

承租人在租赁期满后遗留在租赁场地的抛弃物，其归属原则是否受租赁合同的影响。

【法院裁判要旨】

广东省云浮市云安区人民法院经审理认为：中铁二十三局放置弃碴的土地属于某村小组所有，承包经营权则属于林锦元、邓水群。林锦元、邓水群在没有改变土地用途的情况下清理弃碴，利于土地耕作，也没有损害他人的利益，亦为此付出了劳动。结合放置弃碴的土地属于某村小组所有，以及租地协议是某村小组与中铁二十三局签订，而弃碴是基于以上协议而取得的实际情况，对于清理弃碴产生的收益，由某村小组与林锦元、邓水群各分得 50% 为宜。因林锦元收取了 250000 元、邓水群收取了 200000 元，故两人应分别支付 125000 元、100000 元给某村小组。

广东省云浮市云安区人民法院依照《中华人民共和国民事诉讼法》第六十四条、第一百四十二条的规定，作出如下判决：

一、林锦元在判决发生法律效力后五天内支付 125000 元给某村小组。

二、邓水群在判决发生法律效力后五天内支付 100000 元给某村小组。

三、驳回某村小组的其他诉讼请求。

某村小组与林锦元、邓水群均不服一审判决，提起上诉。

广东省云浮市中级人民法院经审理认为：中铁二十三局与某村小组签订租赁协议后，中铁二十三局依约支付了三年的租金、青苗补偿款、复耕费等给包括林锦元、邓水群在内的各农户。林锦元、邓水群等农户亦将承包土地交由中铁二十三局使用，实际履行协议相关权利和义务的应为中铁二十三局与林锦元、邓水群等农户。按照协议约定，2013年6月19日租赁期满后，中铁二十三局应对租赁现场进行清理，并对租赁地进行平整、覆土后再归还给林锦元、邓水群等农户使用。但中铁二十三局在租赁期满后一年多的时间内仍未依合同履行相关清理义务，林锦元、邓水群未能复耕。林锦元、邓水群向有关部门信访反映要求处理弃碴，仍未能得到清理及解决。因此，中铁二十三局不履行合同义务，相对的合同权益应由实际履行合同的相对方林锦元、邓水群承受。某村小组提起本案诉讼，要求林锦元、邓水群返还集体经济收益450000元，缺乏理据。一审认为某村小组应获得50%的收益错误，应予纠正。

广东省云浮市中级人民法院依照《中华人民共和国民事诉讼法》第一百七十条第一款第（二）项，《最高人民法院关于适用〈中华人民共和国民事诉讼法〉的解释》第九十条之规定，作出如下判决：

一、撤销云浮市云安区人民法院（2015）云安法民一初字第251号民事判决。

二、驳回某村小组的诉讼请求。

【法官后语】

本案关键要解决涉案弃碴所有权问题，如果某村小组享有该弃碴的所有权而被林锦元、邓水群处分，那么某村小组就有权要求对方返还取得的收益。对此，从以下两个方面进行分析：

1. 关于涉案弃碴的法律性质及归属原则

一般来说，租赁期满后，承租人遗留在租赁场地的动产，除了承租人因未撤离或未完全撤离暂时存放之物，以及忘记带走的遗忘物，还有作抛弃处理的抛弃物。对于承租人遗留在租赁场地的动产权属认定，往往涉及其是否为抛弃物的界定。抛弃物是所有权人放弃所有权之物，故对于抛弃物的判定，关键要看财产所有人是否放弃其所有权。在司法实践中，应作两个层面的审查：首先，审查所有人是否有明确放弃所有权的意思表示；其次，在所有人没有明确表示抛弃该物时，应结合财产的价值、放置场所等客观条件进行判断。一般来说，财产所有人只愿抛弃低价的财产，或者是体积大、处置成本高的财产。涉案弃碴是中铁二十三局施工所产生，原所有权属于中铁二十三局。在租赁期满后，中铁二十三局长时间将其堆放在租赁的山地，在山地承包者向政府部门信访要求清理后，仍未运走弃碴。另外，弃碴由石头、泥土和建筑废料构成，而且堆放在山地上，处置成本较高。根据上述两个方面的原因，林锦元、邓水群作出中铁二十三局已抛弃了该项财产的判断，从中铁二十三局在诉讼中的明确态度，也反映中铁二十三局确实是放弃了弃碴的所有权。至于林锦元、邓水群是否能高价将弃碴中的石料卖给他人，则具有一定的偶然性。

抛弃物是法律上所称的无主物，对于其归属原则，法律没有明确的规定，但对于特别的对象作了规定，如《民法通则》第七十九条规定了所有人不明的埋藏物、隐藏物归国家所有，《物权法》第四十九条、第五十一条规定了珍稀野生动植物、珍贵文物，属于国家所有。对于法律明确规定所有权归属的，应该按规定确认权属，对于没有规定的，根据司法实践，按先占取得的原则处理。虽然，我国法律没有规定先占原则，但既然抛弃物没有所有权人，对其占有就不存在侵害他人所有权的情形，那么先占有的人在不违反法律规定的前提下显然可以取得该物，这符合“法不禁止即可为”的原则。

2. 关于本案租赁合同关系对于涉案弃碴处分权的影响

在现实生活中，租赁地如商铺、仓库等，一般具有封闭性的特点，在承租人撤离时，其他人由于无法合法进入该租赁场地，首先发现抛弃物的一般是出租人，从而对其作出处分，出租人取得其所有权是基于先占原则。租赁合同中出租方的主要权利义务分别是收取租金和提供租赁物，租赁场地的抛弃物并非租赁合同收益的组成部分，并不因租赁合同关系而排除他人占有，只要他人知道遗留之物是抛弃物，又能合法进入租赁场地并不损害他人合法权益的，即可占有该抛弃物并处分。比如，租赁场地是没有围闭的野外，他人就可以自由取得并占有其中的抛弃物。

本案中，林锦元、邓水群根据场地租赁期满、弃碴的组成、所处的地段及中铁二十三局的行为等判断涉案弃碴为抛弃物，从而对其先行占有并处分，其对该弃碴处分的利益可自行享有。某村小组认为涉案弃碴属于租赁合同的收益，要求林锦元、邓水群返还处置涉案弃碴的款项，以及一审法院基于堆放涉案弃碴的土地属于某村小组所有，而判令某村小组享有处分该弃碴的一半收益，均是与抛弃物的归属原则相悖的。

编写人：广东省云浮市中级人民法院　李艳徽

（二）建筑物区分所有权纠纷

48

在诉讼中转移房屋所有权不影响其诉讼主体资格和地位

——陈琳、黄良诉徐铮业主专有权案

【案件基本信息】

1. 裁判书字号

四川省成都市中级人民法院（2016）川01民终字第9217号民事判决书

2. 案由：业主专有权纠纷

3. 当事人

原告（被上诉人）：陈琳、黄良

被告（上诉人）：徐铮

第三人：代永兰

【基本案情】

陈琳、黄良系位于郫县郫筒镇中信未来城小区25栋×单元201号房屋业主，徐铮系该小区25栋×单元204号房屋（以下简称204号房屋）业主。2016年年初，徐铮岳父岳母在未征得相邻住户同意的情况下即在其该住宅内对外有偿经营麻将馆。陈琳、黄良对此持有异议，曾于2016年2月向人民网、县信访局投诉，后经社区、小区物业管理、派出所到徐铮住房处调查，发现徐铮住宅内开设麻将馆，并对外经营。通过多次劝导、说服教育后徐铮仍然未停止经营活动。陈琳、黄良遂向法院提起诉讼。

徐铮岳母代永兰陈述其于2016年2月开始在涉案房屋内居住。徐铮于2016年

5月11日领取了本案的民事诉状、应诉及举证通知书、开庭传票，同年8月5日领取了一审判决，并于同年8月15日将案涉房屋转让给代永兰，同日进行了产权变动登记。

【案件焦点】

在诉讼中转移房屋所有权是否影响其诉讼主体资格和地位。

【法院裁判要旨】

四川省郫县人民法院经审理认为：双方当事人系邻里关系，徐铮未经陈琳、黄良等相邻住户同意，擅自改变其房屋使用性质，给陈琳、黄良的工作、生活带来了一定的影响，且徐铮现仍在其住宅内对外经营麻将，根据《中华人民共和国物权法》第七十七条“业主不得违反法律、法规以及管理规约，将住宅变为经营性用房。业主将住宅变为经营性用房的，除遵守法律、法规以及管理规约外，应当经有利害关系的业主同意”以及根据《最高人民法院关于审理建筑物区分所有权纠纷案件具体应用法律若干问题的解释》第十条“业主将住宅变为经营性用房，未按物权法第七十七条的规定经有利害关系的业主同意，有利害关系的业主请求排除妨害、消除危险、恢复原状或者赔偿损失的，人民法院应予支持”的规定，徐铮应当承担排除妨害、恢复原状的法律责任，故陈琳、黄良要求徐铮将其204号房屋恢复原状、排除妨害的请求于法有据，予以支持。徐铮的辩解缺乏事实依据，不予采信。据此，依照《中华人民共和国物权法》第七十七条，《最高人民法院关于审理建筑物区分所有权纠纷案件具体应用法律若干问题的解释》第十条，《中华人民共和国民事诉讼法》第六十四条、第一百四十二条之规定，判决：

徐铮于判决生效后五日内将204号房屋恢复至住宅用途。

徐铮不服一审判决，提出上诉。成都市中级人民法院经审理认为：

根据《最高人民法院关于适用〈中华人民共和国民事诉讼法〉的解释》第二百四十九条的规定，“在诉讼中，争议的民事权利义务转移的，不影响当事人的诉讼主体资格和诉讼地位。人民法院作出的发生法律效力的判决、裁定对受让人具有拘束力。受让人申请以无独立请求权的第三人身份参加诉讼的，人民法院可予准许。受让人申请替代当事人承担诉讼的，人民法院可以根据案件的具体情况决定是否准许；不予准许的，可以追加其为无独立请求权的第三人。”上述规定确立了以当事人恒定原则为基础，以诉讼承继原则为例外的模式。作为两种不同的诉讼规则，均是解决民事诉讼中诉讼标的转移后的程序问题。本案中，受让人代永兰在受让争议的民事权利义务后，系争议房屋的实际使用人及所有权人，对正在诉讼的案件具有法律上的利害关系，其申请以第三人身份参加本案诉讼，应予以准许。徐铮作为争议房屋的所有权人，有权利转让处于争议中的民事权利义务，不因民事权利义务具有诉讼负担而被限制实体上的权利。但是，在尊重当事人自由处分原则的前提下，仍然要充分保障对方当事人的利益，故已经进行的诉讼不受转移和让与的影响。陈琳、黄良作为相邻住户，有权根据《中华人民共和国物权法》第七十七条以及根据《最高人民法院关于审理建筑物区分所有权纠纷案件具体应用法律若干问题的解释》第十条的规定，要求房屋所有权人将204号房屋恢复至住宅用途。代永兰系徐铮的岳母，鉴于二人的特殊关系及代永兰在整个诉讼过程中实际占有使用争议房屋这一事实，可以推定代永兰明确知晓争议房屋所处争议，在各方当事人对实体处理均未提出新的事实和理由的前提下，仅仅依据争议房屋所有权的转移要求将本案发回一审法院重审，缺乏事实和法律依据，也不符合诉讼经济原则。

综上所述，徐铮的上诉请求不能成立，应予驳回；一审判决认定事实清楚，适用法律正确，应予维持。依照《中华人民共和国民事诉讼法》第一百七十条第一款第（一）、（二）项的规定，判决如下：

一、维持四川省郫县人民法院（2016）川0124民初1671号民事判决；

二、四川省郫县人民法院（2016）川0124民初1671号民事判决对代永兰具有约束力。

【法官后语】

本案的争议焦点是诉讼中徐铮将涉案房屋转让给代永兰后，该二人的诉讼主体地位如何确定；判决结果对代永兰是否具有约束力及该案是否应发回一审法院重审。

目前，当事人将民事权利义务转移给第三人为我国法律所许可。但从程序法上看，当权利义务发生转移后，当事人的诉讼资格和地位如何，生效裁判对受让人是否具有法律效力，我国民事诉讼法对此并没有明确的规定。

而《最高人民法院关于适用〈中华人民共和国民事诉讼法〉的解释》第二百四十九条则确立了以当事人恒定原则为基础，以诉讼承继原则为例外的模式，较好地解决了上述问题，该规定有利于保护原诉讼的对方当事人利益，有利于诉讼秩序的安定，极大地节约了司法资源，且可有效防止恶意拖诉等一系列棘手的社会问题。

当事人恒定与诉讼承继是指在诉讼中因发生了法定事由，一方当事人将其诉讼权利转移给案外人，由该案外人续行原当事人已开始的诉讼，或在民事诉讼中，当事人将诉讼标的转移于第三人时，转让人的诉讼当事人资格因此而丧失，为受让人所替代。该二规则虽均是解决民事诉讼中诉讼标的转移后的程序问题规定，但各有优劣，前者能维持诉讼程序之安定，但对受让人之程序保障较为不周；后者虽对受让人之程序保障较为周到，却使让与人与对方当事人已进行的诉讼归于徒劳，且若时时发生诉讼承继，将严重影响诉讼程序之安定，不利于节约司法资源。

因此，当前我国采用的是以当事人恒定原则为基础，以诉讼承继原则为例外的模式。上述司法解释明确规定，在诉讼中，争议的民事权利义务转移的，不影响当事人的诉讼主体资格和诉讼地位。人民法院作出的发生法律效力的判决、裁定对受让人具有拘束力。受让人申请以无独立请求权的第三人参加诉讼的，人民法院予以准许。而徐铮也正是在一审宣判后将其房屋转让给代永兰的，相关情况均符合此条规定。

编写人：四川省成都市中级人民法院　谢芳

49

涉及共有财产、共同事务的处理应由小区全体业主依照合法程序进行民主议定

——张勇迁等55名业主诉云南滇鸿物业管理有限公司车位案

【案件基本信息】

1. 调解书字号

云南省昆明市中级人民法院（2016）云01民终字第2926号民事调解书

2. 案由：车位纠纷

3. 当事人

原告（上诉人）：张勇迁等55名业主

被告（被上诉人）：云南滇鸿物业管理有限公司（以下简称滇鸿公司）

【基本案情】

绿佳苑小区（亦称青青小镇）现有住户1254户，本案55名业主是其中55名业主（以下简称55名业主）。滇鸿公司是现任为该小区提供物业服务的物业服务公司。整个绿佳苑小区的公共道路两侧，还有部分绿化通道和其他公共地块，当初规划时并不是用于停车的位置而现今均用于绿佳苑小区停放车辆。现在，上述地方上存有划线车位443个，已经进行出租，租赁期限至2016年6月30日。绿佳苑小区还有部分临时停车车位，没有进行固定租赁。新增30个左右车位，还没有确定如何管理，目前按先到先停处理。

滇鸿公司将443个固定停车位出租给固定业主是沿用前任云南安来物业的做法，使用固定车位的业主基本没有变化。云南安来物业服务有限责任公司也向滇鸿公司移交了租赁固定车位的业主的名单资料。

2015年3月滇鸿公司向绿佳苑小区业主发放了“青青小镇车辆管理建议征询表”，就该小区的停车秩序公开征询业主的建议。在征询意见表收回之后，滇鸿公司制作了“青青小镇车辆管理意见征询统计表”，表中载明了以下情况：征询发放情况为实发户1254。实收户969，所占百分比为77.27%……哪种停车方式更为合理：先到先停352户，所占百分比36.33%，每两年抽签一次216户，所占百分比22.29%，维持现状355户，所占百分比为36.64%。2015年6月25日，滇鸿公司发出了“关于青青小镇车辆管理建议征询情况及管理办法的公告”，公告先将以上统计表中载明的情况进行了公示，然后确定：绿佳苑小区车辆管理意见征询中“先到先停”“维持现状”“每两年抽签一次确定停车位”三种方式，各方式人数在绿佳苑小区业主总人数中所占比例均未过半。为了绿佳苑小区安宁、维稳与和谐，经谨慎研究、权衡利弊，公司决定维持绿佳苑小区现行的停车管理方式。之后，绿佳苑小区部分业主授权了业主代表作为维权工作小组成员，针对以上绿佳苑小区车位问题进行维权。2015年7月1日，维权小组查阅、点数、封存了“调查原始签字表”，清点出的结果为：总计（查看有874份，33份空不算），汇总841户。A先到先停，汇总345户，占841户的比率为41.02%。B每两年抽签一次，汇总198户，占841户的比率为23.54%。C维持现状（调查签字时没这一项）汇总134户，占841户的比率为15.93%。弃权汇总79户，占841户的比率为9.39%。手写其他建议85户，占841户的比率为10.11%。

2015年7月1日，滇鸿公司向绿佳苑小区业主发布了“致歉声明”，内容为：2015年3月我公司所做的“青青小镇车辆管理建议征询表”，由于调查表格内容设计不够严谨，导致部分业主对调查结果有异议，为此，深表歉意。在此声明，我公司2015年3月所做的“青青小镇车辆管理建议征询表”的调查统计数据及公示结果作废，并将于7月重新对绿佳苑小区车位管理办法进行意见、建议征询，在本次调查结果公示之前车位管理办法保持原有车位不变。

以上事件发生后，引发众多媒体关注并作了相关报道。绿佳苑小区内多次发生因停车引起的纠纷，昆明市公安局金家河派出所接到报警后出警处理。

另，绿佳苑小区没有选举成立业主委员会。

2015年，55名业主向法院提起诉讼并推选了诉讼代表人，要求滇鸿公司停止侵权，提出了依据“先到先停”的表决意见管理小区公共车位等诉讼请求。

【案件焦点】

55名业主主张的“先到先停”是否经过小区全体业主决议，相关决议的效力如何。

【法院裁判要旨】

云南省昆明市西山区人民法院经审理认为：本案中，双方当事人争议的车位根据物权法的规定属于全体业主共有。绿佳苑小区前期物业公司从方便已经入住的业主的角度出发，采取车位固定租赁方式处理小区共有车位符合当时小区车辆不多的状况，并不违反法律规定。将车位出租给固定业主的方式一直沿用至滇鸿公司成为绿佳苑小区的物业服务公司。但随着该小区内业主拥有的车辆数量增多，停车问题矛盾突显。根据《中华人民共和国物权法》第七十六条及《最高人民法院关于审理建筑物区分所有权纠纷案件具体应用法律若干问题的解释》第七条的规定，本案争议的车位应当由小区的全体业主共同决定，并且应当经专有部分占建筑物总面积过半数的业主且占总人数过半数的业主同意，才能决定使用方式。滇鸿公司曾于2015年3月就车位使用问题向小区居民发放了意见征询表。依据《物业管理条例》的具体规定和精神原则，对涉及小区共有事项进行决议涉及小区全体业主，一般情况下应该按照程序召开业主大会或者在业主委员会的组织下进行集体讨论或书面征求意见。但现实生活中，因为小区的业主众多，涉及的情况比较复杂，本案涉及的小区并没有选举产生业主委员会，业主大会的召开、组织存在一定困难。但为充分保障业主的权利行使，法律及以上行政法规中没有明确限定对相关小区事务进行表决必须召开业主大会。从媒体的报道及意见征询发放后部分业主还组织过维权等情况来看，就车位的问题，绿佳苑小区虽没有经过20%的业主提起组织召开业主大会等形式，但车位问题实际上已经是很多业主都广泛关注的问题。滇鸿公司发放意见征询表可视为通过书面形式向绿佳苑小区全体业主征询意见。经审查意见征询表发放的程序和结果，程序上，参照住房和城乡建设部发布的部门规范性文件《业主大会和业主委员会指导规则》，对涉及小区的事项进行表决，程序上应当达到一定的标准与要求，以确保实体表决结果能公正、公开地反映小区全体业主的决定。本案中，没有证据证实调查表已经发放到每一位业主手上，业主对表决结果是否签名也并不清楚，程序上并不完善，存在瑕疵。从结果来看，滇鸿公司要求的“先到先停”一项意见得到的支持数是345户，小区共有业主1254户，支持这一选项的人数没有超过小区业主总数的半数。而在意见征询表已经无法取得，当时也未予以统计的情况下，支持“先到先停”选项的业主的专有部分面积数无法确认。故滇鸿公司征询意见的过程在程序上存在一定瑕疵，实体上也无法确认支持数已经符合法律规定。综上所述，滇鸿公司目前对绿佳苑小区属于业主共有部分车位的处理方式是沿用前期物业服务公司所采取的方式，并没有违反法律规定。在55名业主不能证实小区全体业主已经对车位使用方式作出决定的情况下，对其要求滇鸿公司停止处分共有车位的侵权行为，并因侵权行为道歉的诉讼请求不予支持。业主共有共用地上的车位是否应当改变现有使用方式的问题，应当由小区全体业主按照《中华人民共和国物权法》等法律法规的规定自行进行决议。

55名业主的第二项诉讼请求是要求滇鸿公司公开调查结果的真实情况并按“先到先停”管理公共车位。庭审中，滇鸿公司陈述意见征询表已经无法提交。而依据以上物权法等法律法规的规定，滇鸿公司作为物业服务公司，并不负有组织或者提起召开业主大会或者组织全体业主对某事进行决议的职责，业主和滇鸿公司对征询表的保管如何约定没有证据可以证实。故对55名业主的此项诉讼请求不予支持。

至于55名业主要求的滇鸿公司公开公共车位收费详细情况的诉讼请求，属于业主知情权纠纷，与本案涉及共有车位的事项不是同一法律关系。对该诉讼请求在本案中不予处理。

综上，对55名业主的诉讼请求不予支持。依据《中华人民共和国物权法》第七十三条、第七十四条、第七十六条，《最高人民法院关于审理建筑物区分所有权纠纷案件具体应用法律若干问题的解释》第六条、第七条，《物业管理条例》第十一条、第十二条、第十三条，《中华人民共和国民事诉讼法》第六十四条，《最高人民法院关于适用〈中华人民共和国民事诉讼法〉的解释》第九十条的规定，判决如下：

驳回55名业主的全部诉讼请求。

55名业主不服一审判决，提起上诉。昆明市中级人民法院在二审审理过程中，主持双方达成调解协议：由滇鸿公司在55名业主的配合下，就绿佳苑小区共有部分车位的管理使用方式再进行一次征询调查表决（在2016年12月1日之前双方协商完成调查表决）。

【法官后语】

近年来，小区内业主之间、业主与物业服务公司之间，因为小区共有问题发生的纠纷屡见不鲜，寻求司法解决成为很多小区维权业主解决问题的必经方式。对于此类纠纷，《中华人民共和国物权法》第八十三条第二款明确规定，业主对侵害自己合法权益的行为，可以依法向人民法院提起诉讼。依据此条规定，就相关建筑物区分所有权的纠纷，业主可以起诉至法院寻求司法途径的处理及救济。但就实体权利义务的处理而言，依照《中华人民共和国物权法》《物业管理条例》《最高人民法院关于审理建筑物区分所有权纠纷案件具体应用法律若干问题的解释》等法律法规的精神与具体规定，小区共有财产处置、共有事项决定等问题，应当由小区的全体业主通过民主议定程序决策。上述法律法规中，还对具体事项进行表决的组织、程序以及决议通过的具体条件等进行了详细规定。这意味着，法院在受理相关纠纷后，不会组织小区的相关业主进行表决。表决小区内部事务的民主议定程序，应当由小区的业主委员会、业主大会启动或者以其他合法的形式启动。法院只对已经进行及产生的民主议定行为及结果进行评价。就涉及全体业主权益的共有事项议题，应首先按照相关法律法规的规定在小区内部发起提议，就相关事项进行讨论并表决。在表决的结果存在争议或者相关人员阻碍表决结果的实行或者不实行表决结果的情况下，小区业主可向法院提起诉讼，请求法院裁决。

停车问题已经成为城市市民较为关注的一个问题，因小区车位、停车屡屡发生争议成为影响小区业主生活质量的一个重大因素。案例中的小区，因停车问题屡发争议，多个媒体进行报道，小区内部的生活秩序因此受到影响。案件审理过程中，法院从解决问题的角度，多次组织当事人协商。由双方当事人组织小区业主进行表决，考虑是否能在牺牲一部分绿化的情况下开辟新的停车位，或是筹集资金建设立体停车场等方案。但相关方案的实行，最后还是要由小区全体业主依照合法程序进行民主议定。最终，案例中的双方当事人在二审期间达成一致调解协议：重新组织小区业主对车位问题进行表决。

造成小区涉及共有财产、共同事务的处理屡发争议的一个重要原因是：业主大会的召开和业主委员会的成立等问题在有的小区长期得不到落实。但作为法律、法规规定的可以行使组织小区居民进行表决，并具有一定管理权责及诉讼主体资格的机构，小区业主大会的召开及业主委员会的成立对于整个小区秩序、业主权益的维护具有重要作用。为了小区的长久稳定与发展，依照法律法规的规定，在有关部门的指导之下，尽快召开业主大会，尽快选举出业主委员会，是减少小区内群体性纠纷的最优选择。

依法、合规地解决小区内部争议，是法律所倡导的精神和原则，也是全体小区业主的期望。小区内部的各方，只有在法治、诚信、友善的基础上，才能真正处理好小区内部事务，实现小区的长治久安。

编写人：云南省昆明市西山区人民法院　顾晓梅

（三）业主知情权纠纷

50

业主知情权的范围和行使

——北京恒远创新科技有限公司诉上地国际
科技创业园业主委员会业主知情权案

【案件基本信息】

1. 裁判书字号

北京市第一中级人民法院（2016）京01民终字第790号民事判决书

2. 案由：业主知情权纠纷

3. 当事人

原告（上诉人）：北京恒远创新科技有限公司（以下简称恒远公司）

被告（被上诉人）：上地国际科技创业园业主委员会（以下简称创业园业委会）

【基本案情】

上地国际科技创业园建筑物总面积163636.31平方米，业主总人数426。上地街道办事处确认创业园业委会提交的材料齐全，符合首次业主大会会议召开和形成决定的法定要求，符合备案条件，予以备案。恒远公司系海淀区上地信息路1号2号楼2405号房屋的所有权人（上地国际科技创业园业主），房屋建筑面积199.32平方米。

恒远公司诉讼请求：判令创业园业委会备齐自申请成立业主大会之日起至2015年5月26日的全部工作档案资料并提供给恒远公司查阅、复制，具体包括：管理公约、业主大会议事规则；业主大会、业主委员会的会议记录、决议或决定；业主委员会的选举及备案资料；业主及业主代表的名册；业主的意见和建议；业主委员会印章使用记录和工作档案查阅记录；业主大会、业主委员会的会议表决票；委托进行招标的文件以及业主委员会在工作中产生的其他书面材料和音像资料等。

一审期间，创业园业委会提交，2014年4月4日业主大会决议一份、2014年4月9日创业园业委会第一次会议决议、2014年9月1日创业园业委会第二次会议纪要公告一份、创业园业委会第三次会议纪要公告一份、2014年9月5日创业园业委会征询意见公告一份；召开第二次业主大会公告一份、延期公告复印件一份、第二次业主大会会议决议一份、公开信及公开招投标通知一份、招投标结果及告知函一份、召开第三次业主大会会议公告一份、延期公告一份、第三次业主大会会议公告一份、管理公约一份、议事规则一份。二审期间，恒远公司向法院提交了招标文件，创业园业委会当庭予以认可。创业园业委会在二审审理中陈述，恒远公司要求的业主对业主委员会的建议和意见等材料不存在。经法院释明，恒远公司表示：对于已经在一审审理过程中看到的资料，不再要求另行查阅；对于创业园业委会在法院审理中陈述不存在的资料，不再坚持要求查看，但请法院记录在案；对于恒远公司向法院提供的材料，创业园业委会当庭予以认可的，恒远公司不再坚持要求创业园业委会提供。恒远公司上诉坚持要求查阅的资料有：创业园业委会选票和业主大会的选票、业主及业主代表名册、使用印章和查阅档案的记录、表决票、第三家投标人的投标文件及评标文件。

【案件焦点】

创业园业委会是否应当向恒远公司提供其所要求的材料。

【法院裁判要旨】

北京市海淀区人民法院经审理认为：《最高人民法院关于审理建筑物区分所有权纠纷案件具体应用法律若干问题的解释》第十三条规定，业主有权请求公布、查阅维修资金的筹集和使用情况、管理规约、业主大会议事规则、业主大会或者业主委员会的决定及会议记录、物业服务合同、共有部分的使用和收益情况、建筑区划内规划用于停放汽车的车位和车库的处分情况及其他应当向业主公开的情况和资料。

本案中，创业园业委会应按照该条规定向恒远公司提供相关资料，包括管理规约、业主大会议事规则、业主大会或业主委员会的决定及会议记录。除上述资料外，恒远公司诉请创业园业委会提供的其他资料，因客观不存在或缺乏明确法律依据，不予支持。恒远公司为有效行使知情权而要求复印部分资料，符合立法本意，予以支持。复印费用由恒远公司自行承担。

北京市海淀区人民法院依照《最高人民法院关于审理建筑物区分所有权纠纷案件具体应用法律若干问题的解释》第十三条之规定，作出如下判决：

一、创业园业委会于本判决生效后十日内向恒远公司展示管理规约、业主大会议事规则、业主大会、业主委员会全部决定及会议记录，并供恒远公司复制，复制费用由恒远公司承担。

二、驳回恒远公司其他诉讼请求。

恒远公司持一审起诉意见提起上诉。北京市第一中级人民法院经审理认为：依据《最高人民法院关于审理建筑物区分所有权纠纷案件具体应用法律若干问题的解释》第十三条之规定，恒远公司要求创业园业委会提供查阅的材料应当属于该司法解释规定的范围，不应任意做扩大解释。本案中，关于业主委员会的组成、业主大会和业主委员会的会议、招投标等方面的情况，创业园业委会已经提供了符合司法解释规定的主要材料，足以保证恒远公司的知情权，恒远公司要求的其他材料，均是这几方面工作中可能产生的过程性资料，不直接影响业主权利，不属于司法解释明确列举的范围，且与司法解释所明确列举的应公开材料的性质、重要性明显不同，恒远公司主张属于兜底条款范围理由不充分，请求查阅这些材料的法律依据不足，对其上诉请求，不予支持。一审法院认定事实清楚、适用法律正确，但判决确定的义务在审理期间已经履行完毕，对原判相应部分予以纠正。综上所述，依照《中华人民共和国民事诉讼法》第一百七十条第一款第（二）项之规定，判决如下：

一、撤销北京市海淀区人民法院（2015）海民初字第15712号民事判决；

二、驳回恒远公司全部诉讼请求。

【法官后语】

本案处理重点主要在于对业主知情权的范围的界定。业主委员会应当向业主公开的材料限于司法解释规定的范围，不应滥用兜底条款任意做扩大解释。知情权的标的是管理人展示应公开材料的行为，但实质是业主对信息的获取，法院在审理业主知情权纠纷时应当要求业主明确要查阅的具体资料清单，审理期间通过证据交换、法院调查等方式行使知情权，同时排除业主委员会明确表示不能提供的材料，不宜简单判决支持或驳回业主行使知情权的诉讼请求。

法律设立业主知情权，目的是让业主获得小区管理的有关信息，以便监督小区管理人的行为，及时发现问题。对于业主自治过程中的民主决策，司法应做适当审查，以防止多数人对少数人权利的侵害，防止部分人扭曲决策结果。但实践中，“行使知情权”有时成利益对立的新老物业公司或两部分业主之间互相攻伐的工具。因此，司法对于业主民主决策的审查也应当是有限的，要充分尊重业主自治的结果，避免干扰小区管理人的正常工作。

住宅小区是城市的细胞，小区物业的使用既是一个财产权利的问题也是一个社会管理问题。人民法院既要保护业主行使自己的财产权，对业主大会、业主委员会、物业服务企业侵害业主权利的行为进行司法干预，又不能过多干涉业主民主决策和物业企业的经营。《中华人民共和国物权法》及相关司法解释虽然对业主的监督权、知情权作出了规定，但具体如何落实成为法院裁判的规则和标准，还需要在案件审理中不断积累经验。本案明确了司法解释中“其他应当公开的材料”这一兜底条款应当如何掌握，对今后类似的案件有一定的借鉴意义。

编写人：北京市第一中级人民法院　刘磊

51

业委会知情权有无边界

——北京市西城区韵竹园小区业主委员会诉北京鲁能物业管理有限公司业主知情权案

【案件基本信息】

1. 裁判书字号

北京市第二中级人民法院（2016）京02民终字第8719号民事判决书

2. 案由：业主知情权纠纷

3. 当事人

原告（上诉人）：北京市西城区韵竹园小区业主委员会（以下简称韵竹园业委会）

被告（上诉人）：北京鲁能物业管理有限公司（以下简称鲁能物业）

第三人：河北恒辉物业服务集团有限公司北京分公司（以下简称恒辉北京分公司）

【基本案情】

鲁能物业于2003年至2013年为韵竹园小区提供物业服务。2011年4月，该小区成立业主委员会即本案原告。2013年5月，韵竹园业委会委托第三人恒辉北京分公司管理小区物业。其后，鲁能物业与恒辉北京分公司及韵竹园业委会和恒辉北京分公司聘请的物业交接评估机构共同进行了交接。另查：

1. 2013年，韵竹园业委会曾另案将鲁能物业起诉至法院，请求鲁能物业返还韵竹园业委会收益181.28万元。法院一审以因韵竹园业委会不申请对韵竹园小区公共收益和支出费用进行审计而无法判定鲁能物业的实际收益项目和收益数额为由，判决驳回了韵竹园业委会的全部诉讼请求。韵竹园业委会上诉。二审裁定发回重审。该案现以需等待包括本案在内的三个诉讼案件结果作为定案依据为由中止审理。

2. 鲁能物业表示其从建设单位接手的全部文档资料均已移交给恒辉北京分公司，此外再无其他资料。

3. 关于小区会所问题，鲁能物业称自其进驻韵竹园小区以来，开发商从未就会所向其缴纳过任何费用。恒辉北京分公司亦表示会所目前一直是空置状态，产权人不明，也没有任何人就会所向恒辉北京分公司交纳过任何费用。

现韵竹园业委会以鲁能物业未对小区所涉及的物业共有部分、相关资料和预收、代收的有关费用与韵竹园业委会进行完全、彻底的交接为由，要求鲁能物业提供大至竣工工程总平面图、物业质量保修和物业使用说明等相关文件，小到2003年2月至2013年5月的维修资金收集和使用情况，包括每次维修资金使用的业主签名复印件、维修项目预算、决算，其他（鲁能物业和受托方的合同、维修资金使用时鉴定部门出具的鉴定报告）各项相关文件；提供2003年2月至2013年5月期间因酬金制物业服务管理小区形成的原始凭证、记账凭证、汇总凭证、总账、明细账、日记账、辅助账簿、会计移交清册、会计移交清单、会计档案保管清册、会计档案毁损清册、年度财务报告等。此外还要求鲁能物业单独针对本小区制作 2010 年至 2013 年依据北京市行政主管部门要求制定的物业服务项目收支情况报告；提供针对本小区单独制作的 2003 年至 2013 年 5 月的物业费收取明细并说明物业费收费过程中是否存在减免物业费的情况等。

鲁能物业以全部资料移交完毕，关于小区的公共收益，双方在之前存在的诉讼中，韵竹园业委会已经知晓并提供了合同的复印件为由不同意韵竹园业委会的全部诉请。

恒辉北京分公司则认为韵竹园业委会的诉讼请求与其无关，不发表任何意见。

【案件焦点】

1. 业委会知情权有无边界；2. 前、后物业交接短缺资料如何处理。

【法院裁判要旨】

北京市西城区人民法院经审理认为：《最高人民法院关于审理建筑物区分所有权纠纷案件具体应用法律若干问题的解释》第十三条规定，业主请求公布、查阅下列应当向业主公开的情况和资料的，人民法院应予支持：（一）建筑物及其附属设施的维修资金的筹集、使用情况；（二）管理规约、业主大会议事规则，以及业主大会或者业主委员会的决定及会议记录；（三）物业服务合同、共有部分的使用和收益情况；（四）建筑区划内规划用于停放汽车的车位、车库的处分情况；（五）其他应当向业主公开的情况和资料。故韵竹园业委会对于上述情况和资料有权要求鲁能物业公布并查阅上述应当向业主公开的情况和资料。

关于韵竹园业委会要求判令鲁能物业向韵竹园业委会提交国务院《物业管理条例》第三十九条和《北京市物业管理办法》第二十七条所规定的如下文件：工程总平面图、物业质量保修文件和物业使用说明文件、物业管理区域划分资料、附图、单体建筑、结构、设备竣工图。配套设施、地下管网工程竣工图、物业质量保修文件和物业使用说明文件之诉讼请求，按照国务院《物业管理条例》的相关规定，物业服务终止时，物业服务企业就应当将物业管理用房和本条例第二十九条第一款规定的资料交还给业主委员会。第二十九条第一款规定：在办理物业承接验收手续时，建设单位应当向物业服务企业移交下列资料：（一）竣工总平面图，单体建筑、结构、设备竣工图等资料。故韵竹园业委会的该项申请符合法律规定，但鉴于鲁能物业与恒辉北京分公司已在韵竹园业委会和恒辉北京分公司共同聘请的案外人青宇（北京）物业服务评估监理有限公司监理下对涉案小区的所有设备和包括建筑用地规划许可证、建设工程规划许可证附件、附图、消防验收竣工资料、竣工验收资料、设施设备出场随机资料、安装验收使用维修保养和定期检验资料、设施设备运营维护保养记录、业主名册等档案资料进行了全面交接，恒辉北京分公司已经进驻并全面接管了涉案小区，鲁能物业现明确表示该公司已经没有涉案小区的任何资料，韵竹园业委会亦无证据证明上述资料仍在鲁能物业处保管，故韵竹园业委会坚持要求鲁能物业提交上述资料，缺乏事实依据。对此难以支持。但有必要支出，鲁能物业作为物业服务企业，应严格遵守相关物业管理规定，在办理物业承接验收手续时，要求建设单位移交国务院《物业管理条例》第二十九条第一款所规定的全部资料，且根据鲁能物业与建设单位签署的《韵竹园住宅区物业管理委托合同》，作为甲方的建设单位应在物业交付使用之前向作为乙方的鲁能物业移交以下资料：a. 竣工总平面图、单体建筑、结构、设备竣工图、配套设施、地下管网工程竣工图等竣工验收资料；b. 设施设备的安装、使用和维护保养等技术资料；c. 物业质量保修文件和物业使用说明文件；d. 各专业部门验收资料；e. 房屋及配套设施的产权归属清单（包括业主姓名、联系方式等）；f. 物业管理所必需的其他资料；g. 如发生移交资料缺失，甲方应协助补齐或督促有关方面补齐。故鲁能物业理应依据法律和合同约定，要求建设单位向其提交上述资料，予以妥善保管，并于物业服务终止时，将国务院《物业管理条例》第二十九条第一款规定的资料交还给韵竹园业委会或者下一任物业服务企业即恒辉北京分公司。而鲁能物业向恒辉北京分公司移交的文档资料中缺失包括竣工总平面图，单体建筑、结构竣工图等重要资料，且在庭审中明确表示涉案小区的所有资料均已移交恒辉北京分公司，此外再无其他资料，该行为显然违反了物业管理相关条例。对于鲁能物业的违规行为韵竹园业委会可以通过相关行政部门进行投诉或发出处罚建议，亦可以依照相关合同约定向鲁能物业追究民事违约责任。或另行向小区建设单位索要相关资料。

关于韵竹园业委会要求鲁能物业单独针对本小区制作 2010 年至 2013 年依据北京市行政主管部门要求制定的物业服务项目收支情况报告之诉讼请求，根据相关法律规定：业主委员会有权要求物业服务企业公开，并查阅小区共有部分的使用和收益情况以及建筑区划内规划用于停放汽车的车位、车库的处分情况，故鲁能物业有义务向韵竹园业委会公开服务期间物业服务项目收支情况，公布公共部分的经营收入及支付情况。鲁能物业虽然辩称其已经将审计报告提交给二审法院，但向韵竹园业委会公开服务期间物业服务项目收支情况，公布公共部分的经营收入及支付情况是鲁能物业作为物业服务企业应尽的法定义务，故对于韵竹园业委会该项中的部分诉讼请求，予以支持。

有关韵竹园业委会要求判令鲁能物业向韵竹园业委会提供针对本小区单独制作的2003年至2013年5月的物业费收取明细（包括每年度的收费总额、欠费业主的名单和欠费金额、缴费业主名单和物业费收费凭证），并说明物业费收费过程中是否存在减免物业费的情况之请求，物业费收取明细不属于小区公共部分收益，亦不属于法律规定的知情权范畴，故对于韵竹园业委会的该项诉讼请求，不予支持。

关于韵竹园业委会要求判令鲁能物业提供2003年2月至2013年5月的公共维修资金收集和使用情况各项相关文件之请求，理由正当，予以支持。

就韵竹园业委会要求鲁能物业提供2003年至2013年的物业公共部位、公用设施设备场地（含小区各楼自行车库和设备间、小区会所）使用情况、相关合同及收益情况，按照《最高人民法院关于审理建筑物区分所有权纠纷案件具体应用法律若干问题的解释》第十三条的规定，业主可以请求公布、查阅物业服务合同、共用部分的使用和收益情况。由于共有部分的使用和收益情况与业主的利益息息相关，对此应纳入业主知情权的范围，鲁能物业应向业主公布其所认为的公共部分，并将该公共部分的经营收入及支付情况公布。如韵竹园业委会对鲁能物业所提出的公共部分有异议，双方可另行解决。

韵竹园业委会要求判令鲁能物业向韵竹园业委会提供2003年至2013年5月间鲁能物业在小区进行经营的情况，包括每年度的经营项目、经营合同、经营收入情况以及2003年2月至2013年5月期间因酬金制物业服务管理小区形成的原始凭证、记账凭证、汇总凭证、总账、明细账、日记账、辅助账簿、会计移交清册、会计移交清单、会计档案保管清册、会计档案毁损清册、年度财务报表之诉讼请求，该请求不属于法律明文规定的知情权范畴，不予支持。但韵竹园业委会在法院另案中向鲁能物业主张公共经营收益，可根据人民法院的举证责任分配，申请鲁能物业就财务审计问题提交审计所需的相关资料。

另韵竹园小区虽然有会所，但鉴于从目前查实的情况分析，该会所并非由物业公司实际控制，恒辉北京分公司亦表明会所产权人不明，并未交纳过任何物业费，且韵竹园业委会对于鲁能物业将会所用于经营之主张未能提供证据，故对韵竹园业委会的该项诉讼请求不予支持。

韵竹园业委会为有效行使知情权而要求复印部分资料，符合立法本意，予以支持。复印费用由韵竹园业委会自行承担。据此，依照《中华人民共和国物权法》第七十条、《最高人民法院关于审理建筑物区分所有权纠纷案件具体应用法律若干问题的解释》第十三条、《中华人民共和国民事诉讼法》第六十四条第一款之规定，判决如下：

一、鲁能物业自本判决生效后三十日内备齐韵竹园小区 2003 年 3 月至 2013 年 5 月期间的物业服务项目收支情况供韵竹园小区业委会查阅、复印、拍照。复印和拍照费用由韵竹园业委会自行承担。

二、鲁能物业自本判决生效后三十日内备齐韵竹园小区 2003 年 3 月至 2013 年 5 月公共维修资金筹集和使用情况供韵竹园业委会查阅、复印、拍照。复印和拍照费用由韵竹园业委会自行承担。

三、鲁能物业自本判决生效后三十日内备齐韵竹园小区 2003 年 3 月至 2013 年 5 月物业公共部位、公用设施设备场地的经营收入及支付情况供韵竹园小区业委会查阅、复印、拍照。复印和拍照费用由韵竹园业委会自行承担。

四、驳回韵竹园业委会其他的诉讼请求。

韵竹园业委会、鲁能物业双方均提起上诉。北京市第二中级人民法院经审理认为，一审审理意见正确，韵竹园业委会、鲁能物业公司的上诉请求均不成立，均应予以驳回；一审判决认定事实清楚，适用法律正确，应予维持。依照《中华人民共和国民事诉讼法》第一百七十条第一款第（一）项之规定，判决如下：

驳回上诉，维持原判。

【法官后语】

由于本案韵竹园业委会的代理人为物业管理专家，其诉讼请求专业性极强，几乎涵盖了法律、法规规定和涉及小区物业管理所有领域的知情权。而鲁能物业作为前期物业公司，已向新物业即恒辉北京分公司进行了全面交接。由此引发了业委会知情权有无边界和前、后物业交接短缺资料如何处理之诉争。

关于业委会知情权的范畴，相关法律虽有规定，但却很笼统。

因涉案小区已办理了新、老物业交接，鲁能物业表示已无任何资料可以提供。因此，本案陷入了困境。经过一年的审理，法院最终经缜密的分析，将全部诉求进行归纳，区分为以下四种情况分别进行处理：

1. 对于法律明确的业主请求权的范畴，全部予以支持。即（一）建筑物及其附属设施的维修资金的筹集、使用情况；（二）管理规约、业主大会议事规则，以及业主大会或者业主委员会的决定及会议记录；（三）物业服务合同、共有部分的使用和收益情况；（四）建筑区划内规划用于停放汽车的车位、车库的处分情况；（五）其他应当向业主公开的情况和资料。由于第五项为兜底条款，并未具体明确，本案根据上述条款及其基本精神，认定韵竹园业委会所要求鲁能物业提供的公共维修资金筹集和使用情况各项相关文件属于法律明确规定的义务。同时，认为鲁能物业有义务向韵竹园业委会公开服务期间物业服务项目收支情况，公布公共部分的经营收入及支付情况。

2. 对于法律虽有明文规定，但鲁能物业已经遗失或短缺的书面资料，虽未支持韵竹园业委会的诉求，但全方位地分析了无法支持韵竹园业委会此项诉求的理由，不但对鲁能物业的违规行为进行书面训诫，还向韵竹园业委会提出了其他救济途径。如针对韵竹园业委会提出的涉及小区竣工工程总平面图、地下管网工程竣工图等相关文件，法院认为：鉴于鲁能物业与恒辉北京分公司已在韵竹园业委会和监理公司监理下对小区进行了全面交接，韵竹园业委会并无证据证明上述资料仍在鲁能物业处，故韵竹园业委会坚持要求鲁能物业提交上述资料，缺乏事实依据。但指出鲁能物业有要求建设单位向其交付提交相关资料并予以保管且应于物业服务终止时，将上述资料交还给业委会或者下一任物业服务企业的法定义务。建议韵竹园业委会就鲁能物业的上述违规行为既可通过相关行政部门投诉或发出处罚建议，亦可以依照合同约定向鲁能物业追究民事违约责任，或另行向小区建设单位索要相关资料。

3. 针对虽然不属法律明确规定的知情权范畴部分，但又属于物业管理企业应该按照行业规范严格制作的报表或应向相关部门予以保存或备案的资料，如果笼统而不加以说明地驳回，难免使法院的判决产生一种刻板、武断和机械的不利效果。为此，本案在驳回韵竹园业委会相关诉求的同时，还针对其提出的各项资料，逐项对其作出了释法或建议。如就韵竹园业委会要求判令鲁能物业提供鲁能物业在小区进行经营的情况，包括每年度的经营项目、经营合同、经营收入情况以及因酬金制物业服务管理小区形成的原始凭证、记账凭证、汇总凭证、总账、明细账、日记账、辅助账簿、会计移交清册、会计移交清单、会计档案保管清册、会计档案毁损清册、年度财务报表之诉讼请求，法院以该请求不属于法律明文规定的知情权范畴，未予支持。但建议韵竹园业委会在另案中向鲁能物业主张公共经营收益，并根据人民法院的举证责任分配，申请鲁能物业就财务审计问题提交审计所需的相关资料。

4. 针对不属法律明确规定的知情权范畴部分，明确驳回韵竹园业委会的诉求。例如，韵竹园业委会要求鲁能物业提供针对本小区单独制作的物业费收取明细（包括每年度的收费总额、欠费业主的名单和欠费金额、缴费业主名单和物业费收费凭证），并说明物业费收费过程中是否存在减免物业费的情况，因物业费收取明细不属于小区公共部分收益，亦不属于法律规定的知情权范畴，故对于其该项诉讼请求，不予支持。

编写人：北京市西城区人民法院　李凤新

（四）业主撤销权纠纷

52

业主大会违反法定程序作出的选举业委会的决议是否应予撤销

——高振景等诉北京市朝阳区望京明苑小区业主委员会业主撤销权案

【案件基本信息】

1. 裁判书字号

北京市第三中级人民法院（2016）京03民终字第663号民事判决书

2. 案由：业主撤销权纠纷

3. 当事人

原告（被上诉人）：高振景、黄元培、安建伟、李万宏、王通（以下简称高振景等5人）

被告（上诉人）：北京市朝阳区望京明苑小区业主委员会（以下简称业委会）

【基本案情】

2012年3月，业委会筹备组采用书面征求意见方式组织召开业主大会。同年4月20日，作出《业主大会决议》。高振景等5人均称未接到召开首次业主大会的通知，亦未能参加表决。

高振景等5人曾提起业主知情权纠纷案件，要求业委会公布小区管理规约、业主大会议事规则、业主大会及业主委员会决定及会议记录。法院生效判决支持了除公开业主名单（含房号）、表决权数清册（含房号）外的诉讼请求。之后，高振景等5人申请强制执行，业委会无法提供。现高振景等5人认为业主大会的召开违反法定程序，故起诉请求撤销业主大会的决议。

高振景等5人提交368名业主签名的《关于罢免“业主委员会”的提议》，并提交《得票统计》。《得票统计》只记载了票数，没有代表权票数的统计。法院在审理期间调取到《表决书》，每份《表决书》背面均设置有“票权数”一栏，绝大多数记载为“1”，业委会无法提供代表权票数的计算方法。

【案件焦点】

1. 业主大会决议的撤销问题是否属于民事案件受理范围；2. 业委会是否为本案适格被告；3. 业主大会所作决议是否符合法律规定，如果违反了法律规定，应否予以撤销。

【法院裁判要旨】

北京市朝阳区人民法院经审理认为：《中华人民共和国物权法》（以下简称《物权法》）第七十六条规定，制定和修改业主大会议事规则、制定和修改建筑物及其附属设施的管理规约、选举业主委员会或者更换业主委员会成员、选聘和解聘物业服务企业或者其他管理人等事项，应当经专有部分占建筑物总面积过半数的业主且占总人数过半数的业主同意。业主大会作出的决定违反法律规定的程序的，业主可以请求人民法院撤销该决定。本案中，望京明苑小区的《业主大会决议》选举产生了业主委员会委员、通过《望京明苑小区业主大会议事规则》《望京明苑小区业主管理规约》、解聘原物业企业、授权业主委员会聘请新的物业公司，上述决议内容属于《物权法》第七十六条规定应由业主共同决定的事项。《物权法》对决议上述事项有两个要件，即应当经专有部分占建筑物总面积过半数的业主同意，并且占总人数过半数的业主同意。本案中，业委会未能举证证明《业主大会决议》的作出符合《物权法》规定的要件。而《得票统计》仅有同意上述事项人数的统计，没有对专有部分占建筑物总面积数的业主是否过半数同意进行统计。业委会未能举证证明《业主大会决议》中对代表权票数及占总票权数的统计有相应投票票数支持。因此，《业主大会决议》的5项决议内容，均缺乏有效证据证明其具备法定要件，高振景等5人诉请撤销这5项决议内容，有事实和法律依据，予以支持。

综上，依据《物权法》第七十六条、第七十八条，《最高人民法院关于审理建筑物区分所有权纠纷案件具体应用法律若干问题的解释》第十二条之规定，判决如下：

撤销望京明苑小区业主大会于2012年4月20日作出的关于“选举产生业主委员会委员5名”“通过《望京明苑小区业主大会议事规则》”“通过《望京明苑小区业主管理规约》”“通过《同意解除前期物业服务合同》”“通过《同意授权业主委员会采取邀标方式聘请新的物业公司》”的决议。

宣判后，业委会提起上诉。北京市第三中级人民法院经审理认为：第一，业主大会决议的撤销问题属于民事案件受理范围。根据《物权法》第七条、第七十八条第二款之规定可以看出，业主认为业主大会作出的决议侵害自己合法权益的，有权向人民法院提起撤销权诉讼。第二，业委会是本案适格被告。业主委员会是业主大会的执行机关，根据业主大会的决议，代表业主管理建筑区划内的公共事务。业委会作为业主大会的常设机构，履行日常管理职责，是本案的适格被告。第三，业主大会所作决议违反法律规定的程序，应予撤销。《得票统计》仅有人数统计，没有对专有部分占建筑物总面积数的业主是否过半数同意进行统计。将票权数相加所得总数与《业主大会决议》中所载的代表权票数也不一致。业委会始终未能提供代表权票数的计算方法，无法证明上述事项经过专有部分占建筑物总面积数的过半数业主同意，亦无法提供业主大会召开的相关工作材料，导致法院无法核实，该后果应由业委会承担。综上，判决：

驳回上诉，维持原判。

【法官后语】

业主撤销权纠纷是指业主认为业主大会或者业主委员会作出的决定侵害业主合法权益，依据法律规定向人民法院提起的予以撤销的纠纷。虽然《物权法》第七十八条第二款规定了业主撤销权，但该规定相对原则、简单，在司法实务中难以操作。后《最高人民法院关于审理建筑物区分所有权纠纷案件具体应用法律若干问题的解释》（以下简称最高法院司法解释）第十二条对业主撤销权进一步予以明确。但囿于理论和实务界对业主大会、业委会的性质以及撤销权行使对象等存在争议，司法实务界仍存在一定分歧。

本案以现行法律法规为依据，作出的裁判涉及业主委员会的诉讼主体资格、撤销权行使对象以及此类纠纷中的举证责任分配等问题。

1. 业主委员会能否作为被告应诉

就业主大会、业主委员会的诉讼主体资格，现行《物权法》和《物业管理条例》均未明确规定，在理论界及实务界存在一定争议。业主大会由全体业主组成，是全体业主集体决策的议事会议，不具有实体性，难以作为主体参加诉讼。业主委员会是业主大会的常设机构，负责处理业主大会的日常事务，但不具有独立的财产，依我国法律规定，并不具有法人资格，也不属于民事诉讼法律中具有诉讼主体资格的“其他组织”。

但实际上，最高法院司法解释对业主委员会的诉讼主体地位已经予以“适当承认”，业主委员会有权以原告身份提起民事诉讼。另外，从国外立法例看，德国法亦不承认业主管理团体的法人资格，但在一定程度上承认某些无权利能力社团能够作为诉讼当事人起诉或者应诉。“无救济则无权利”。如果因为法律规定的空白而迳直否认业委会的被告地位。那么，当业主的合法权益受到损害时，将会面临因无法寻找到合适的被告而无法得到保护的尴尬局面。《物权法》第七十八条之规定也将流于形式。

综上，应确认业主撤销权纠纷中业主委员会的被告资格。这对于落实法律规定，保护业主的合法权益具有重要作用。

2. 业主撤销权的撤销对象

作为建筑物区分所有权人的业主，其权利内容既包括对专有部分的专有权，也包括对共有部分享有的共有权，还有共同管理权。最高法院司法解释第十二条将业主的合法权益解释为既包括实体性权益，也包括程序性权益。

实体性权益受到侵害，是指业主基于建筑物区分所有权所享有的合法权益受到业主大会或业主委员会决议的侵害。程序性权益受到侵害，是指业主大会或业主委员会的决议内容并未侵害业主的合法权益，然而作出决议的程序违反法律规定或者超出了其权限范围。当业主的程序性权益受到侵害时，业主同样有权提起撤销权诉讼。

有争议的是，对撤销权对象的理解问题。有观点认为，根据《物业管理条例》第十九条的规定，业主大会、业主委员会不得作出与物业管理无关的决定，不得从事与物业管理无关的活动。故撤销权对象应该仅仅指向有关物业管理方面的决定，除此之外的决议事项，如关于选举业委会或更换业委会成员的决议事项不属于撤销权对象。也有观点认为，《物权法》第七十六条规定了业主有权共同决定的事项范围，只要决议内容属于该事项范围的，均为撤销权的对象。

笔者同意第二种观点。《物权法》第七十六条正面规定了业主成员权范围问题，第七十八条则规定了业主成员权被侵害时的救济权问题，此两条规定共同构成对业主合法权益的保护。若依前述第一种观点，则业主有权行使撤销权的对象仅仅是有关《物权法》第七十六条第（四）项、第（五）项、第（六）项规定的决议，这显然不符合立法逻辑。笔者认为，成立业主大会、业主委员会本身即是为了物业管理的方便，就业主大会、业主委员会成立产生的决议均属于有关物业管理的决议，故《物业管理条例》第十九条规定本身并没有问题，有关《物权法》第七十六条所列事项的决议均属于业主撤销权的撤销对象。

3. 业主大会、业主委员会的决议违反法定程序的认定

业主大会、业主委员会形成决议的程序，应符合法律、行政法规的强制性规定。根据《物权法》第七十六条的规定，制定和修改业主大会议事规则、制定和修改建筑物及其附属设施的管理规约、选举业主委员会或者更换业主委员会成员、选聘和解聘物业服务企业或者其他管理人等事项，应当经专有部分占建筑物总面积过

半数的业主且占总人数过半数的业主同意。

在业主提供初步证据证明业主大会、业主委员会的决议违反法定程序时，业主委员会应举证证明决议的作出程序符合法律规定，否则，应承担举证不能的不利后果。根据相关规定，业主委员会需建立工作档案，保管好业主委员会选举的工作材料。司法实践中，业主委员会可以提供选票方便法院进行核查，也可以提供选票的计算方法。综上，业主大会、业主委员会决议合法与否应主要看是否符合法律规定的两个要件，即应当经专有部分占建筑物总面积过半数的业主同意，并且经占总人数过半数的业主同意。欠缺此要件，即使经过政府相关部门的指导也不代表业主大会、业主委员会的决议合法。

编写人：北京市第三中级人民法院　王世洋

（五）相邻关系纠纷

53

农村建造二层楼房留窗不应侵犯相邻他方的隐私

——周凤英诉周瑞香等相邻关系案

【案件基本信息】

1. 裁判书字号

北京市第二中级人民法院（2016）京03民终字第12455号民事判决书

2. 案由：相邻关系纠纷

3. 当事人

原告（上诉人）：周凤英

被告（被上诉人）：周瑞香、任卫国、孟敬儒

【基本案情】

周凤英与周瑞香、任卫国、孟敬儒隔道东西相邻，周凤英居东，周瑞香、任卫国、孟敬儒居西。2015 年，周瑞香、任卫国、孟敬儒在其宅院内建二层楼房一幢。

庭审中，周瑞香、任卫国、孟敬儒提供了周凤英与孟敬儒签署的协议，以证明周凤英同意其建房一层山墙（东山墙）可以留窗。协议内容为：东院为周凤英，西院为孟敬儒。西院一层山墙（东山墙）可以留窗，但窗外做实体不透一体挡板，窗子上下开窗，挡板覆盖窗外围面积大于 80 厘米，破损及时修补。日期为 2016 年 6 月 17 日。对此，周凤英表示认可协议的真实性，但双方对于协议中的“一体挡板”及挡板覆盖面积存有分歧。

经法院现场勘验：周瑞香、任卫国、孟敬儒家院门朝南开，其三人在其宅院内建有二层楼房一幢，该楼房一层、二层东侧均有三间房屋，其中一层东侧北数第一间为厨房，二层东侧北数第一间为储物间，其余房间均为卧室。一层厨房与北数第二间卧室东墙上各开设有一个窗户，两个窗户规格一致，宽和高均为 0.9 米，窗户下沿距室内地面约 1.96 米。窗户向外推，窗户外有护栏，护栏为不锈钢材质，将窗户三面围起。东侧护栏上有阳光板（高 0.8 米）遮挡。二楼客厅南端有一开放式阳台，阳台东侧为一玻璃窗，该窗宽约 1.58 米，高约 2.37 米，窗户下沿距室内地面约 0.41 米，通过该窗可看到周凤英宅院南侧部分。周凤英宅院门朝南开，院内有三排房屋，每排均为五间房屋，中排及南倒座房均含门道一间。南倒座房与西院墙相邻处有厕所（洗澡间）一间，厕所北侧与中排房屋间有柿子树、银杏树各一棵。周凤英和周瑞香、任卫国、孟敬儒两家之间相距约 4.7 米，双方认可该区域为司某先家使用范围。

【案件焦点】

周瑞香、任卫国、孟敬儒在二楼及一楼所留窗户是否对周凤英造成妨害以及如何排除妨害。

【法院裁判要旨】

北京市顺义区人民法院经审理认为：不动产的相邻各方，应当按照有利生产、方便生活、团结互助、公平合理的精神，正确处理相邻关系。周瑞香、任卫国、孟敬儒有权依法在其宅基地上建造住宅及其附属设施。相关法律规定虽未禁止村民在其宅基地上建造楼房，但周瑞香、任卫国、孟敬儒在设计建造楼房时应以合理必要为限，以保证自己在行使权利时不妨碍其邻居周凤英的正常生活。根据现场客观情况，从周瑞香、任卫国、孟敬儒所建楼房二层阳台东侧所留窗户可以观望到周凤英宅院南侧部分范围，所留之窗户确对周凤英及其家人之日常生活造成影响，故周瑞香、任卫国、孟敬儒应自行对其所建楼房二层阳台东侧所留窗户采取相应措施，以免通过窗户观望到周凤英宅院。周凤英要求周瑞香、任卫国、孟敬儒将二楼阳台东侧用砖砌筑予以封闭的诉讼请求，予以支持。至于周瑞香、任卫国、孟敬儒在一层房屋东侧所留两个窗户，首先，两个窗户距离室内地面较高，且窗户东侧护栏上已用阳光板遮挡（挡板高约 0.8 米），从护栏北侧和东侧均看不到周凤英的宅院，但不排除在借助外部辅助设备的条件下从护栏南侧观望到周凤英院内的可能性。其次，周凤英和周瑞香、任卫国、孟敬儒宅院之间间隔将近 5 米。另，考虑到周瑞香、任卫国、孟敬儒室内通风采光的需要，周瑞香、任卫国、孟敬儒在其一层房屋东侧两个窗户南侧护栏上采取挡板遮挡保证看不到周凤英的宅院为宜。挡板的高度，由法院酌定。对于周凤英要求周瑞香、任卫国、孟敬儒将一层房屋东侧两个窗户用砖砌筑予以封闭的诉讼请求不予支持。

北京市顺义区人民法院依据《中华人民共和国物权法》第八十四条之规定，判决如下：

一、周瑞香、任卫国、孟敬儒于本判决生效之日起十五日内，在其一层房屋东侧两个窗户外南侧护栏上用挡板（高度不低于零点八米）遮挡、对其二层阳台东侧所留窗户用砖砌筑予以封堵，以免从窗户看到周凤英宅院内；

二、驳回周凤英的其他诉讼请求。

周凤英提起上诉。北京市第三中级人民法院经审理认为：本案中，周凤英上诉认为 0.8 米高度挡板小于窗户，可以看到其宅院内，且双方协议本意也应当是覆盖窗外围面积并超出 80 公分，再者依据老辈“房山不眼（窗户）”的风俗习惯，周瑞香、任卫国、孟敬儒家一层东侧窗户都应当用砖砌筑封堵，不动产的相邻各方，应当按照有利生产、方便生活、团结互助、公平合理的精神，正确处理相邻关系。综合一审法院现场勘验结果及双方举证情况，为照顾双方生活，一审法院判定用高度不低于 0.8 米的挡板遮挡周瑞香、任卫国、孟敬儒在一层房屋东侧所留的两个窗户，以免看到周凤英宅院内，处理并无不当，予以维持，周凤英上诉意见缺乏依据，不予采纳。

综上所述，周凤英的上诉请求不能成立，应予驳回；一审判决认定事实清楚，适用法律正确，应予维持。依照《中华人民共和国民事诉讼法》第一百七十条第一款第一项规定，判决如下：

驳回上诉，维持原判。

【法官后语】

不动产相邻各方在行使不动产权利时，不得妨害或侵害他人的合法权利。公民的隐私权受法律保护，隐私是个人所拥有的个人信息、秘密、生活状况及个人生活空间等。不动产相邻各方在行使不动产权利时，同样不得妨害或侵害相邻方的隐私权益。目前，随着经济水平的提高，农村地区建造二层楼房的现象越来越普遍，为了更好地满足通风、采光，建房所留窗户越来越多，包括北房后山墙留窗及东、西厢房后墙留窗，留窗不当极易引发相邻关系纠纷，通常为影响相邻方的通风、采光等权益。但是，尤其是北房后山墙留窗及东、西厢房后墙留窗往往影响相邻方隐私权益，也会引发纠纷。判断所留窗户是否对相邻方的隐私造成妨害，应考虑农村地区风俗以及所留窗户是否确实侵犯相邻方隐私的因素，一方面要考虑潜在受害者的个人感受，另一方面还应找到客观评判标准以判断留窗是否确实侵犯隐私。

1. 行使不动产权利不得侵犯相邻方隐私权益。本案的争议焦点在于周瑞香、任卫国、孟敬儒建造二层楼房所开窗户是否对周凤英造成妨害以及应在多大限度上排除妨害。因双方东西相邻，周瑞香、任卫国、孟敬儒在其宅院建造二层楼房时理应考虑到留窗是否会对周凤英造成妨害。通过周瑞香、任卫国、孟敬儒在其二层阳台东侧所留窗户可以看到周凤英宅院南侧部分范围，尤其是周凤英家的厕所也处于周瑞香、任卫国、孟敬儒的可视范围之内，该面窗户确对周凤英及其家人之日常生活造成影响，而且周瑞香、任卫国、孟敬儒在二层阳台南面所留窗户已经能够满足其通风、采光的需求，其在二层阳台东面留窗的需求相较于周凤英及其家人的隐私权益，显然应对后者进行保护，故周瑞香、任卫国、孟敬儒理应用砖封堵其二层阳台东面的窗户。

2. 相邻方关于相邻关系的约定不得侵犯相邻方的合法权益。实践中，宅基地使用权人建造二层楼房前，一般需要四邻签字，所以在建房前邻居大概理解建房的一些事项尤其是与己方利益相关的事项，甚至会形成约定，包括预留散水、滴水、过道、窗户位置，等等。该种约定系当事人的真实意思表示，只要不违法，即具有法律效力。如果当事人之间对此没有约定，则要综合考虑当地风俗并结合现场情况综合判断进行处理。

本案中，双方曾经就周瑞香、任卫国、孟敬儒在一层东山墙上留窗的问题签署过协议，只是在履行过程中对于协议中的“一体挡板”及挡板覆盖面积存有分歧。考虑到周瑞香、任卫国、孟敬儒在一层东山墙上所留的两个窗户距离室内地面较高，且窗户东侧护栏上已用阳光板遮挡（挡板高约0.8米），从护栏北侧和东侧均看不到周凤英宅院，但不排除在借助辅助设备的条件下从护栏南侧观望到周凤英院内的可能性。另，考虑到周瑞香、任卫国、孟敬儒室内通风采光的需要，法院认为其在一层房屋东侧两个窗户南侧护栏上采取挡板遮挡保证看不到周凤英宅院即可，无需用砖予以封堵。如此判决，一是尊重了双方关于允许周瑞香、任卫国、孟敬儒在一层山墙留窗的协议约定，二是满足了周瑞香、任卫国、孟敬儒房屋的采光和通风需求，三是满足了从该窗户看不到周凤英宅院的目的。换言之，在认可当事人有关协议效力的前提下，应确保其履行不侵犯其中一方的合法权益。

编写人：北京市顺义区人民法院　陶小超

54

农村相邻关系中当事人意思自治的认定

——于满喜诉于满全相邻关系案

【案件基本信息】

1. 裁判书字号

北京市密云区人民法院（2016）京0118民初字第5913号民事判决书

2. 案由：相邻关系纠纷

3. 当事人

原告：于满喜

被告：于满全

【基本案情】

于满喜与于满全系同村村民，南北相邻而居，于满全居北，于满喜居南。2014年11月，双方签订建房协议，约定：于满全建房时房前院子地面不得高于于满喜房基，保证于满全滴水至于满喜房后滴水宽度75公分，保证排水通畅并应建有排水沟，二人房后现有东西墙为原始建筑，不得拆除。于满全认为因其翻建房屋需要四邻之一的于满喜签订四邻协议，于满喜便胁迫其签署了该协议。

2015年夏，于满全翻建旧有房屋，因相邻流水问题与于满全发生纠纷，二人经密云区东邵渠镇人民调解委员会调解，于2015年7月7日自愿达成调解协议：于满全建14.5米东西走向南院墙，此墙距于满喜房后墙不得小于0.66米；于满全建东西厢房时，南侧外檐不得超出新墙体（南院墙）的0.23米；于满全院内南墙不得留有排水道；于满喜建散水时，必须建U型槽。双方对该调解协议予以认可。于满喜认为于满全之后翻建房屋时违反了二人签订的调解协议，故请求将于满全东西厢房南墙距离于满喜北房墙不足0.66米的部分拆除，并将东西厢房南侧房外檐超出的0.23米部分拆除，将拆毁的其二人院落间的东西墙重新修砌。于满全认为应当遵守该调解协议，并称其南院墙距于满喜后墙足够0.66米，其已在建造厢房南侧房檐时告知工人不要超出23厘米，即使超出1~2厘米也是因粘砖产生的误差，并且因建房需要，建房前已与于满喜协商将连接两家的东西墙拆到可以供人通行作业的宽度，于满喜同意，此外，于满全认为为使排水通畅不应当将东西墙重新修砌。

经法院现场勘查，于满喜与于满全两房东西两侧之间各有一道卡子墙，现仅残存部分墙体；于满全东西厢房南侧山墙外粘贴有保温板，一块长3.51米，宽3.1米。另一块长3.58米，宽3.16米，保温板厚度为5厘米，东厢房南侧山墙距于满喜北正房约0.6米，西厢房南侧山墙距于满喜北正房约0.62米。

【案件焦点】

于满全违反其与于满喜签订的协议是否构成对于满喜行使物权的妨害，该意思自治的协议能否排除相邻关系作为解决本案两人相邻关系冲突的标准。

【法院裁判要旨】

北京市密云区人民法院经审理认为：不动产的相邻权利人，应该按照有利生产、方便生活、团结互助、公平合理的原则正确处理相邻关系。发生纠纷应以宽容礼让的姿态为对方着想。于满喜、于满全于2015年7月7日签订的协议合法有效，应为双方共同遵守；但此案的审理重点在于于满全违反协议的行为是否构成对于满喜行使物权的妨害，尽管于满全未按调解协议履行，其建造的南院墙及其保温板与于满喜后墙的距离低于协议约定的0.66米，但该南院墙及保温板未对于满喜生产、生活产生实质的影响，也未对于满喜的出行造成妨碍，亦未妨害于满喜对其房屋行使物权，且若要于满全将其南墙超出协议约定的4～5厘米部分拆除，将东西厢房南侧房外檐未明显超出协议约定部分拆除，则需要消耗较多的资金及工程量，有失公平合理。另外，于满喜要求于满全重新垒建卡子墙，而重新修砌卡子墙不利于两房南北之间的排水，不利于双方对各自房屋及相关财产的维护、修缮。邻里之间应和睦相处、团结互助，有问题、有意见应相互协商解决，互相之间有所让步，建立良好的邻里关系。因此，对于于满喜的诉讼请求，不予支持。

北京市密云区人民法院依照《中华人民共和国民法通则》第八十三条之规定，作出如下判决：

驳回于满喜之诉讼请求。

【法官后语】

在农村相邻关系纠纷案件中，多有当事人双方通过签订协议来规范双方的相邻权利义务关系，协议效力的认定问题以及确认协议有效能否将协议作为判案依据成为案件审理的重点。

1. 对相邻关系双方权利的平衡，怎样能够达到物尽其用，并且不会损害任意一方物权的行使，是案件审理的重点。通过当事人意思自治达成的协议，虽可以起到调整双方权利义务关系的作用，但若双方均仅强调自己的权利，而对他人的权利不管不顾，不仅会产生权利冲突，也会造成社会不和谐。因此，当事人通过意思自治签订的协议，不能完全排除相邻关系的法律适用，相关法律应当对其予以介入调整。

2. 相邻关系有两个特点，一是相邻关系各方有对对方权利行使时相互容忍的义务，二是相邻关系权利行使应当符合公益性。认定意思自治协议，应当充分结合相邻关系的特点，秉着有利生产、方便生活、团结互助、公平合理的原则，结合案情特点，衡量是否能够按照双方协议解决相邻关系纠纷。

3. 经本案当事人所在村委会负责人证实，当事人协议中约定其两房南北间0.66米的过道部分属于村集体土地，即不属于其中任何一方的宅基地使用范围。这对于该协议的效力有一定的影响，双方将村集体土地进行协议约定后，按照合同相对性原则，协议效力应从两个方面认定：第一，该协议对意思自治双方是否有约束力，协议双方按照自己的意思设立的协议应当对双方产生约束效力，应当按照协议规范自己的行为，对协议双方而言有效；第二，对意思自治双方以外的他人是否有约束力，双方意思自治的内容涉及村集体土地，非双方个人占有使用的土地，此时双方在该村集体土地上的权利不具有排他性，故该协议对双方以外的他人无约束效力。

4. 本案当事人双方协议中并未约定违约条款，当发生纠纷时，没有有效的违约责任条款调整当事人双方之间的关系，无法对当事人双方起到实质性的约束作用，则该协议在一方违约后的约束效力便会降低，同时给法院裁判带来一定的自由裁量空间。

综上，本案当事人达成的调解协议系经二人协商自愿签订，形式合法合理，但协议内容涉及对集体土地使用权的处分，该调解协议对于协议双方合法有效，但对于协议双方以外的其他人并无约束效力。该协议并未约定违约责任，且于满全的违约行为并未对双方的物权行使造成实质性的妨害，亦未造成双方权利行使失衡，此时，该协议能否作为解决本案纠纷的依据成为裁判的关键。在相邻关系中，不动产的相邻权利人，应该按照有利生产、方便生活、团结互助、公平合理的原则正确处理相邻关系，发生纠纷应以宽容礼让的姿态为对方着想，本案中，在于满全的院墙、房外檐并未对于满喜的通风、通行等相邻权益造成实质损害的情况下，于满喜有适当容忍义务，且重新将当事人双方院落间的卡子墙修砌将给人工管理修缮房屋及相关设施带来不便，拆除于满全部分南墙及部分东西厢房南侧房外檐，需要耗费较多的人力、物力，有违公平合理的原则，不利于平衡双方现有的相邻权利义务关系。故未将当事人之间意思自治的相邻关系协议作为本案解决纠纷的依据。

编写人：北京市密云区人民法院　韩璀珺

55

被告否认原告自行委托的鉴定但拒绝申请重新鉴定，是否承担举证不能的不利法律后果

——程晓媚诉安徽海沃投资置业有限公司相邻关系案

【案件基本信息】

1. 裁判书字号

安徽省淮南市中级人民法院（2016）皖04民终字第1494号民事判决书

2. 案由：相邻关系纠纷

3. 当事人

原告（被上诉人）：程晓媚

被告（上诉人）：安徽海沃投资置业有限公司（以下简称海沃置业公司）

【基本案情】

程晓媚居住的淮南市田家庵区朝阳柏园南村高架库2号楼（以下简称2号楼）建成于1997年，程晓媚所住房屋为2号楼×单元2室（一层西户），建筑面积为61平方米，当时，程晓媚2号楼的南侧是小商品批发市场。2014年7月10日，海沃置业公司在程晓媚住房南侧开发的海沃世贸商城项目竣工，程晓媚住房的采光、日照受到影响。2015年5月22日，安徽九华司法鉴定所对2号楼的日照时间进行了鉴定，并于同年6月1日出具九华司法鉴定所（2015）九鉴字第21号《司法鉴定意见书》，作出程晓媚住户大寒日日照时间大于1小时小于2小时（1＜T＜2）的分析结果。同年9月，安徽大众司法鉴定所对2号楼部分住户日照受损价值进行评估，并于同年11月15日出具安徽大众（司）评字（2015）第0154号《司法鉴定意见书》，作出程晓媚所在住宅日照受损价值总价为27267元。

海沃置业公司否认程晓媚提交的两份鉴定意见书，认为其开发建设的海沃世贸

商城项目已经取得相关部门的许可和批准，不存在侵害其他建筑物采光和造成其他建筑物价值减损的可能性。

【案件焦点】

程晓媚自行委托鉴定机构出具的鉴定意见书，海沃置业公司不认可但又不申请重新鉴定，能否作为定案依据。

【法院裁判要旨】

安徽省淮南市田家庵区人民法院经审理认为：法律规定，不动产的相邻各方，应当按照有利生产、方便生活、团结互助、公平合理的精神，正确处理截水、排水、通行、通风、采光等方面的相邻关系。给相邻方造成妨碍或者损失的，应当停止侵害、排除妨碍、赔偿损失。建造建筑物，不得违反国家有关工程建设标准，妨碍相邻建筑物的通风、采光和日照。海沃置业公司所建的海沃世贸商城 2 号楼位于程晓媚居住的住宅楼南侧，属相邻建筑。根据程晓媚提交的两份鉴定意见书，海沃置业公司所建的海沃世贸商城 2 号楼致使程晓媚房屋在大寒日日照时间未达到国家及地方规定的 2 个小时，构成对程晓媚的侵权，依法应承担赔偿责任。关于海沃置业公司辩称两份鉴定意见书不能作为定案依据，安徽九华司法鉴定所出具的鉴定意见书中的改动系对笔误的更正，对鉴定结论不产生实质性影响，且鉴定人员当庭表示日照时间鉴定结论只与房屋高度和房屋间距有关，与淮南市的城市规模即属于大城市还是中小城市无关，加之，经法院释明，海沃置业公司明确表示不申请重新鉴定。海沃置业公司没有足够证据反驳程晓媚提交的两份鉴定结论，故对海沃置业公司该项辩称意见，不予采纳。

淮南市田家庵区人民法院依照相关法律规定，作出如下判决：

一、海沃置业公司赔偿程晓媚房屋日照受损价值损失 27267 元；

二、海沃置业公司赔偿程晓媚鉴定费用 800 元。

海沃置业公司提起上诉。安徽省淮南市中级人民法院经审理认为：程晓媚在一审诉讼中将鉴定报告以证据形式向法庭提交，并在庭审时与鉴定人一起出庭接受了海沃置业公司的质证和质询，对海沃置业公司的质疑鉴定人给予了正面答复，之后，海沃置业公司在审判人员询问其对安徽九华司法鉴定所出具的鉴定结论是否申请重新鉴定时，其明确表示不申请，故海沃置业公司放弃了申请重新鉴定的权利。

由于海沃置业公司没有充足的证据推翻安徽九华司法鉴定所对本案出具的鉴定结论，所以，一审法院以安徽九华司法鉴定所出具的鉴定结论为本案认定事实依据，符合法律对证据应用的规定。

淮南市中级人民法院依照《中华人民共和国民事诉讼法》第一百七十条第一款第（一）项之规定，判决如下：

驳回上诉，维持原判。

【法官后语】

相邻日照关系为相邻关系的内容之一，日照权具有物权属性，是物权的延伸与限制。认定日照权是否受到侵害，首先要确定的是最低日照标准问题。根据法律规范的效力等级、实施时间先后以及适用规则，应适用《城市居住区规划设计规范》大寒日2小时的标准。从《中华人民共和国民法通则》第八十三条的规定来看，只要给相邻方造成妨碍或者损失的，就应当承担责任。因此，对日照权受到侵害应适用无过错责任原则，只要存在损害后果和因果关系两个构成要件即可认定。

本案中，程晓媚主张海沃置业公司开发建设的海沃世贸商城侵犯了其日照权，并提供相关专业机构出具的鉴定意见书予以证明。海沃置业公司不认可程晓媚提交的鉴定意见书并认为程晓媚的举证责任没有完成，但拒绝申请重新鉴定。根据《最高人民法院关于民事诉讼证据的若干规定》第二十八条之规定："一方当事人自行委托有关部门作出的鉴定结论，另一方当事人有证据足以反驳并申请重新鉴定的，人民法院应予准许。"程晓媚为证明海沃置业公司侵犯其日照权，在起诉前自行委托专业机构进行鉴定，已完成举证责任，海沃置业公司若否认程晓媚自行委托的鉴定，则举证责任转移到海沃置业公司，海沃置业公司要有充足的反驳证据，并应当申请法院重新鉴定，否则由海沃置业公司承担举证不能的不利法律后果。

编写人：安徽省淮南市田家庵区人民法院　郝荣琦

56

后建建筑物权利人无权向在先建筑物权利人主张相邻权

——林丹丹、何虎诉宁波华光房地产开发有限公司相邻关系案

【案件基本信息】

1. 裁判书字号

浙江省宁波市鄞州区人民法院（2016）浙0212民初字第3670号民事判决书

2. 案由：相邻关系纠纷

3. 当事人

原告：林丹丹、何虎

被告：宁波华光房地产开发有限公司（以下简称华光房地产公司）

【基本案情】

2014年1月12日，林丹丹、何虎与华光房地产公司签订《商品房买卖合同》及补充协议各一份，约定林丹丹、何虎向华光房地产公司购买位于宁波市鄞州区集士港镇的万科金色城市房屋一套。华光房地产公司开发建设的该金色城市一期项目于2015年5月24日取得《浙江省建设工程规划核实确认书》，次日通过竣工综合验收备案，同月31日通知交付，实际于2016年10月交付林丹丹、何虎。林丹丹、何虎购买的房屋楼下建设有双层机械式停车设施。双方签订的补充协议第十五条第2款“红线内可能对买方生活产生不利影响的环境因素”中，第（7）项明确告知了“10号楼、11号楼、12号楼北面规划有二层机械车位”。

林丹丹、何虎认为，交房后发现华光房地产公司在楼下北面靠围墙建设了双层机械式停车设施，该停车设施对林丹丹、何虎造成视觉影响，其使用对林丹丹、何虎造成噪音污染，对林丹丹、何虎出行则造成安全影响。并且，根据规划的技术要求，该类机械停车设施后退围墙应不小于1.5米，但华光房地产公司实际建设的停车设施距离围墙不足0.5米，不符合规划要求。现请求判令：1. 华光房地产公司拆

除其建造的位于小区北围墙处的机械式停车位；2. 华光房地产公司赔偿林丹丹、何虎精神损失1万元，并在主流媒体声明致歉。

【案件焦点】

1. 林丹丹、何虎能否主张华光房地产公司对在先建设的车位予以拆除；2. 基于相邻关系请求的精神损害赔偿能否获得支持。

【法院裁判要旨】

浙江省宁波市鄞州区人民法院经审理认为：林丹丹、何虎明确系基于侵权关系提出本案诉请，其基于以下两点理由：其一，涉案停车设施对林丹丹、何虎使用房屋产生视觉、噪音、通行的影响；其二，涉案停车设施不符合规划要求。林丹丹、何虎作为不动产权利人，对相邻方可能对其造成的采光、噪音、通行等影响，有权主张相邻权利。本案争议的焦点，即在于华光房地产公司建设的停车设施是否对林丹丹、何虎不动产造成相邻权利的侵害。一、林丹丹、何虎主张相邻权，应当基于其不动产的原有权利受相邻方的影响和侵害。林丹丹、何虎向华光房地产公司购买房屋时，双方即约定林丹丹、何虎所购房屋之楼下规划有涉案机械停车设施，故可能受到该相邻设施之影响，林丹丹、何虎不但应属知情，并且亦是林丹丹、何虎所购房屋原本应有的环境品质。所以，林丹丹、何虎所主张之视觉、噪音、通行等影响，并非侵害林丹丹、何虎不动产的原有权利。林丹丹、何虎主张华光房地产公司建设的机械停车设施侵犯其相邻权利不能成立。二、涉案停车设施是否符合规划要求与是否对林丹丹、何虎不动产造成相邻权利的侵害并无直接的因果关联，如仅以违反行政规范要求纠正违法行为，则不属民事诉讼的审查范围。综上理由，林丹丹、何虎之诉请，缺乏事实和法律基础，不予支持。依照《中华人民共和国民法通则》第八十三条之规定，判决如下：

驳回林丹丹、何虎的诉讼请求。

【法官后语】

1. 相邻关系的权利在先保护原则。传统民法理论认为，相邻建筑物的建设时间先后对加害者法律责任存在影响，如果被害建筑物存在于加害建筑物之前，加害者应向被害者承担民事责任；如果加害建筑物在先或者加害建筑物建设后被害者才成为毗邻土地或建筑物的所有者的，一般而言，对被害者的诉讼请求不予支持，此即“保护在先权利原则”。后建成的建筑物权利人无权主张原有建筑物因采光、通风、噪音、地基沉降等造成的损害赔偿，因其在建筑时对此类损害后果应当预见，也就是“自甘冒险”。本案纠纷的解决属于典型的适用保护权利在先原则的情况。林丹丹、何虎在购买房屋时，与华光房地产公司即约定其所购房屋之楼下规划有涉案机械停车设施。因此，林丹丹、何虎主张华光房地产公司建设的机械停车设施侵犯其相邻权利不能成立。

2. 相邻各方的容忍义务。相邻各方对对方的轻微侵害或者按照当地习惯认为不构成侵害的行为，要有必要限度的容忍。在判断这种“容忍度”的标准时，应以正常人的价值标准来衡量，并以科学的鉴定结论为依据。只有受到妨碍超过必要容忍限度，方可要求对方承担相应的法律责任。

结合本案，华光房地产公司已建筑了涉案机械停车设施，虽造成林丹丹、何虎一定的视觉、噪音和出行安全影响，但该影响是在林丹丹、何虎作为相邻方所负的容忍限度内的，故林丹丹、何虎的诉讼请求不应得到支持。

3. 精神损害赔偿不是相邻关系侵权诉讼的请求范围。精神损害赔偿制度是近现代建立并发展起来的人格权保护制度，司法实践中有不断扩大趋势。在我国，《最高人民法院关于确定民事侵权精神损害赔偿责任若干问题的解释》确立了以保护自然人人格权利为主要内容的精神损害赔偿制度，明确了精神损害赔偿责任的特殊范围。但对基于财产权遭受侵害的精神损害赔偿请求权采取严格限制原则，仅限于具有人格象征意义的特定纪念品遭受侵害时方可提起精神损害赔偿之请求。相邻关系侵权所损害的属于财产权范畴，不能用精神损害赔偿。

本案中，即使华光房地产公司侵害了林丹丹、何虎的相邻权，造成一定精神损害和生活不便，但本案中华光房地产公司建设停车设施，未造成林丹丹、何虎的人身和物品受损，不符合精神损害赔偿的条件，故对林丹丹、何虎的此项诉讼请求无法支持。

编写人：浙江省宁波市鄞州区人民法院　苏家成

57

影响相邻采光、日照权的赔偿责任

——王冬华诉宁国市华联置业有限公司相邻采光、日照权案

【案件基本信息】

1. 裁判书字号

安徽省宣城市中级人民法院（2016）皖18民终字第1079号民事判决书

2. 案由：相邻关系纠纷

3. 当事人

原告（上诉人）：王冬华

被告（被上诉人）：宁国市华联置业有限公司（以下简称华联公司）

【基本案情】

王冬华居住的一幢二层房屋位于宁国市西津街道办事处津北村金桥组（即胡乐路名仕园安置区，以下简称安置区），2009年4月30日，其取得该宗土地使用权证，土地用途为住宅，使用权类型为划拨，使用权面积为200平方米，目前该房屋未办理产权登记。

华联公司拟在胡乐路北侧建设华联大厦，宁国市城市规划设计事务所于2013年10月作出的《华联大厦对周边建筑日照分析》报告书对华联大厦拟建方案对周边建筑日照影响进行了分析，分析范围为宁国华联大厦周边建筑，分析标准日为大寒日，分析有效日照时间为8：00～16：00。王冬华所居住的房屋位于该分析区域B区，分析结论为：受遮挡区域B一层原大寒日累计日照时间为6～8小时，能满足大寒日累计日照3小时要求。建成后受遮挡区域B一层大寒日累计日照时间为3～6小时，日照减少时间约1～4小时，能满足大寒日累计日照3小时要求。受遮挡区域B二层原大寒日累计日照时间为6～8小时，能满足大寒日累计日照3小时要求。建成后受遮挡区域B二层大寒日累计日照时间为3～6小时，日照减少时间约1

~3小时，能满足大寒日累计日照3小时要求。

华联公司于2015年6月29日取得华联大厦项目工程的《建筑工程施工许可证》，工程规划设计一栋商业综合楼，1~3层裙房为商业超市，4层结合商业屋顶花园设计商业超市办公、休息区，5~10层主体建筑沿胡乐路和东岸路延伸布置，呈“∠”形，设计为配套酒店与公寓，预计2016年6月完工，目前该楼已封顶。根据规划，沿东岸路主楼建筑短边（山墙面）宽度为18.4米，主楼与安置区最南侧两层建筑外墙面之间最近距离为33米；建筑裙房与安置区最南侧两层建筑外墙面之间最近距离为25米。安置区与华联商厦裙房之间现为安置区出行道路，属城市巷道，规划中对该道路局部进行了拓宽改造，将道路宽度扩宽至8米，即道路南侧红线与安置区住户围墙之间宽度约为8~9米不等。

现王冬华以华联公司所建华联大厦对其居住房屋的通风、采光、日照等造成重大影响为由诉至法院，请求判令华联公司赔偿因侵犯其阳光权造成的损失96000元。华联公司认为其系合法的建筑开发企业，对于项目的开发取得了许可证和有关部门批准，是合法行为，房屋建设经过评估，符合国家关于中小城市日照的标准，不构成侵权。

【案件焦点】

新建建筑对原有房屋的日照、采光、通风造成影响的，新建建筑所有权人是否一定承担赔偿责任。

【法院裁判要旨】

安徽省宁国市人民法院经审理认为：不动产相邻各方，应当依照法律、法规及社会公德等，本着方便生活、团结互助、公平合理的精神，正确处理截水、排水、通风、采光等各方面的相邻关系。王冬华要求华联公司赔偿损失，理由是华联大厦的建设对其所居住房屋的通风、日照、采光等造成重大影响。因个人对通风、日照、采光等主观感受不同，故对于相关权利是否受侵害应通过有关部门的专业结论来衡量，参照中华人民共和国建设部发布的《城市居住区规划设计规范》中的规定：中小城市大寒日日照时数不低于3小时，有效日照时间带为8时至16时。本案中，华联公司建设开发华联大厦取得了建设主管部门的批准，符合法律规定。根据《华联大厦对周边建筑日照分析》结论，华联大厦建成后，虽对王冬华所居住房屋的通风、采光、日照等存在一定影响，但案涉房屋仍满足大寒日日照时数不低于3小时的要求，可见华联大厦对案涉房屋居住使用的整体影响较小，尚在国家有关工程建设标准的范围之内，并不足以对其通风、采光、日照等构成明显妨碍，造成实质影响。故王冬华的诉讼请求缺乏事实及法律依据，不予支持。另，因华联大厦的规划、建设对安置区道路进行了拓宽改造，周边环境亦有所改善，希望双方在今后的生活中不计前嫌，相互体谅，共同创造良好的居住环境。

安徽省宁国市人民法院依照《中华人民共和国物权法》第八十四条、第八十九条，《中华人民共和国民事诉讼法》第六十四条第一款之规定，判决如下：

驳回王冬华的诉讼请求。

王冬华持原审起诉意见提起上诉。安徽省宣城市中级人民法院经审理认为：华联公司开发建设华联大厦，系经审核批准后开工建设的，取得了建设部门的《建设工程规划许可证》和《建设工程施工许可证》。根据《华联大厦对周边建筑日照分析》结论，华联大厦建成后，王冬华居住的房屋大寒日日照时间为3～6小时，较之以前减少1～4小时，对王冬华房屋的日照、采光、通风等确实存在一定影响，但由于城市的发展，为提高土地利用率，将会不断建设高层建筑，不动产相邻各方应当按照有利生产、方便生活、公平合理的原则正确处理相邻关系，负有在一定范围内的容忍义务，华联公司在建设过程中并无侵权或不当行为，华联大厦建成后王冬华所居住房屋在大寒日的日照时间仍多于城市居住区规划设计要求的3小时，对其房屋的影响亦未造成实质性的妨碍，对其要求华联公司赔偿其因日照减少造成的损失的诉讼请求，不予支持。

安徽省宣城市中级人民法院依照《中华人民共和国民事诉讼法》第一百七十条第一款第（一）项之规定，作出判决如下：

驳回上诉，维持原判。

【法官后语】

相邻日照、采光、通风关系是指相邻不动产权利人之间在日照、采光、通风方面应给予对方必要的便利，一方在建造建筑物时，不得违反国家有关工程建设标准，妨碍相邻建筑物的日照、采光、通风。具体到本案，主要审理思路如下：

1. 判断妨碍相邻建筑物的日照、采光、通风，以国家有关工程建设标准的内容为基本标准。国家有关工程建设标准，是国家以行政规范等具有公法性质的规范性文件调整毗邻建筑物之间相关的权利义务关系，此类标准应当视为相邻建筑物权利人之间负有的相互容忍的义务，而违反国家有关工程建设标准，可以视为超出了社会一般人的容忍限度，受害人可以主张排除妨碍和损害赔偿。反之，符合国家建设标准的，即使对邻近建筑的通风、采光和日照造成一定程度的妨碍，也应当视为未超出容忍限度，相邻建筑物的所有人或利用人负有容忍义务。我国建设部发布的《城市居住区规划设计规范》对城市居住区建筑物的间距、采光、日照等方面提出了基本要求，可以作为判断日照、采光、通风妨碍是否超出容忍限度的重要依据。本案中，华联大厦建成后，王冬华居住的房屋在大寒日的日照时间仍多于《城市居住区规划设计规范》要求的3小时，故其对于其房屋在大寒日的日照时间较之前的减少负有一定的容忍义务。

2. 对受损的相邻房屋日照、采光和通风权应否赔偿，不以开发商建设建筑物行为是否合法作为前提条件，即便新建建筑所有权人取得建筑规划许可证，但如确因建筑物间距不足导致相邻不动产权利受到侵害的，仍应承担侵权赔偿责任。本案中，华联公司开发建设华联大厦，系经审核批准后开工建设的，取得了建设部门的《建设工程规划许可证》和《建设工程施工许可证》，属合法建筑，但是如果建设过程中，华联公司未按照建筑规划许可的要求，擅自缩短建筑物间距，违反关于建筑物间距的国家标准的强制性规定，则应认定对相邻不动产权利人的相邻权构成了侵害，应当承担侵权责任。因无证据证实华联公司在华联大厦建设过程中存在擅自缩短建筑物间距的行为，或建筑物间距不符合国家标准的强制性规定，华联公司对王冬华不应承担赔偿责任。

综合考虑以上因素，一、二审法院最终认定华联大厦建成后对王冬华房屋的影响未造成实质性妨碍，对王冬华要求华联公司赔偿因日照减少造成损失的诉讼请求，未予支持。

编写人：安徽省宁国市人民法院　陈卫敏

（六）共有纠纷

58

享有金钱债权的债权人是否可以提出第三人撤销之诉

——关玉才诉胡建雄等第三人撤销之诉（共有物分割）案

【案件基本信息】

1. 裁判书字号

北京市第三中级人民法院（2016）京03民终字第27号民事判决书

2. 案由：第三人撤销之诉（共有物分割纠纷）

3. 当事人

原告（被上诉人）：关玉才

被告（上诉人）：吴华丽、胡建雄

被告：胡建国

【基本案情】

2009年，关玉才作为原告，以民间借贷纠纷为由将胡建国诉至北京市朝阳区人民法院，要求胡建国偿还借款35万元，该院作出（2009）朝民初字第3259号民事判决书，判决胡建国偿还关玉才35万元。该案判决生效后，关玉才申请强制执行。关玉才提交执行案件中2009年11月5日的谈话笔录，显示该案因胡建国无财产可供执行且关玉才未能提供胡建国下落及财产情况，执行中止。

吴华丽与案外人胡某勤（已于2013年去世）系夫妻关系，胡建国、胡建雄系二人之子。北京市朝阳区三源里南小街2号楼×层1506号房屋（以下简称1506号房屋）原登记在胡某勤名下，胡某勤去世后，吴华丽、胡建国、胡建雄对1506号房屋进行了继承，北京市朝阳区人民法院于2014年作出（2014）朝民初字第26053号民事判决书：1506号房屋由吴华丽、胡建国、胡建雄按份共有，其中吴华丽占三分之二份额，胡建国、胡建雄各占六分之一份额。

2015年1月，吴华丽作为原告，胡建国、胡建雄作为被告就1506号房屋进行了诉讼，各方达成了分割协议：1506号房屋归胡建雄所有；胡建雄负责吴华丽生老病死的全部事宜；胡建国放弃1506号房屋中的六分之一份额并在法院出具调解书后三日内搬离该房屋，同时胡建国欠胡建雄的50万元借款也不再归还胡建雄；吴华丽代理人侯小晶、胡建国、胡建雄共同到北京市朝阳区人民法院对共有物分割诉讼进行调解。依据上述协议，北京市朝阳区人民法院于2015年1月22日作出（2015）朝民初字第05000号民事调解书，确认1506号房屋归胡建雄所有。2015年4月7日，1506号房屋登记至胡建雄名下。

关玉才主张其后来获知胡建国通过北京市朝阳区人民法院（2015）朝民初字第05000号民事调解书无偿转让自己的房产份额给胡建雄，胡建雄于2015年4月7日将该房屋过户到其个人名下，致使法院（2009）朝民初字第3259号判决无法实现，胡建国与其弟胡建雄恶意串通，转移财产，导致关玉才的债权落空，严重损害了关玉才的合法债权，因此提出第三人撤销之诉，要求撤销（2015）朝民初字第05000号民事调解书。

胡建雄主张关玉才没有1506号房屋份额，没有独立请求权。1506号房屋分割的结果与关玉才没有法律上的直接利害关系，胡建国的债务众多，关玉才的债权没有任何优先权利，胡建国在1506号房屋分割中得到钱或得到房，与清偿关玉才的债权没有必然的联系。关玉才不是共有人，本身就不需要关玉才参加，不存在因不能归责于本人的事由未参加诉讼的情形。综上所述，关玉才起诉吴华丽、胡建雄、胡建国第三人撤销之诉既不符合起诉的主体条件，（2015）朝民初字第05000号民事调解书又没有侵害其权益。

【案件焦点】

关玉才是否有权提起第三人撤销之诉，（2015）朝民初字第05000号民事调解书是否应当撤销。

【法院裁判要旨】

北京市朝阳区人民法院经审理认为：一、关玉才的诉讼主体适格。关玉才对1506号房屋并没有独立请求权，其能否作为第三人提起撤销之诉，关键在于胡建国处分1506号房屋产权份额是否影响到了关玉才的利益。根据法律规定，对当事人双方的诉讼标的，第三人认为有独立请求权的，有权提起诉讼。对当事人双方的诉讼标的，第三人虽然没有独立请求权，但案件处理结果同第三人有法律上的利害关系的，可以申请参加诉讼，或者由人民法院通知第三人参加诉讼。第三人撤销之诉作为一项独立的诉讼制度，其设立目的是防止第三人的合法权益受到他人通过诉讼骗取法院生效法律文书等方式的不当侵害。因此，无独立请求权的实质要件“案件的处理结果同第三人有法律上的利害关系”应做广义的理解：案件的处理结果影响到第三人的利益，第三人即可以作为无独立请求权第三人参与诉讼。关玉才对胡建国享有的合法债权经法院强制执行仍未获清偿前，胡建国将其享有的1506号房屋产权份额转让给其弟胡建雄，此行为降低了胡建国偿还债务的能力，增大了关玉才债权受偿的风险，对关玉才实现债权产生了消极影响，故可以认定涉诉民事调解书的处理结果同关玉才有法律上的利害关系，关玉才在本案中具有无独立请求权第三人撤销之诉的主体资格。

二、胡建国转让房屋产权份额具有逃避债务的主观恶意，客观上亦损害了关玉才的民事权益。从胡建雄提交的侯小晶与胡建国签订的交换说明“还清关玉才债务”之内容可以看出，胡建雄是明确知晓胡建国欠付关玉才钱款之事实，胡建雄辩称胡建国未向其告知欠付关玉才钱款之意见与上述证据内容相悖。另，一般常理下，一方接受他人转让的产权份额，均需向对方支付相应价款。胡建雄称不想让其爱人知道给胡建国钱，而将钱款支付至其代理人侯小晶名下，再由胡建国持侯小晶的银行卡取钱，以此种方式转移支付价款，亦不符情理。胡建雄未提交充分有效证据证明其在受让房屋产权份额前，对胡建国享有50万元债权，故不予认定。胡建国在未经关玉才同意、亦未告知关玉才的情况下，转让其房屋产权份额的行为，恶意逃避债务的主观故意明显，客观上必然导致偿债能力的降低，以致在关玉才申请执行（2009）朝民初字第3259号民事判决一案多年后，至今未能实际执行，严重损害了关玉才民事权益的实现。

需要指出的是，诉讼是为当事人解决纠纷提供的合法救济途径，而不能把诉讼作为逃避债务清偿或损害他人合法权益的工具。当事人在民事诉讼过程中均应本着诚实信用的原则客观陈述案件事实，不应抱着侥幸心理而隐瞒案件的客观事实情况，否则会导致生效的法律文书被撤销，既浪费司法资源，也不能实现诉讼目的。

综上所述，(2015) 朝民初字第 05000 号民事调解书侵害了关玉才的权益，应予以撤销。依照《中华人民共和国民事诉讼法》第五十六条、第一百四十四条之规定，北京市朝阳区人民法院判决：

撤销（2015）朝民初字第 05000 号民事调解书。

吴华丽、胡建雄坚持原审辩称意见提起上诉。北京市第三中级人民法院经审理认为：(2015) 朝民初字第 05000 号民事调解书系共有物分割之诉，关玉才对共有物并无物上请求权，不能作为有独立请求权之第三人参加诉讼。案件处理结果也即物权的归属及分割协议的内容与关玉才的权利是否受到侵害亦无必然关联。从目前的审判实践来看，法律规定受侵害的民事权益通常是指所有权、用益物权和担保物权、股权等，一般情况下金钱债权并不在此列，但亦有例外。本案中，关玉才对胡建国享有债权，且该债权已经过裁判并进入执行。胡建雄明知关玉才与胡建国之间的债权债务关系，依然与胡建国达成物权分割协议。胡建国与胡建雄之间明显具有利用诉讼转移财产、逃避执行的情形，并致使享有金钱债权的关玉才无法行使撤销权。在此情况下，关玉才可以其名义提起第三人撤销之诉。

胡建雄虽称其对胡建国享有债权，但在本案中未能提供债权凭证及出借款项的相应证据。现胡建雄在本案中主张其对胡建国享有债权，缺乏证据支持。胡建雄称其已经向胡建国另行支付 34 万元。关于 34 万元的性质，胡建雄仅提供其诉讼代理人书写的收条一张。现并无证据证明各方已经对款项的性质达成一致。因此，上述款项并不能认定为胡建雄支付的房屋折价款。同时，上述 34 万元并未直接支付于胡建国。胡建雄在本案的现有证据不能表明胡建国实际取得上述 34 万元。胡建雄与胡建国之间的债权债务关系可另行诉讼解决。

综上，一审法院认定事实清楚，处理结果并无不当，应予维持。依照《中华人民共和国民事诉讼法》第一百七十条第一款第（一）项之规定，判决如下：

驳回上诉，维持原判。

【法官后语】

根据《民事诉讼法》第五十六条第三款之规定，有独立请求权第三人或无独立请求权第三人因不能归责于本人的事由未参加诉讼，但有证据证明发生法律效力的判决、裁定、调解书的部分或者全部内容错误，损害其民事权益的，可以自知道或者应当知道其民事权益受到损害之日起六个月内，向作出该判决、裁定、调解书的人民法院提起诉讼。此为法律规定的关于保障第三人合法权益的第三人撤销之诉的制度，第三人撤销之诉作为一种事后的特殊救济程序，针对的是已生效的法律文书，所以应严格限定第三人撤销之诉的适用条件。除提起第三人撤销之诉的主体、期间等有严格限制外，第三人撤销之诉的权利基础应为所有权、用益物权和担保物权、股权等，通常认为第三人撤销之诉制度中所指的“民事权益”不应包括金钱债权。

第三人撤销之诉中，货币基于其一般种类物的性质，导致享有金钱债权的第三人往往并不对原诉的诉讼标的享有独立请求权，原诉案件的处理结果通常也不对享有金钱债权的第三人产生法律上的利害关系。但是实践中亦存在通过虚假诉讼取得生效裁判文书以转移财产、逃避债务的情况，造成债权人难以实现债权。故，虽通说认为第三人撤销之诉的权利基础不包括金钱债权，但原诉当事人利用诉讼转移财产、逃避执行以致享有金钱债权的第三人无法行使撤销权的，第三人可以依据其享有的金钱债权提出第三人撤销之诉，法院应对其诉讼请求予以支持。需要指出的是，第三人如认为其金钱债权因债务人通过诉讼恶意转移财产、逃避债务而难以获得实现，提出第三人撤销之诉，第三人必须有证据证明发生法律效力的裁判、裁定、调解书部分或全部内容错误，要有证明其主张事实的有效证据，法院裁判时应就第三人是否完成举证责任进行充分的审查。

编写人：北京市朝阳区人民法院　路航

59

登记为共同共有的夫妻共同财产在分割时是否考虑出资份额

——周某诉朱某离婚后财产分割案

【案件基本信息】

1. 裁判书字号

江苏省南京市江宁区人民法院（2016）苏0115民初字第10213号民事判决书

2. 案由：共有权纠纷

3. 当事人

原告：周某

被告：朱某

【基本案情】

周某与朱某原系夫妻关系，婚后双方于2015年6月21日生育一女周某诺。2014年4月5日，周某与朱某共同签订《商品房预售合同》，购买位于南京市江宁区秣陵街道秣周东路29号翠屏诚园一期13幢×室房产（以下简称翠屏诚园13幢×室房产），房产面积为84.97平方米；房产总价款1224775元。合同签订后，周某之母杨某兰于2014年4月5日支付首付款374775元，余款850000元由周某以组合贷款形式支付。2016年6月28日，经（2016）苏0115民初字第4274号民事判决书判决，周某与朱某离婚，周某诺由朱某负责抚养教育。该案审理过程中，因翠屏诚园13幢×室房产未办理不动产权登记，故未对该房产产权相关事宜作出处理。2016年7月28日，翠屏诚园13幢×室房产办理不动产权登记，权利人登记为“周某/朱某”，共有情况登记为“共同共有”。截至2016年10月，尚余房屋贷款820007.7元未予清偿。审理中，双方一致同意翠屏诚园13幢×室房产的价值按每平方米27500元进行计算（即房产总价值为2336675元），房产归周某所有，并由周某向朱某支付相应房产折价款。审理中，周某认为因购买翠屏诚园13幢×室房产时由其母亲支付首付款，应视为其母亲对其个人的赠与，且购房后主要由其负责清偿房产的贷款，故主张由其对翠屏诚园13幢×室房产享有70%的份额，朱某对翠屏诚园13幢×室房产享有30%的份额。朱某不同意按周某主张的份额进行分配，且认为因离婚时婚生女由其负责抚养教育，请求在分割房产时适当多分。

【案件焦点】

登记为夫妻双方共同共有的房产在离婚后予以分割时是否参考各方在购房时的出资情况对各方份额作出调整。

【法院裁判要旨】

江苏省南京市江宁区人民法院经审理认为：翠屏诚园13幢×室房产系周某与朱某于婚姻关系存续期间购买，不动产权登记为双方共同共有，故应认定为夫妻共同财产。现双方一致同意翠屏诚园13幢×室房产归周某所有并由周某向朱某支付相应房产折价款，予以支持。对于周某母亲杨某兰出资的性质，根据法律规定，当事人结婚后，父母为双方购置房屋出资的，该出资应当认定为对夫妻双方的赠与，但父母明确表示赠与一方的除外。本案中，周某母亲杨某兰为翠屏诚园13幢×室房产支付首付款374775元，未明确将该出资赠与周某一人，故该出资应认定为对周某及朱某双方的赠与。对于周某应向朱某支付的房产折价款数额，结合购房出资情况、房产贷款清偿情况、房产价值及双方离婚后子女抚养等因素后，周某应支付朱某房产折价款630000元为宜。

江苏省南京市江宁区人民法院依照《中华人民共和国婚姻法》第三十九条，《最高人民法院关于适用〈中华人民共和国婚姻法〉若干问题的解释（二）》第二十二条之规定，判决如下：

一、翠屏诚园一期13幢×室房产归周某所有；因而购买该房产产生的贷款由周某负责清偿；

二、周某于本判决发生法律效力之日起十日内支付朱某翠屏诚园13幢×室房产的折价款630000元。

【法官后语】

本案处理重点主要在于在分割夫妻共有的房产时，如何考量各方出资份额这一因素。

根据《婚姻法》及《最高人民法院关于适用〈中华人民共和国婚姻法〉若干问题的解释（二）》的相关规定可知，夫妻共有的房产虽登记为共同共有，但在分割时“等分原则”并非首要原则，应首先遵循《婚姻法》中相关的特殊规定，即在考虑双方住房情况、子女抚养、有无过错、照顾女方等因素的前提下再参考双方出资、房产贷款清偿等对共有财产的贡献情况。

具体到本案中，案涉房屋登记为周某与朱某共同共有，二人离婚后共同共有关系终止，现周某要求以折价归并的方式对共有物进行分割，朱某亦同意分割，则本案需对双方按何种比例分割共有物作出裁判。在确定比例时，不能简单依据《最高人民法院关于贯彻执行〈中华人民共和国民法通则〉若干问题的意见（试行）》规定，直接认定二人对房产享有均等份额，而是应当综合考虑以下因素：其一，各方对案涉房产所作之贡献。首先，根据已查明事实，对案涉房产，周某之母杨某兰支付约30%的购房款，剩余约70%的购房款由周某以个人名义办理贷款支付；虽然因杨某兰未明确该首付款系赠与周某个人，但依习俗及常理，父母资助已婚子女购房的目的大都是本着提升子女及子女配偶生活质量、促进子女及子女婚姻感情的目的，故杨某兰的出资虽依法应认定为赠与周某、朱某双方，但究其本质仍应视为是周某对夫妻共同财产所作之贡献。其次，对于周某办理的购房贷款，朱某虽对贷款银行依法负有共同还款责任，但因贷款所产生的经济成本（如限购、限贷政策，再购房时贷款利率的上浮等）实际由周某承担，这一因素在衡量双方贡献时亦应予以适当考虑。其二，子女抚养因素应予充分考虑。在厘清双方出资及贡献大小的同时，还要兼顾抚养子女一方的利益，这符合《中华人民共和国婚姻法》确立的关于共同财产分割应照顾女方及未成年子女的基本原则。本案中，婚生女由朱某负责抚养，那么鉴于房产现有价值较大，周某、朱某收入差距较小，且周某亦依法承担了相应抚养费用的前提下，在5%～10%比例的范围限度内对朱某应得房产折价款作出调整应属合理。综上，本案对案涉房产净值以周某约60%、朱某约40%的比例作出了分配。

编写人：江苏省南京市江宁区人民法院　张赜

60

部分家庭成员死亡后土地承包经营权及收益的继承

——吴淑明诉吴春林等共有案

【案件基本信息】

1. 裁判书字号

北京市第三中级人民法院（2016）京03民终字第2800号民事判决书

2. 案由：共有纠纷

3. 当事人

原告（被上诉人）：吴淑明

被告（上诉人）：彭玉凤、吴迪、吴春林

【基本案情】

吴春林、彭玉凤与吴迪系父母、子女关系，吴淑明与吴春林系同胞姐弟关系。两人之父母吴玉禄、孟淑英共生育六名子女，即长子吴春山、长女吴淑平、次女吴淑霞、三女吴淑明、四女吴淑环、次子吴春林。吴玉禄于1999年去世，孟淑英于2000年去世。

1999年4月28日，吴玉禄与北京市怀柔区雁栖镇柏崖厂村经济合作社（以下简称柏崖厂村合作社）签订《口粮田承包合同书》，承包了位于“十二亩地”的口粮田1.59亩，承包期限为30年，自1999年10月1日起至2029年10月1日止。2006年6月19日，彭玉凤作为农户代表就上述口粮田与柏崖厂村合作社签订《农户土地承包经营权确权确利协议书》，约定将家庭拥有承包经营权的1.59亩口粮田流转给村集体经济组织经营，流转期限自2004年1月1日起至2029年10月1日止，家庭确权人口为4人。

2012年3月，吴淑明曾诉于法院，要求彭玉凤、吴春林、吴迪给付其应得的征地补偿款及股权补偿款。该案审理中，法院向柏崖厂村相关人员了解情况，其称自

2006年开始，该村给吴玉禄家庭承包户发放的确权确利款项按4人分配，即吴玉禄、孟淑英、彭玉凤、吴迪4人。经法院调解，双方达成协议，由吴春林给付吴淑明2011年9月1日前发放的4人土地补偿款、股权分红款、确权确利款共计22000元。2013年3月，吴淑明再次诉于法院，后撤回起诉。

经法院核查，2012年1月，彭玉凤领取2011年村民年终确权确利分配款26200元，2012年4月，彭玉凤领取确权确利分配款8000元，2013年1月，彭玉凤领取2012年村民年终确权确利分配款28400元，2015年1月，彭玉凤领取解除“确权确利”合同补偿款60800元，以上共计123400元。开庭审理过程中，吴淑明与彭玉凤、吴迪、吴春林均认可《农户土地承包经营权确权确利协议书》上的家庭确权人口4人及款项分配表上的4人即为吴玉禄、孟淑英、彭玉凤和吴迪。

【案件焦点】

部分家庭成员死亡后取得的承包地确权确利款能否作为遗产继承。

【法院裁判要旨】

北京市密云区人民法院经审理认为：公民合法的财产权益受法律保护。位于“十二亩地”的口粮田系吴玉禄以家庭承包经营的方式承包，吴玉禄、孟淑英去世后，该地仍在承包经营期内，属于其二人的份额亦未被村集体经济组织收回。2006年，属于二人的土地被流转，其所在村集体以此为依据发放确权确利款。彭玉凤2012年1月至2015年1月领取的123400元中即包括了吴玉禄、孟淑英的份额。因两人已经去世，则该款应当属于其继承人共有，故吴淑明要求彭玉凤给付属于其个人的部分款项，予以支持。吴淑明要求吴春林、吴迪承担给付责任，无事实及法律依据，不予支持。吴淑明提出其赡养父母较多，故应多分的主张，并未提供证据，不予支持；彭玉凤、吴迪、吴春林提出吴淑明未尽赡养义务以及2012年6月14日之前的款项已给付吴淑明的辩解意见，亦未提供证据予以证明，不予采纳。

北京市密云区人民法院依照《中华人民共和国民法通则》第一百一十七条之规定，作出如下判决：

一、彭玉凤于本判决生效之日起十日内给付吴淑明自2012年1月至2015年1月期间的确权确利款共计10283元。

二、驳回吴淑明的其他诉讼请求。

彭玉凤不服一审判决，提起上诉。北京市第三中级人民法院经审理认为：公民合法的民事权益受法律保护，任何组织和个人不得侵犯。遗产是公民死亡时遗留的个人合法财产。吴玉禄与柏崖厂村合作社于1999年签订的《口粮田承包合同书》属于家庭承包性质，家庭人口4人，分别为吴玉禄、孟淑英、彭玉凤、吴迪。2006年上述土地因流转给村集体而进行确权确利，此时吴玉禄、孟淑英已去世。根据"增人不增地、减人不减地"的土地确权政策，确权人口仍为前述4人，但确权确利补偿款是基于口粮田的承包经营权所发放，因吴玉禄、孟淑英已去世，其二人不再享有口粮田的承包经营权，因此也不应再享有该土地确权确利补偿款的相应份额，且口粮田的承包经营权并不发生继承，故吴淑明主张吴玉禄、孟淑英的确权确利补偿款份额应作为遗产予以分割，并无依据。

综上，彭玉凤的上诉请求及理由具有事实及法律依据，对其上诉请求予以支持。原审法院适用法律错误，予以纠正。据此，依照《中华人民共和国民法通则》第五条，《中华人民共和国继承法》第三条，《中华人民共和国农村土地承包法》第三条、第九条，《中华人民共和国民事诉讼法》第一百七十条第一款第（二）项之规定，判决如下：

一、撤销北京市密云区人民法院（2015）密民初字第3477号民事判决；

二、驳回吴淑明的诉讼请求。

【法官后语】

我国的农村土地承包经营权分为家庭承包和以其他方式承包两种类型。我国《中华人民共和国农村土地承包法》对这两种土地承包经营权的继承采取了两种不同的规定：

一是家庭承包的土地承包经营权，不是个人财产，不能继承。以家庭承包方式实行农村土地承包经营，主要目的在于为农村集体经济组织的每一位成员提供最基本的生活保障。根据《中华人民共和国农村土地承包法》第十五条的规定，家庭承包方式的农村土地承包经营权，其承包方是本集体经济组织的农户，其本质特征是以本集体经济组织内部的农户家庭为单位实行农村土地承包经营。因此，这种形式的农村土地承包经营权只能属于农户家庭，而不可能属于某一个家庭成员。根据《中华人民共和国继承法》第三条规定，遗产是公民死亡时遗留的个人合法财产。

农村土地承包经营权不属于个人财产，故不发生继承问题。

二是家庭承包中的林地承包及不宜采取家庭承包方式的荒山、荒沟、荒丘、荒滩等农村土地，采取招标、拍卖、公开协商等方式承包。由于土地性质特殊，投资周期长、见效慢、收益期间长，为维护承包合同的长期稳定性，保护承包方的利益，维护社会的稳定，《中华人民共和国农村土地承包法》第三十一条第二款、第五十条规定，林地承包的承包人死亡，其继承人可以在承包期内继续承包。以其他方式承包的承包人死亡，在承包期内，其继承人也可以继续承包。但是，继承人继续承包并不等同于继承法所规定的继承。

综上，可以看出，无论是家庭承包的土地承包经营权，还是家庭承包中的林地承包及其他方式的承包经营权，都不属于个人财产，不能作为遗产进行分割。承包地确权确利款是农户将家庭承包的土地流转给村集体组织经营后，村集体组织给予农户的土地经营收益，农户取得款项的依据是享有土地承包经营权。具体到本案中，涉案土地系吴玉禄、孟淑英、彭玉凤、吴迪四人以家庭承包方式承包经营。吴玉禄、孟淑英去世后，吴玉禄、孟淑英不再是经营权人，不再享有土地经营权，该土地应当由其他家庭成员即彭玉凤和吴迪继续经营至承包期满。涉案承包地流转给集体经济组织发生于吴玉禄、孟淑英去世后，案涉确权确利款项的取得应源于彭玉凤、吴迪二人对家庭承包口粮田的承包经营权。一、二审法院审理思路出现分歧，关键在于对家庭承包经营中，部分农户死亡后的土地承包经营权及其收益能否作为遗产的理解存在偏差。一审法院认为：虽然吴玉禄、孟淑英已经去世，但农村集体经济组织并未把属于两人份额的土地收回，亦未对该承包地的确权人口进行变更，故依据承包地发放的确权确利款仍包括吴玉禄、孟淑英二人的份额，该份额应当作为遗产进行分割。二审法院则认为吴玉禄、孟淑英去世后，其不再享有涉案承包地的承包经营权，不应分得确权确利款项，同时其二人原享有的土地承包经营权不属于遗产，不发生继承，故涉案确权确利款不应作为遗产分割。

编写人：北京市密云区人民法院　寻朝兰

61

出租按份共有房屋应当遵循多数决规则

——沈永新、杨枫林诉郭徐良等返还原物案

【案件基本信息】

1. 裁判书字号

江苏省南通市中级人民法院（2016）苏06民终字第3559号民事裁定书

2. 案由：返还原物纠纷

3. 当事人

原告（被上诉人）：沈永新、杨枫林

被告（上诉人）：南通金康泰化工有限公司（以下简称金康泰公司）

被告：毕悬企业管理咨询南通有限公司（以下简称毕悬公司）、南通昊华燃料有限公司（以下简称昊华公司）、郭徐良

【基本案情】

沈永新、杨枫林系夫妻。2011年9月29日，沈永新、杨枫林、郭徐良约定关于三人共同拥有的坐落于工农南路88号海外联谊大厦0114室、0214室（以下简称0114室、0214室）房屋产权比例如下：沈永新和杨枫林共占房屋产权的50%，郭徐良共占房屋产权的50%。次日，沈永新、杨枫林、郭徐良取得0114室、0214室房屋所有权证书，载明：0114室、0214室均为沈永新、杨枫林、郭徐良共同共有，0114室建筑面积425.6平方米、0214室建筑面积411.54平方米。2011年3月10日的《写字楼租赁合同》约定沈永新、杨枫林、郭徐良将0114室出租给金康泰公司，租赁期限自2012年3月11日至2013年11月11日，月租金为20000元。2012年7月18日的《房屋租赁合同》约定沈永新、杨枫林、郭徐良将0214室建筑面积80平方米出租给南通晨科工程咨询有限公司，租赁期限自2012年7月18日至2013年7月17日，租金总计8000元。2013年10月8日的《房屋租赁合同》约定沈永新、杨枫林、郭徐

良将0214室出租给昊华公司，租赁期限从2013年10月8日中午12时起至2023年10月8日中午12时止，每月租金5000元。上述三份合同均由沈永新、杨枫林调取自工商登记档案。沈永新、杨枫林、郭徐良一审庭审时陈述上述三份合同出租人处的签名均不是本人书写。

2013年1月10日，沈永新、杨枫林、郭徐良与中国建设银行股份有限公司南通城南支行签订最高额抵押合同，约定以0114室、0214室房屋及土地为金康泰公司提供最高额抵押担保。

金康泰公司一审庭审时陈述其从2012年3月开始使用0114室、0214室房屋至今，从未交纳过房租，沈永新、杨枫林、郭徐良从未向金康泰公司主张过房租。

毕恳公司于2012年7月30日注册成立，注册成立时名称为南通晨科工程咨询有限公司。2016年5月20日，其原住所0214室变更为南通市苏通科技产业园区江成路1088号江成研发园内3号楼3008室。

【案件焦点】

共有人对包括出租在内的利用方法选择不能达成协议起诉到人民法院的，是否应当类推适用《中华人民共和国物权法》第九十七条的规定处理。

【法院裁判要旨】

江苏省南通市崇川区人民法院经审理认为：(1) 关于沈永新、杨枫林的诉讼请求是否超过诉讼时效。《中华人民共和国物权法》(以下简称《物权法》) 第二百四十三条规定："不动产或者动产被占有人占有的，权利人可以请求返还原物及其孳息，但应当支付善意占有人因维护该不动产或者动产支出的必要费用。"沈永新、杨枫林的诉讼请求实质为要求金康泰公司返还房屋以及无权占有房屋期间的法定孳息，庭审时沈永新、杨枫林亦明确其请求权基础为《中华人民共和国物权法》的相关规定。物权请求权不适用诉讼时效的规定，因此沈永新、杨枫林的诉讼请求未超过诉讼时效。(2) 关于金康泰公司相对于沈永新、杨枫林是否系无权占有人。《物权法》第一百零三条规定："共有人对共有的不动产或者动产没有约定为按份共有或者共同共有，或者约定不明确的，除共有人具有家庭关系等外，视为按份共有。"案涉0114室、0214室房屋虽登记为沈永新、杨枫林、郭徐良共同共有，但沈永新、杨枫林、郭徐良关于案涉房屋约定了份额，应当认定为沈永新、杨枫林、郭徐良对案涉房屋按份共有，沈永新、杨枫林对案涉房屋享有50%的份额，郭徐良对案涉房屋享有50%的份额。《物权法》第九十七条规定："处分共有的不动产或者动产以及对共有的不动产或者动产作重大修缮的，应当经占份额三分之二以上的按份共有人或者全体共同共有人同意，但共有人之间另有约定的除外。"出租共有房屋属于对共有物利用方法的选择。民法理论认为，对于包括出租在内的共有物利用方法选择类推适用《物权法》第九十七条的规定。金康泰公司、毕恳公司、昊华公司的住所地都登记为（曾经登记为）案涉房屋，但登记的住所地不等同于实际经营地。沈永新、杨枫林并未举证证明金康泰公司、毕恳公司、昊华公司实际占有或使用案涉房屋。金康泰公司自认从2012年3月开始使用0114室、0214室房屋至今，应当认定金康泰公司为案涉房屋实际占有人。沈永新、杨枫林、郭徐良陈述与金泰公司签订的《写字楼租赁合同》上三人签名均不是本人书写。郭徐良辩称知悉该房屋的租赁情况，也同意由金康泰公司承租该房屋，并且郭徐良即为金康泰公司法定代表人，应当视为郭徐良对《写字楼租赁合同》进行了追认。郭徐良、金康泰公司未提供相应证据证明沈永新、杨枫林明示同意将案涉共有房屋出租给金康泰公司。虽然沈永新、杨枫林就案涉房屋为金康泰公司提供最高额抵押担保，不能因此推定沈永新、杨枫林同意将案涉房屋出租给金康泰公司。郭徐良享有案涉房屋50%的份额，未达到共有份额的三分之二，各方当事人均未提供证据证明沈永新、杨枫林、郭徐良对房屋出租另有约定，因此金康泰公司相对于沈永新、杨枫林系无权占有人。沈永新、杨枫林作为案涉房屋共有人有权就案涉房屋对金康泰公司行使返还原物请求权。（3）关于金康泰公司对案涉房屋使用费的计算标准。房屋的租金属于法定孳息，无权占有人应当向权利人返还原物及孳息。关于0114室的占有使用费，沈永新、杨枫林主张按照《写字楼租赁合同》约定的月租金2万元从2012年3月10日开始计算。金康泰公司认为月租金2万元是2012年至2013年的市场价格，现在市场价格大幅下降，但并未提供相应的证据证实。因此关于0114室的占有使用费认定为每月2万元。关于0214室的占有使用费，沈永新、杨枫林主张每天每平方米1.5元从2012年7月12日开始计算，未超过0114室的上述计算标准，予以认定。综合以上分析，案涉房屋被金康泰公司占有，金康泰公司相对于沈永新、杨枫林系无权占有人。沈永新、杨枫林作为共有人可以请求金康泰公司返还原物及占有使用费。因沈永新、杨枫林并未主张按照份额返还占有使用费，因此案涉房屋以及占有使用费应当返还至全体共有人。

江苏省南通市崇川区人民法院依照《物权法》第三十四条、第九十七条、第一百零三条、第二百四十三条，《中华人民共和国民事诉讼法》第一百四十四条之规定，作出如下判决：

一、金康泰公司于本判决发生法律效力之日起三十日内，将0114室、0214室房屋腾空交还沈永新、杨枫林、郭徐良。

二、金康泰公司于本判决发生法律效力之日起十日内一次性支付沈永新、杨枫林、郭徐良0114室房屋占有使用费（按照每月2万元从2012年3月10日起计算至搬离房屋之日止）。

三、金康泰公司于本判决发生法律效力之日起十日内一次性支付沈永新、杨枫林、郭徐良0214室房屋占有使用费（按照每天617.31元从2012年7月12日起计算至搬离房屋之日止）。

四、驳回沈永新、杨枫林的其他诉讼请求。

金康泰公司持原审意见提出上诉，在二审过程中申请撤回上诉。南通市中级人民法院经审理认为，金康泰公司提出撤回上诉的请求，不违反法律规定，予以准许。

江苏省南通市中级人民法院依照《中华人民共和国民事诉讼法》第一百七十三条的规定，作出如下裁定：

准许金康泰公司撤回上诉。

【法官后语】

《物权法》第九十六条规定了共有物管理，第九十七条规定了共有物处分和重大修缮。对于共有物的出租属于管理还是处分，即适用《物权法》第九十六条还是第九十七条的规定，一直存在争议。第一种观点认为，对财产的出租是共有人处分行为的表现形式之一。在应有份部分，按份共有人可以任意对应有部分予以出租；在共有财产部分，全体共有人当然更无阻碍地可以对共有财产予以出租。第二种观点认为，对共有财产的出租，不是对共有财产的处分，而是对共有财产的使用和收益。第三种观点认为，共有物的利用行为，是指以满足共有人共同需要为目的，不变更共有物的性质，而决定其使用、收益方法的行为。对共有房屋出租，即其著例。本案一审过程中也存在三种处理意见。第一种意见认为，出租共有房屋属于对共有物的利用，应当适用《物权法》第九十六条的规定。关于共有物的管理，共有人不能达成协议时，不得请求人民法院裁判，应当裁定驳回原告起诉。第二种意见认为，出租属于负担行为而非处分行为，不应当适用《物权法》第九十七条的规定，而应当适用第九十六条的规定，在共有人没有约定的情况下，各共有人都有管理的权利和义务，应当判决驳回原告的诉讼请求。第三种意见认为，出租共有房屋属于对共有物利用方法的选择，对于包括出租在内的利用方法选择类推适用《物权法》第九十七条的规定，本案没有经过三分之二以上按份共有人同意，应当支持沈永新、杨枫林的诉讼请求。

1. 处分、处分行为与负担行为的概念辨析

负担行为与处分行为的区分在理论上源自德国民法上的法律行为学说，并在德国民法典的立法例中得到了充分的体现。所谓“负担行为”，即使人担负给付义务的法律行为，在许多中文著作中也被称为“债权行为”，是使某人担负给付义务并因此而为他人创设一项或多项给付请求权的法律行为。“处分行为”是直接使某种权利发生、变更或消灭的法律行为，其处分的客体是权利。处分行为包括物权行为及准物权行为，包括契约（如所有权的移转、抵押权的设定）及单独行为（如所有权的抛弃）。

关于我国现行民法上是否存在处分行为的问题，一直有争论。纵观我国现行法律规范中的“处分”大致出现在三种场合，一是在论述所有权的权能时使用处分，如《中华人民共和国民法通则》第七十一条规定，财产所有权是指所有人依法对自己的财产享有占有、使用、收益和处分的权利。《物权法》第三十九条规定，所有权人对自己的不动产或者动产，依法享有占有、使用、收益和处分的权利。二是在论述合同的效力时对处分加以论述，也就是在论述无权处分时论及处分和处分行为。如《中华人民共和国合同法》第五十一条，无处分权的人处分他人财产，经权利人追认或者无处分权的人订立合同后取得处分权的，该合同有效。《最高人民法院关于审理买卖合同纠纷案件适用法律问题的解释》第三条规定，当事人一方以出卖人在缔约时对标的物没有所有权或者处分权为由主张合同无效的，人民法院不予支持。出卖人因未取得所有权或者处分权致使标的物所有权不能转移，买受人要求出卖人承担违约责任或者要求解除合同并主张损害赔偿的，人民法院应予支持。《中华人民共和国继承法》第十六条，公民可以立遗嘱处分个人财产。《中华人民

共和国继承法》第三十条规定，夫妻一方死亡后另一方再婚的，有权处分所继承的财产。可见我国现行民事法律规定中处分的含义比较丰富，有时是一种权能，有时是一种权利，有时是一种行为。我国民法上处分的概念明显不同于以德国为代表的大陆法系国家处分行为的概念。最广义的处分包括事实上的处分和法律上的处分，法律上的处分又分为负担行为和处分行为。

2. 出租共有物行为的法律性质分析

为取得对他人不动产利用的权利，人们可以采取两种方法：一是通过设定用益物权的方法，取得对不动产的用益物权；二是通过债权的方法，取得对不动产的债权利用权，如租赁权、借用权等。这就是通常所说的不动产利用的二元体系。租赁权的主体既有可能指向出租人又有可能指向承租人。关于租赁权之性质，学说上基本分为四种，即“债权说”“物权说”“债权物权化说”“立法政策说”。《物权法》出台前就有学者指出：“在我国法上，租赁权属于债权，但历来承认租赁权的物权化……基于对不动产租赁权的不同认识，我国多数学者认为，不动产租赁权属于债权的范畴，应通过《合同法》加以规范。但为保护承租人的利益，应赋予不动产租赁权以一定的物权效力，即实行租赁权物权化。”《物权法》出台后，也不存在法条明示规定“租赁权”。《物权法》第一百九十条的表述采用的是“租赁关系”而非“租赁权”。我国语境中之“租赁权”实则债之效力，条文的意义旨在强调法律赋予承租人的对抗地位，更适宜用“租赁关系”来表达此种地位。因此《物权法》出台后并没有改变租赁权“债权物权化说”在我国的通说地位。

《物权法》第九十六条中的“管理”是处分的上位概念，共有物的管理包括对共有物的处分、占有、使用、收益、保存等行为，并且此处的“管理”是指实际的利用，对于共有物利用方法的选择并不包括在内。出租共有物行为不属于处分行为亦不属于改良行为，而属于对于共有物的利用行为。

3. 共有人对利用方法选择不能达成协议的处理

《物权法》实施之初有观点认为，对于利用行为，共有人对于共有物的使用收益方法不能达成协议起诉到人民法院的，人民法院不予受理。其理由是我国台湾地区现行法仍然坚持法院不介入共有物的管理。经2010年修正后的我国台湾地区“民法典”第819条规定：“各共有人，得自由处分其应有部分。共有物之处分、变更及设定负担，应得共有人全体之同意”，第820条规定：“共有物之管理，除契约另有约定外，应以共有人过半数及其应有部分合计过半数之同意行之。但其应有部分合计逾三分之二者，其人数不予计算。依前项规定之管理显失公平者，不同意之共有人得声请法院以裁定变更之……"《物权法》关于共有物的处分除了在第九十七条有明确规定外，其他规则尚付阙如。当共有人不能达成一致时，需经由法律解释或者漏洞填补来确定其规则，拒绝裁判并不符合《物权法》的立法目的以及民法理论发展趋势。

对《物权法》第九十六条应当有正确的理解，即对于共有物的管理，若共有人不能达成一致，每个共有人均有按照法律规则管理的权利和义务，而不是每个共有人均有任意管理的权利。由于房屋具有不可分性，所以包括出租在内的对共有房屋利用方法的选择很多情况下具有唯一性。对于包括出租在内的利用方法选择，应当类推适用《物权法》第九十七条的规定，即在共有人没有约定的前提下，出租共有房屋应当经占份额三分之二以上的按份共有人或者全体共同共有人的同意。部分共有人出租共有房屋不符合该条件的，其他共有人可以向承租人行使返还原物请求权。

编写人：江苏省南通市崇川区人民法院 陈程

62

共同出资购买的房屋登记在一方名下是否为共同共有

——陈江玲诉谢英萍共有物分割案

【案件基本信息】

1. 裁判书字号

江西省萍乡市中级人民法院（2016）赣03民终字第770号民事判决书

2. 案由：共有物分割纠纷

3. 当事人

原告（被上诉人）：陈江玲

被告（上诉人）：谢英萍

第三人：谢美燕、谢小燕、谢鹤燕、谢文萍、钟良

【基本案情】

陈江玲与谢德琪于1990年1月6日在原萍乡市城关区人民政府登记结婚，双方均系再婚。钟良系陈江玲与其前夫所生之子。谢英萍、谢美燕、谢小燕、谢鹤燕、谢文萍系谢德琪与其前妻所生子女。陈江玲与谢德琪结婚后，与钟良及谢英萍居住在谢德琪原工作单位中国工商银行江西省萍乡市分行（以下简称工行萍乡分行）的单位房即萍乡市安源区凤凰街凤凰池76－×号房屋（安源区凤凰街凤凰池22号2栋2单元×室以下简称凤凰池房屋）。谢德琪逝世后，陈江玲与谢英萍、谢美燕、谢小燕、谢鹤燕、谢文萍因继承纠纷诉至法院，1993年9月6日，中国工商银行江西省萍乡市分行向法院出具说明一份：谢德琪同志系我行退休干部，于1993年3月病故，现有住房原系我行分配给谢德琪同志，根据房改政策住房已出售给谢德琪同志，我行同意城关区法院郊区法庭依法裁定谢德琪房屋使用权。1993年7月23日，法院审判人员向工行萍乡分行工会主席熊某某所作调查笔录部分内容：“房屋系单位所有，谢德琪的儿子、母亲都有权利买，我们认为办房产证一般应该由他妻子办。”后法院作出的（1995）安法郊民字第354号生效民事判决书中审理查明：1992年7月，谢德琪工作单位将凤凰池房屋作价7226.2元出售，谢德琪于同月25日以儿子谢英萍的名义向该单位交纳购房款2167.8元，谢德琪病故后，陈江玲也于1993年4月5日再向该单位交购房款1445.24元，但由于余款未付清，因此该单位卖房手续未办，也未确定谁是房屋买主。同时，根据审理查明的事实，该判决认定谢德琪生前以谢英萍的名义所交2167.8元房款，视为其生前赠与谢英萍的财产。另外，谢德琪生前与陈江玲和谢英萍共同居住房屋的产权属谢德琪工作单位，不属于遗产继承范围，故在该判决中未予处分。1998年2月25日，谢英萍向工行萍乡分行交纳售房款5058.33元；1998年12月22日，谢英萍向工行萍乡分行营业部申请购买凤凰池房屋剩余产权，确定房屋购房总价款为11842.55元，并经萍乡市城镇住房制度改革办公室审批同意发证。1999年6月29日，谢英萍向工行萍乡分行交纳房屋费用4616.36元。2015年，因凤凰池房屋即本案争议房屋被拆迁，陈江玲与谢英萍就房屋归属问题发生纠纷。

另经法院向南正街拆迁指挥部核实，争议房屋拆迁补偿款为488053元。

【案件焦点】

共同出资购买的房屋登记在一方名下是否为共同共有。

【法院裁判要旨】

江苏省萍乡市安源区人民法院经审理认为：本案争议焦点主要是谢英萍是否对涉案房屋的拆迁补偿款享有全部所有权问题。首先，关于本案案由，陈江玲以继承纠纷要求分割本案争议房屋拆迁补偿款，根据（1995）安法郊民字第354号生效民事判决书确定萍乡市凤凰池房屋不属于遗产继承范围，现陈江玲认为其对该房屋享有相应的份额，应为共有物分割纠纷。

其次，关于共有物房屋拆迁补偿款488053元的分割问题。涉案房屋属原产权单位工行萍乡分行的房改房，在谢德琪去世后，谢英萍和陈江玲作为其近亲属，依法均具有购买资格。已经发生法律效力的（1995）安法郊民字第354号民事判决认定：谢德琪生前以谢英萍名义交纳的购房款2167.8元，视为其生前已赠与谢英萍的财产；谢德琪去世后，陈江玲也于1993年4月5日交纳购房款1445.24元。上述事实系人民法院发生法律效力的裁判所确认的事实，当事人无须另行举证证明。谢英萍提供证据证明其分别于1998年2月25日和1999年6月29日向工行萍乡分行交纳购房款5058.33元和4616.36元，加上谢德琪生前以其名义交纳的购房款2167.8元，共计交纳全部购房款11842.49元。但是，谢英萍的交款行为并不能推翻生效判决确认的“陈江玲也于1993年4月5日交纳购房款1445.24元”的事实，况且，在该生效判决裁判的继承纠纷一案中，谢英萍作为案件当事人，其应当对该生效判决所认定的事实清楚、明知，但其之后于1998年和1999年两次交纳购房款时，并未扣减陈江玲已交纳的购房款，而是自行交纳购房款9677.69元（11845.49元－2167.8元），重复交纳1445.24元。同时，谢英萍在办理购买该房屋全部产权手续时，在未征得陈江玲同意的情况下，将陈江玲亦享有购买资格且已交纳了部分购房款的该房屋所有权购买手续全部办理在其个人名下，侵害了陈江玲享有的相关权益。据此，根据民事活动应当遵循自愿、公平，等价有偿、诚实信用原则，依法根据双方当事人的出资比例判决陈江玲获得房屋拆迁补偿款59560.97元（1445.24元÷11842.49元×488053元）。依照《中华人民共和国民法通则》第四条，《中华人民共和国物权法》第一百零三条、第一百零四条之规定，判决如下：

一、谢英萍支付陈江玲萍乡市安源区凤凰街凤凰池76－××号拆迁补偿款

59560.97 元。该款于本判决生效之日起七日内支付完毕。

二、驳回陈江玲的其他诉讼请求。

谢英萍对一审判决提起上诉。江西省萍乡市中级人民法院经审理后认为：第二审人民法院应当围绕上诉请求的有关事实和适用法律进行审查，陈江玲并未提出上诉，其答辩时提出对争议房屋的拆迁补偿款其享有 50% 份额、剩余 50% 份额依法进行分配的意见，依法不予审查。本案的争议焦点在于谢英萍是否对争议房屋的拆迁补偿款享有全部所有权的问题。首先，根据萍乡市安源区人民法院于 1995 年 3 月 17 日作出的（1995）安法郊民字第 354 号民事判决（已经发生法律效力），凤凰池房屋并不属于谢德琪的遗产范围。现该房屋已经拆迁，谢英萍与陈江玲均主张对房屋拆迁补偿款 488053 元的所有权，一审法院确定案由为共有物分割纠纷，法律关系定性准确。其次，关于共有物房屋拆迁补偿款 488053 元的分割问题。争议房屋属原产权单位工行萍乡分行的房改房，在谢德琪去世后，谢英萍和陈江玲作为其近亲属，依法均具有购买资格。已经发生法律效力的（1995）安法郊民字第 354 号民事判决认定：谢德琪生前以谢英萍名义缴纳的购房款 2167.80 元，视为其生前已赠与谢英萍的财产；谢德琪去世后，陈江玲也于 1993 年 4 月 5 日缴纳购房款 1445.24 元。上述事实系人民法院发生法律效力的裁判所确认的事实，当事人无须另行举证证明。谢英萍提供证据证明其分别于 1998 年 2 月 25 日和 1999 年 6 月 29 日向工行萍乡分行缴纳购房款 5058.33 元和 4616.36 元，加上谢德琪生前以其名义缴纳的购房款 2167.80 元，共计缴纳全部购房款 11842.49 元。但是，谢英萍的缴款行为并不能推翻生效判决所确认的“陈江玲也于 1993 年 4 月 5 日缴纳购房款 1445.24 元”的事实。况且，在该生效判决所裁判的继承纠纷一案中，谢英萍作为案件当事人，其应当对该生效判决所认定的事实清楚、明知，但其之后于 1998 年和 1999 年两次缴纳购房款时，并未扣减陈江玲已缴纳的购房款 1445.24 元，导致重复缴纳 1445.24 元。同时，谢英萍在办理购买该房屋全部产权手续时，在未征得陈江玲同意的情况下，将陈江玲亦享有购买资格且已缴纳了部分购房款的该房屋产权购买手续全部办理在其个人名下，侵害了陈江玲享有的相关权益。据此，一审法院根据民事活动应当遵循自愿、公平、等价有偿、诚实信用的原则，依法根据双方当事人的出资比例判决陈江玲获得房屋拆迁补偿款 59561.27 元（1445.24 元 ÷ 11842.49 元 × 488053 元）的份额，具有事实和法律依据，处理并无不当。谢英萍主张对争议房屋拆迁补偿款享有全部所有权，缺乏事实和法律依据，不予支持。

综上所述，谢英萍的上诉请求不能成立，应予驳回；一审判决认定事实清楚，适用法律正确，应予维持。依照《中华人民共和国民事诉讼法》第一百七十条第一款第（一）项之规定，判决如下：

驳回上诉，维持原判。

【法官后语】

房改房，是指城镇居民自行出资购买的根据国家房屋改革政策出售的房屋。在城镇住房体制改革之前，城镇居民的住房基本由国家提供并统一分配，实行以低租金为主要特征的福利性实物供给制。20世纪90年代初，国家推行城镇住房体制改革，向居民个人出售新旧公房是推行住房改革的基本措施。国务院1994年7月18日颁布的《国务院关于深化城镇住房制度改革的决定》规定："职工按成本价或标准价购买公有住房，每个家庭只能享受一次，购房的数量必须严格按照国家和各级人民政府规定的分配住房的控制标准执行，超过标准部分一律执行市场价。"以上政策说明房改房购买具有限定性和福利性，每个家庭可以享受一次购买公有住房的福利待遇，即只有单位职工根据工龄、职务等以家庭为购买单位，并享受一定的价格优惠。改革之初，是由购买人出资购买部分产权，单位保留部分产权。后，可以完善产权，由职工补交购房款，购买单位产权。实践中，购买房改房家庭的子女成家之后，经常因房屋产权的归属问题发生争议。对此类案件，一种意见认为不动产应该以登记为准，房屋所有权证登记在谁名下就归谁所有；另一种意见认为，根据房改房购买的限定性、福利性，应综合考虑家庭成员之间的出资比例，按份共有相应权利。笔者认为，对家庭内部成员而言，是否享有房屋相应权益，应该结合购房时的合议、出资情况综合认定。

本案中，谢德琪与谢英萍均是工行萍乡分行职工，且是家庭成员，涉案房屋的购买主体对外来说应以家庭成员为共同购买人。但谢德琪在生前交纳购房款时明确为对谢英萍的赠与，陈江玲亦未提出反对意见，根据民事活动的自愿原则，第一次交款行为应视为家庭成员之间协商后确定谢英萍为涉案房屋购买人。谢德琪去世后，陈江玲、谢英萍就遗产分割产生纠纷，当时其二人应交纳60%的购房款尚未付清，作为房屋实际所有权人的工行萍乡分行明确表示房屋的购买人为谢德琪的近亲属并通知陈江玲、谢英萍购买，在此前提下陈江玲第二次交纳购房款，谢英萍未提出异议。而其二人没有共同购房的合意，陈江玲交纳购房款只是作为家庭成员之一有购买的权利，因此认定陈江玲和谢英萍按份购买房屋才符合民事活动公平原则。但谢英萍在补交剩余房款后将所有的房产手续办理在自己名下，根据《中华人民共和国物权法》第十五条的规定：当事人之间订立有关设立、变更、转让和消灭不动产物权的合同，除法律另有规定或者合同另有约定外，自合同成立时生效；未办理物权登记的，不影响合同效力。谢英萍明知陈江玲享有涉案房屋购买资格且交纳了购房款，在未征得陈江玲同意的情况下，将该房屋所有购买手续全部办理在其个人名下，侵犯了陈江玲作为房屋共有人的权益。故应认定陈江玲、谢英萍共有涉案房屋，根据其交纳的购房款确定按份比例，并按份享有房屋增值部分的权利。

编写人：江西省萍乡市安源区人民法院　尹天兰

63

共有房屋出售后共有权人对房屋归并款不具有优先权

——孙辰诉孙为华等案外人执行异议案

【案件基本信息】

1. 调解书字号

江苏省无锡市中级人民法院（2016）苏02民终字第1568号民事调解书

2. 案由：案外人执行异议纠纷

3. 当事人

原告（上诉人）：孙辰

被告（被上诉人）：孙为华、程莺、李征宇

【基本案情】

李征宇与姜胜国、江绍芬、孙为华、程莺、宁国市宏大养殖有限责任公司（以下简称养殖公司）、宁国市宏大装饰工程有限公司（以下简称装饰公司）、上海匡辰机电设备有限公司（以下简称匡辰公司）、洪泽鑫森木业有限公司（以下简称鑫森公司）民间借贷纠纷一案（以下简称孙为华案），无锡市惠山区人民法院经审理后判决：姜胜国、孙为华、江绍芬向李征宇归还借款本金100万元及利息，养殖公司、装饰公司、匡辰公司、鑫森公司承担连带清偿责任。程莺对孙为华所负债务承担共同清偿责任。

2002年6月28日，孙辰、孙为华、程莺签订《房屋买卖合同》，三人均为产权人，未确定共有份额。2003年9月15日，三人办理了房屋产权登记手续。2012年9月，孙辰、程莺、孙为华欲出售房屋，与吴胜虎签订《房地产买卖居间协议》，总房款为335万元。合同签订之时，吴胜虎交付2万元定金。同年10月12日，孙辰、程莺、孙为华签订《出卖房屋网上备案专用合同》。次日，吴胜虎向程莺银行卡内转账购房款98万元。同年11月15日，吴胜虎向程莺银行卡内转账购房款30万元。同年12月28日，吴胜虎向程莺银行卡内转账购房款75万元。至此，吴胜虎已经支付房款205万元，尚余130万元。同年12月6日，孙为华案进行诉讼财产保全，无锡市惠山区人民法院将尚未办理过户手续的诉争房产查封。2014年7月25日，李征宇申请执行并立案。同年8月18日，无锡市惠山区人民法院执行局向吴胜虎发放停止支付通知书。同年11月11日，无锡市惠山区人民法院执行局续封房产。2015年1月19日，无锡市惠山区人民法院执行局向吴胜虎发放提取剩余房款通知书，现该130万元被扣押。

2015年3月3日，孙辰向无锡市惠山区人民法院提出执行异议，主张要求终止执行，将扣划款项中的111.67万元返还孙辰。原因为其为房屋共有权人，但房屋出卖后，其作为共有权人未获得任何房款，其应当有权获得总房款三分之一的款项，故要求返还。同年5月18日，无锡市惠山区人民法院作出执行异议裁定，认为法院对孙辰、孙为华、程莺共有房产的转让款可以采取扣押措施，三名共有权人对房产未有确定份额的协议且得到申请执行人的认可，也未通过诉讼的方式确定份额，故孙辰的申请不能成立。遂驳回孙辰的执行异议。

【案件焦点】

共有房屋出售以后，原共有权人是否享有优先于外部债权人受清偿的权利。

【法院裁判要旨】

江苏省无锡市惠山区人民法院经审理认为：根据房屋买卖合同及房产登记信息

中载明的情况，孙辰、孙为华、程莺确系诉争房屋合法共有权人，孙辰出资与否，均不影响其享有共有权人的权利。但孙辰现向法院主张的权利是一项债权请求权，是基于共有物处置后产生的债权，实际上是一项共有权人内部的债权，共有权人内部之间可以进行相互主张，因此无论孙辰有无收到前期房款，均系其与孙为华、程莺之间内部的债权债务关系，其对孙为华、程莺的债权并不优先于李征宇的债权。孙辰在程莺、孙为华单方处置共有物后，可另行向程莺、孙为华主张共有权利。此外，关于孙辰主张的房屋份额问题，由于孙辰、孙为华、程莺在购房登记时并未确认份额，后在诉讼中形成的内部约定也无法对抗李征宇这一外部债权人。退一步讲，即使该份额得到确认，遵照人民法院在处分共有物时，应当预留共有权人的份额这一原则，法院扣押的130万元款项并未超出总购房款335万元的2/3，实际上并未触及孙辰的共有权份额。据此，孙辰就执行标的不享有足以排除强制执行的民事权益。

无锡市惠山区人民法院依据《最高人民法院关于适用〈中华人民共和国民事诉讼法〉的解释》第三百一十二条第一款第（二）项，《中华人民共和国民事诉讼法》第一百四十四条之规定，判决如下：

驳回孙辰的诉讼请求。

孙辰不服一审判决，提起上诉。审理过程中，经江苏省无锡市中级人民法院主持调解，各方当事人自愿达成如下协议：

一、孙辰自愿放弃无锡市惠山区人民法院执行局扣划的130万元房款中三分之一的共有份额，对该份额不再主张任何权利，并同意上述扣划的130万元房款全部作为执行款项用于孙为华案（2014）惠执字第2290号执行一案。

二、李征宇对（2014）惠执字第2290号执行案件中未执行到位的款项（扣除上述130万元房款后的金额）放弃要求孙为华、程莺及其名下匡辰公司继续履行还款义务的权利。同时，李征宇于2016年7月28日前向无锡市惠山区人民法院申请解除对孙为华、程莺及其匡辰公司的所有保全措施并将孙为华、程莺及匡辰公司的相关信息从失信被执行人名单库中删除。

三、孙为华、程莺及匡辰公司放弃对无锡市惠山区人民法院（2012）惠商初字第0690号民间借贷案民事判决申请再审的权利。

四、上述一、二条执行完毕后，各方就上述民间借贷案件及执行案件再无纠葛。

【法官后语】

法律赋予共有权人的权利在物权范畴之内，但当共有物已经处置完毕，就如本案的情况，实际上物权已经发生转移。共有权人对该物权变动不持异议的情况下，共有权人的权利基础共有物已经灭失。当共有物处置完毕后，共有人共同对世的绝对权利转为共有人之间对归并款的分割请求权。

本案中，部分共有权人获得了归并款后，其他共有人向其催讨归并款是一项债权请求权，债权请求权除了法律明文规定的以外，均是平等的。获得归并款的共有人在有其他债权人的情形之下，利益受损的共有人地位与其他债权人是等同的。而在执行之中，应按照申请执行的顺位进行分配。

值得注意的是，在执行过程中，若法院拍卖、变卖共有房产，的确需要预留未被执行的共有权人的份额，该份额不得作为被执行人的财产进行处置。本案与该种情形是有区别的，共有财产并非由法院进行拍卖处置，而是在共有权人都同意的情形下进行的自由交易。因此，共有权人并未被迫将财产变现，其在处置财产中的地位与法院处置是有本质不同的。案外人执行异议之诉本身就存在事实难以审查的特点。本案中，孙辰、孙为华和程莺为家庭成员，孙为华和程莺系夫妻，孙辰系其女儿，女儿主张父母未将购房款向其进行分配。就这一事实，孙辰、孙为华和程莺的陈述必然一致，因执行异议之诉案件的对抗性并非在案件事实上，而在执行标的的权利上。申请人能够举证的范围有限，法院能够查实的事实也有限。但正因女儿的这一抗辩也令本案的审理峰回路转。本案还有一个特殊之处在于，共有房屋产权未明确份额，法院在处理共同共有的房产时，一般会召集共有权人听证或进行诉讼程序确定共有份额，了解这一点后，共有权人之间还通过诉讼调解的程序对份额进行了明确分配为各占三分之一，这使本案的审理更加明朗。执行异议之诉是案外人主张对执行标的的权利，足以排除强制执行。但本案中的执行标的是购房款，由法院执行暂扣的款项未及全部房款的三分之二，则未触及共有权人的利益，至于共有权人内部如何分割已收到的房款，是共有权人内部的约定，即使有共有权人因此利益受损，该共有权人也可通过诉讼途径向其他共有人追讨债权。

编写人：江苏省无锡市惠山区人民法院　吴珏

64

户口迁出村集体的是否可以参与村集体经济收益的分配

——刘琼仙诉开远市灵泉办事处西路村村民委员会东风村村民小组共有物分割案

【案件基本信息】

1. 裁判书字号

云南省红河哈尼族彝族自治州中级人民法院（2016）云25民终字第1799号民事判决书

2. 案由：共有物分割纠纷

3. 当事人

原告（上诉人）：刘琼仙

被告（被上诉人）：开远市灵泉办事处西路村村民委员会东风村村民小组（以下简称东风村村民小组）

【基本案情】

被告合作社系开远市灵泉街道办事处西路村委会下辖的村民小组。刘琼仙原系开远市灵泉东风农业生产合作社（现东风村民小组）社员，1993年5月1日办理了农转非，户口从东风村村民小组迁出，1998年12月1日迁至武庙街98号附1号（南正街社区）。2014年下半年，东风村村民小组将集体资产开远市西城贸易市场土地使用权和地上附着物整体出让。2015年，东风村村民小组通过召开村民会议等民主议定议程，讨论集体资产处置所得资金分配方案，其间，户口迁出东风村村民小组的居民向有关部门递交材料，要求参与资金分配。2015年8月24日，东风村村民小组召开村民大会，对以下人员是否纳入分配范围进行表决：1984年1月1日至2014年7月25日出生及新迁入人员、死亡的村民；2014年7月25日前，户口迁出东风村村民小组的人员；绝户（其本人在1984年1月1日至2014年7月25

日期间死亡，无直系亲属者）。经村民大会表决，对上述期间内死亡人员、户口迁出人员、绝户人员不纳入分配范围。2015年11月12日，东风村村民小组村民会议通过了“关于集体资产转让金第一次分配方案”，对原在册人员（指于1983年12月31日至2014年7月25日期间户口在东风村村民小组的人员）与新增在册人员（指于1984年1月1日至2014年7月25日期间出生及户口新迁入人员）按4：1的比例及在册年限进行分配。原在册人员的在册年限为32年，每年金额1200元，新增在册人员每年金额为300元。另查明，刘琼仙在户口迁出东风村村民小组后，未领取东风村村民小组逢年过节发放的福利待遇。

【案件焦点】

户口迁出村集体的是否可以参与村集体经济收益的分配。

【法院裁判要旨】

云南省开远市人民法院经审理认为：《最高人民法院关于审理涉及农村土地承包纠纷案件适用法律问题的解释》第二十四条规定：“农村集体经济组织或者村民委员会、村民小组，可以依照法律规定的民主议定程序，决定在本集体经济组织内部分配已经收到的土地补偿费。征地补偿安置方案确定时已经具有本集体经济组织成员资格的人，请求支付相应份额的，应予支持……”《中华人民共和国物权法》第六十三条第二款规定：“集体经济组织、村民委员会或者其负责人作出的决定侵害集体成员合法权益的，受侵害的集体成员可以请求人民法院予以撤销。”农村的承包地、自留地等农村土地的所有权属于村农民集体所有的，由村集体经济组织或者村民委员会经营、管理，不属于农民个人所有的财产。本案中，开远市西城贸易市场的土地所有权人是东风村村民小组的村民集体，不是某个具体的自然人，2014年7月25日，东风村村民小组将所属的开远市西城贸易市场的土地使用权及附着物整体出让，所得的出让款也属于东风村村民小组的村民集体所有。次年，东风村村民小组通过民主程序制定的集体资产转让资金分配方案属于村民自治的范畴，经东风村村民小组村民会议讨论决定，对2014年7月25日前户口迁出东风村村民小组的人员不纳入分配范围。刘琼仙在1993年5月1日已将户口由农业户口转为非农业户口，并迁出东风村村民小组。刘琼仙在户口迁出东风村村民小组后就已经不再具有东风村村民小组的集体经济组织成员资格，根据《最高人民法院关于审理涉及农村土地承包纠纷案件适用法律问题的解释》第二十四条的规定，刘琼仙不享有请求分配东风村村民小组集体资产出让款的资格。刘琼仙主张其是集体资产共有人，据此要求对共有物转让后的资产出让款进行分割的请求也无法律依据。综上所述，刘琼仙的诉讼请求无法律依据，不予支持。

云南省开远市人民法院根据《中华人民共和国村民委员会组织法》第二十四条、第三十六条第一款，《中华人民共和国物权法》第六十三条第二款，《中华人民共和国土地管理法》第十条，《中华人民共和国农村土地承包法》第二十六条第二款、第三款，《最高人民法院关于审理涉及农村土地承包纠纷案件适用法律问题的解释》第二十四条，《中华人民共和国民事诉讼法》第六十四条第一款之规定，作出如下判决：

驳回刘琼仙的诉讼请求。

刘琼仙持一审起诉意见提起上诉。云南省红河哈尼族彝族自治州中级人民法院经审理认为：共有纠纷是指对同一物共同享有所有权、用益物权或者担保物权，两个以上公民、法人或者其他组织之间因物之归属、共有份额、共有物管理、处分、分割等事项而产生的纠纷。《中华人民共和国物权法》第九十三条规定，不动产或者动产可以由两个以上单位、个人共有。共有包括按份共有和共同共有。本案中，刘琼仙虽主张其系开远市西城贸易市场的共有人，对该市场享有共同共有份额，要求分割该市场的出让款，但刘琼仙上诉人并未提供证据证实其与东风村村民小组对开远市西城贸易市场有共有的约定，也未提交证据证实其对该市场进行出资以及出资数额所占份额的凭证。现双方所争议的标的系开远市西城贸易市场的出让款。开远市西城贸易市场是东风村村民小组村集体所有的不动产，土地所有权人也是东风村村民小组集体，故该市场的土地使用权及附着物整体出让后所得的出让款应属于东风村村民小组集体所有，系集体资产。《中华人民共和国物权法》第五十九条规定，农民集体所有的不动产和动产，属于本集体成员集体所有。开远市西城贸易市场出让后，东风村村民小组于2015年8月24日经村民会议讨论决定，对2014年7月25日前户口迁出东风村村民小组的人员不纳入分配范围。2015年11月12日，东风村村民小组按照民主程序通过集体资产转让资金分配方案。刘琼仙于1993年5月1日将其户口由农业户口转为非农业户口，并迁出东风村村民小组村集体，现其以共有人身份主张要求分割开远市西城贸易市场的出让款，但其对其主张未提供充分、有效的证据予以证实，故一审判决驳回其诉讼请求并无不当。综上所述，一审判决认定事实清楚，适用法律正确，应予维持。刘琼仙的上诉请求及理由不能成立，不予支持。

云南省红河哈尼族彝族自治州中级人民法院依照《中华人民共和国物权法》第五十八条、第五十九条、第六十七条、第九十三条、第九十六条，《中华人民共和国民事诉讼法》第一百七十条第一款第（一）项，《最高人民法院关于适用〈中华人民共和国民事诉讼法〉的解释》第九十条之规定，作出如下判决：

驳回上诉，维持原判。

【法官后语】

共有分为共同共有和按份共有。共同共有一般是基于特定的共有关系成立的；而按份共有是根据双方的约定成立的。本案中，刘琼仙主张其系开远市西城贸易市场的共有人，对该市场享有共同共有份额，要求分割该市场的出让款。一二审判决均不支持其诉求，具体原因如下：

从双方是否构成共同共有的角度而言，根据《最高人民法院关于审理涉及农村土地承包纠纷案件适用法律问题的解释》第二十四条的规定，农村集体经济组织或者村民委员会、村民小组，可以依照法律规定的民主议定程序，决定在本集体经济组织内部分配已经收到的土地补偿费。征地补偿安置方案确定时已经具有本集体经济组织成员资格的人，请求支付相应份额的，应予以支持。据此，参与分配集体资产和权益的前提是具有集体成员资格，成员资格是享有成员权的基础。而成员资格的确定有以下两个依据：第一，户籍是否在该村集体经济组织；第二，是否在该集体生产、生活并取得常住人口登记。本案中，农村集体土地使用权及附着物整体出让后所得的出让款系集体资产，应属于集体组织全体成员所有。而刘琼仙户口已经迁出东风村村民小组，也不在该村小组生产、生活。故刘琼仙和东风村村民小组之间不存在村集体和村成员的关系，故其无权以东风村村民小组成员和身份要求分割开远市西城贸易市场的出让款。

从按份共有的角度看，刘琼仙并未提供证据证实其与东风村村民小组对开远市西城贸易市场有共有的约定，也未提交证据证实其对该市场进行出资以及出资数额所占份额的凭证。故双方之间也不存在按份共有关系。故对于刘琼仙要求分割开远市西城贸易市场出让款的诉讼请求不予支持。

编写人：云南省红河哈尼族彝族自治州中级人民法院　许东雨

65

抚恤金的性质界定及分割原则

——张琴等诉刘秀元、张肖平共有案

【案件基本信息】

1. 裁判书字号

新疆生产建设兵团第八师中级人民法院（2016）兵08民终字第699号民事判决书

2. 案由：共有纠纷

3. 当事人

原告（上诉人）：张琴、张菊花、张桂花

被告（被上诉人）：张肖平、刘秀元

【基本案情】

张海元于1919年7月15日出生，于2015年3月7日病逝，张海元生前与妻子刘秀元共生育四子女，长女张琴、长子张肖平、次女张菊花、小女张桂花。2006年起，张海元和刘秀元就跟随张肖平共同居住生活。刘秀元于2004年3月17日被检查出患脑血管瘤，2008年病情恶化同时患癫痫病等十余种疾病，至2014年1月28日起因偏瘫导致生活不能自理，日常起居均需人护理。张海元去世前系第八师一二一团炮台子女学校职工，其去世后第八师一二一团劳动和社会保障科按照文件规定发放张海元的抚恤金125544元，包括丧葬费7634元、四十个月工资64000元、居民可支配收入53190元，上述费用已由张肖平在刘秀元的授权下全部领取，现张琴、张菊花、张桂花诉至法院，要求将张海元的抚恤金平均分给张海元全部直系亲属。另查明：张海元去世后，张肖平为张海元操办殡葬事宜，花费如下费用：1.

殡葬服务费：8471元；2. 购买寿衣等丧葬用品费用：1860元；3. 火化租车录像费：1100元；上述费用共计11431元。

【案件焦点】

张海元的抚恤金应如何分割。

【法院裁判要旨】

新疆生产建设兵团下野地垦区人民法院经审理认为：抚恤金是指国家机关、企事业单位、集体经济组织对死者家属或伤残职工发放的费用，工人、职员因公死亡或病故的，按其供养的直系亲属人数，每月付给供养直系亲属的抚恤费，至受供养人失去受供养的条件为止。抚恤金不同于遗产，抚恤金是死者生前所在单位按照国家有关规定在死者死亡后给予家属的一定金钱，故其发放的对象和性质是特定的，其发放对象是死者家属，通常是指与死者生前同吃同住而彼此实际扶养的亲属，是国家对死者家属给予的精神抚慰和经济补偿。在具体分割时，应当根据家庭的实际情况及死者生前对其负扶养义务的人的情况综合考虑和妥善分割。我国现行民事法律对抚恤金分割没有明确规定，但在《军人抚恤优待条例》第十五条对抚恤金分割作了规定，民政部、优抚安置局、国务院法制办公室政法劳动社会保障法制司编写的《军人抚恤优待条例释义》第十四条解释为：同一顺序中的亲属领取一次性抚恤金的数额应予均等。经协商，也可不均等。对生活有特殊困难的缺乏劳动能力的亲属，分配一次性抚恤金时，应当予以照顾。对烈士尽了主要扶养义务或者与烈士共同生活的亲属，分配一次性抚恤金时，可以多分。有扶养能力和扶养条件的亲属不尽扶养义务的，分配一次性抚恤金时应当不分或者少分。这里就抚恤金分割应当充分考虑共同生活和扶养义务等因素作了规定，虽然《军人抚恤优待条例》仅适用于军人，但是在相关政策法规未出台前，人民法院可以参照其原则来判断其他类型抚恤金的发放对象。本案中，刘秀元系张海元之妻，与张海元生前共同生活，符合职工供养亲属范围之内的人，其已年满81周岁并且完全丧失劳动能力、生活完全不能自理，张海元生前对其负主要扶养义务，故张海元的抚恤金应当由刘秀元依法享有。抚恤金的具体数额，因张肖平为张海元去世后办理殡葬事宜支出11431元，应当从抚恤金中予以扣减，故应当由刘秀元享有的抚恤金数额为114113元。张肖平受刘秀元委托领取该笔抚恤金，并用于刘秀元日常生活照顾，符合道德和法律规定，故张琴、张菊花、张桂花申请分割张海元抚恤金的诉讼请求，依法不能成立。

新疆生产建设兵团下野地垦区人民法院依照劳动和社会保障部《因工死亡职工供养亲属的范围规定》第三条第一、二款，《军人抚恤优待条例》第十四条之规定，作出判决如下：

驳回张琴、张菊花、张桂花的诉讼请求。

张琴、张菊花、张桂花不服一审判决，提起上诉。新疆生产建设兵团第八师中级人民法院经审理认为：一次性死亡抚恤金系死者生前所在单位给予死者近亲属和被扶养人的生活补助费和精神抚慰金，具有优抚、救济死者家属的双重属性。张琴、张菊花、张桂花和刘秀元、张肖平作为张海元的近亲属，均享有分配的权利。通常情况下抚恤金应平均分配，但如果不视具体情况一律均分，则有失公平，更不能充分体现中华民族敬老爱幼的传统美德。因此，抚恤金不一定等额分配，应视具体情况，考虑与死者的亲疏远近、共同生活的紧密程度、生活困难程度等因素，并参照相关法律规定予以分配。首先，刘秀元已有 81 岁高龄，现身患脑血管瘤、癫痫症等十余种疾病。2014 年起，因偏瘫导致生活完全不能自理，日常生活需要他人护理，自张海元去世后，刘秀元生活困难，需要更多经济扶持；其次，刘秀元作为死者张海元的配偶，双方共同生活多年，这种常年积累的相互依赖、扶持的感情，是其子女所难以比拟的。父母者人之本也。父母对子女有生身之恩、养育之情，当父母年迈，子女应对父母怀感恩之心、尽赡养之义。张琴、张菊花、张桂花作为未与张海元、刘秀元共同生活的成年子女，在其母亲生活困难的情况下，应当考虑如何履行对老年人经济上供养、生活上照料和精神慰藉的义务，使其母亲能安度晚年。因此，考虑到刘秀元的年龄、身体状况、其医疗费用等的开支要远高于其他共有人的因素，本案将死亡抚恤金全部分配给刘秀元对其在生活上更能体现优抚、救济的目的，况且于法不悖、于情合理。一审考虑到抚恤金的性质，结合本案的具体情况，将抚恤金全部分配给刘秀元并无不当。

至于张琴、张菊花、张桂花主张一审法院适用法律错误的问题。我国现行法律法规及司法解释对抚恤金分割未明确进行规定，一审判决适用法律并无不当，但其未适用《中华人民共和国民法通则》第七十八条以及参照《中华人民共和国继承法》第十三条不当，应予纠正。

新疆生产建设兵团第八师中级人民法院依照《中华人民共和国民法通则》第

七十八条，《中华人民共和国继承法》第十三条，《中华人民共和国民事诉讼法》第一百七十条第一款第（一）项之规定，作出如下判决：

驳回上诉，维持原判。

【法官后语】

关于死亡抚恤金的分配，我国现行法律并未作出具体规定，实践中处理抚恤金分配案件应注意准确把握抚恤金的性质和分配原则。

实践中，一般会参照法定继承的遗产分配原则分配死亡抚恤金，但死亡抚恤金不同于遗产。死亡抚恤金是死者所在单位给予死者近亲属和被扶养人（以下统称近亲属）的生活补助费，具有物质帮助和精神抚慰的性质。死亡抚恤金发生于死者死亡后，不是给予死者的，也不是死者生前的财产，故不属于遗产。遗产是公民死亡时遗留的个人合法财产，系死者生前所有或可得确定的财产。

由于死亡抚恤金的功能在于对死者近亲属提供物质帮助与精神抚慰，用以抚慰、救济死者近亲属，特别是其中依靠死者生活的未成年和丧失劳动能力的近亲属，故在在死亡抚恤金的分配中，应综合考虑死者近亲属的身体状况及自主生活能力、年龄、生活来源、精神和物质上对死者依赖程度、与死者感情的亲疏程度及相互照顾情况等因素，确定死亡抚恤金的分配份额，充分发挥死亡抚恤金物质与精神双重补偿的功能和价值。比如，近亲属的物质条件决定了死者的离去对该亲属物质方面造成的影响程度，对物质条件差、生活来源少甚至没有生活来源的近亲属应当多分；感情亲疏程度决定着死者的离去对近亲属精神方面造成的影响程度，与死者生前关系越紧密，死者的逝去会使其更为痛苦，对其应当适当多分；等等。总之，分配死亡抚恤金应本着保护弱势群体利益的原则，对缺乏劳动能力、生活有特殊困难、对死者依赖程度高的近亲属，应当予以照顾。本案中，法院在正确认定抚恤金性质的基础上，结合刘秀元与死者张海元多年的夫妻感情，综合考虑刘秀元高龄、身患多种疾病、缺乏自主生活能力、医疗费用等开支远高于其他近亲属，而张琴、张菊花和张桂花均有稳定的收入来源、在死者生前也未与死者共同生活等情况，将涉案死亡抚恤金全部分配给刘秀元，发挥了抚恤金救济、抚慰的功能，也有利于发扬中华民族敬老爱幼的传统美德。

编写人：新疆生产建设兵团下野地垦区人民法院　孟小艳

66

出资情况能否改变房屋的产权归属

——王某某诉赵某、赵某某第三人撤销之诉（合同）案

【案件基本信息】

1. 裁判书字号

北京市第二中级人民法院（2016）京02民终字第6473号民事判决书

2. 案由：第三人撤销之诉（合同纠纷）

3. 当事人

原告（被上诉人）：王某某

被告（上诉人）：赵某、赵某某

【基本案情】

王某某与赵某系夫妻关系，二人于1997年4月18日登记结婚。赵某某系赵某之父。北京市宣武区（现为西城区，下同）龙泉胡同×号楼及平房×－5－14号房屋（以下简称诉争房屋）原系由赵某某所属单位北京彼安得希广播通讯系统有限公司分配给其使用。1999年8月6日，赵某某与赵某签订赡养协议书，约定赵某负责赡养赵某某，赵某某将诉争房屋过户到赵某名下，房屋由赵某某出资购买，如赵某不履行赡养义务，房屋由赵某某收回。后经赵某某申请，赵某获得诉争房屋准住证。2000年12月，赵某（乙方）购买了诉争房屋，并预付购房款35000元。北京市国土资源局西城分局出具的单位出售公有住房房价计算表载明，2007年3月7日，其对诉争房屋进行了评估，售房单位为北京市宣武区教育委员会，购房人为赵某，经折合男、女双方的工龄，实际房价为29504.18元，公共维修基金为1332.24元。2007年6月4日，赵某取得诉争房屋的所有权证。2011年，赵某向法院提起离婚诉讼，被法院驳回。2012年，赵某某向法院提起赠与合同纠纷之诉，法院没有追加王某某参加该诉讼，以（2012）西民初字第20425号民事判决书判令赵某名下

的本案诉争房屋归赵某某所有。该判决已生效。2012年12月25日，诉争房屋转移登记至赵某某名下。

对于诉争房屋的购房款的来源，双方均未提供证据证明。

为证明时效，王某某提交了北京市西城区房屋管理局2015年2月26日出具的查询结果，该结果载明诉争房屋于2012年12月25日因法院判决由赵某转移登记至赵某某名下。赵某、赵某某对于时效问题不予认可，抗辩其此前多次通知王某某腾退诉争房屋，但未提供证据证明。

【案件焦点】

1. 诉争房屋是否属于赵某与王某某的夫妻共同财产；2. 王某某提起本案第三人撤销之诉是否适格以及是否受自知道或者应当知道其民事权益受到损害之日起六个月内的时间限制。

【法院裁判要旨】

北京市西城区人民法院经审理认为：诉争房屋系王某某与赵某夫妻关系存续期间购得，登记在赵某的名下，且房价折算表中也折算了王某某与赵某的工龄，应属于夫妻共同财产。王某某和赵某、赵某某均未提供充分证据证明诉争房屋购房款由谁支付，购房款由谁支付并不能改变诉争房屋的所有权性质。赵某与赵某某签订赡养协议时，赵某某仅享有诉争房屋的使用权而非所有权，其对于房屋所有权的处分属于无权处分。王某某未参加赵某某向法院提起的赠与合同纠纷之诉，源于其未得到相关诉讼的通知，赵某、赵某某也未提供证据证明曾向王某某告知诉争房屋所有权变动的事实，王某某得知诉争房屋查询结果的时间为2015年2月26日，向法院提交诉状的时间为同年3月19日，未超过法定的六个月的时效，王某某请求撤销（2012）西民初字第20425号民事判决书的诉讼请求，有事实及法律依据，予以支持。

北京市西城区人民法院依据《中华人民共和国物权法》第四条，《中华人民共和国婚姻法》第十七条，《中华人民共和国民事诉讼法》第五十六条第三款，《最高人民法院关于适用〈中华人民共和国民事诉讼法〉的解释》第二百九十五条、第二百九十六条、第三百条，《最高人民法院关于民事诉讼证据的若干规定》第二条之规定，判决如下：

一、撤销北京市西城区人民法院（2012）西民初字第20425号民事判决；

二、诉争房屋归王某某与赵某共同共有；

三、驳回王某某的其他诉讼请求。

赵某、赵某某提起上诉。北京市第二中级人民法院经审理认为：诉争房屋原系北京彼安得希广播通讯系统有限公司分配给赵某某承租的，后变更为赵某承租。此后，赵某作为购买方，取得了诉争房屋所有权。赵某购买承租公房的行为是依据当时的房改政策，即售房对象针对的是城镇职工家庭，确定房价时也是折合了赵某、王某某夫妻二人的工龄。该房屋在法律上属于其二人的夫妻共同财产。购房款的支付双方均未提供证据证明，但在属于依据政策购买承租公房、折合赵某、王某某夫妻二人工龄的情况下，购房款支付情况并不影响诉争房屋产权归属的认定。赵某某仅是曾作为诉争房屋的承租人，无权对房屋的所有权进行处分，其出让了公有住房的承租权后，该住房与赵某某无关，承租关系存在于公有住房产权单位与新的承租人即赵某之间。王某某未参加此前赵某某与赵某之间的赠与合同纠纷之诉，系由于其不知道诉讼而未参加，王某某对此无明显过错，赠与合同纠纷之诉的审理结果与王某某的民事权益相关，王某某提起第三人撤销之诉，其主体是适格的。至于其提起本诉的六个月期限的问题，赵某无法证明其向王某某明确告知过判决结果或给过王某某赠与纠纷的判决书，故其要求王某某搬离的行为不能证明王某某知道自己关于诉争房屋的民事权益受到了侵害。现有证据表明王某某明确知晓诉争房屋产权状态变更的时间为2015年2月，其于同年3月提起第三人撤销之诉并未超出六个月的期限。

北京市第二中级人民法院依照《中华人民共和国民事诉讼法》第一百七十条第一款第（一）项之规定，判决如下：

驳回上诉，维持原判。

【法官后语】

本案的案由虽为第三人撤销之诉，但涉及的争议焦点之一为所有权的确认问题。所有权的确认是行使物权各项权利的基础，我国对不动产物权的确认采取登记为主，其他规定（法定物权）为辅的制度。通常情况下，不动产登记簿上登记的权利人即为真实权利人。但特殊情况下也会出现不一致的情形，如不动产登记簿记载错误、借名买房、参与出资等。另外，现阶段我国存在着大量公房、房改房等福利性分房转化成商品房的情况，其中购房款的出资可能涉及多人，而购买的房屋可能只登记在部分出资者的名下，这种情况也易引发所有权确认方面的纠纷。特别是在房价大幅度上涨的今天，因出资引发的所有权确认纠纷之诉更是在物权确认之诉中占据了重要的部分。依据现行法律、法规，出资能否影响甚至改变房屋所有权的认定，应区分不同的情况：

1. 在借名购买普通商品房的情况下，如果双方签订了借名买房协议，借名人能够证明其出资情况，则该类型的出资会影响或者改变房屋所有权的归属。

2. 在借名购买普通商品房的情况下，如果双方并未签订借名买房协议，被借名人也不予认可的情况下，借名人的出资行为不会影响房屋所有权的归属，借名人的出资行为一般应被认定为债权行为。

3. 在购买公房、房改房等福利性房屋的情况下，由于该类房屋针对特定的销售对象、购房价格中包含了特定人群的工龄等因素的优惠价格，该价格与商品房市场价格存在差距，体现了福利性质，故非销售对象的出资行为不能影响房屋所有权的归属，除非出资方与销售对象之间对于房屋所有权另有约定。例外的情形是一方婚前承租，婚后用共同财产购买的房屋，房屋权属证书登记在一方名下的，应当认定为夫妻共同财产。

编写人：北京市西城区人民法院　李彦周

三、用益物权纠纷

67

宅基地使用权在未分家析产的情况下应认定为家庭共同财产

——袁顺福诉袁连福宅基地使用权案

【案件基本信息】

1. 裁判书字号

广东省中山市中级人民法院（2016）粤20民终字第3329号民事判决书

2. 案由：宅基地使用权纠纷

3. 当事人

原告（上诉人）：袁顺福

被告（被上诉人）：袁连福

【基本案情】

袁顺福和袁连福系兄弟关系，均为中山市古镇镇海洲村（以下简称海洲村）村民，其父亲袁周仔（2003年10月1日去世），母亲李笑媚。袁周他、李笑媚生育六个子女，即长子袁顺洪，长女袁顺英，次子袁顺福，三子袁连福，次女袁连娟，四子袁连发。上述兄弟姐妹除袁连娟未成家外，其他5人均已成家。袁周仔户名下有四块宅基地，其中两块登记袁周仔名下，一块登记在袁顺洪名下，另一块登记在袁顺福名下。登记在袁周仔名下位于中山市古镇镇教昌河兴一街26号的宅基地现一块由袁顺福居住，另一块为空地。诉争宅基地位于中山市古镇镇教昌松树新村32号（土地使用权人：袁顺福，土地位于广东省中山市古镇镇教昌松树新村26号，图号10050497号)，经法院向海洲村民委员会（以下简称村委会）了解，海洲村原“教昌松树新村26号”地址，现更新地址为“教昌松树新村32号”，至于该宅基地如何处理，村委会认为属家庭内部事项。

袁顺福称其在1981年到1990年服兵役期间取得中山市人民政府分配的诉争宅基地，并自建房与袁连福一起居住。1991年袁顺福结婚后便搬离了上述住处。袁顺福自分配取得诉争宅基地及建房后，一直没有收到土地主管部门发放土地使用权证的消息，2014年到村委会办理事务过程中才了解到袁连福于1995年以其名义（冒用袁顺福签名）到村委会领取了诉争宅基地的土地使用权证，但袁顺福自始至终没有向袁连福作出房产的授权使用等承诺。现袁顺福以其是该土地使用权人为由诉至法院，主张袁连福返还袁顺福拥有的诉争宅基地。

袁连福称其父亲在世时没有分家，是一个大家庭共同生活，包括建屋也是父母亲一手经办的，儿子结婚时父母按本地的风俗习惯认可谁在该屋结婚就归谁居住。父母留下的四块屋地，其兄弟四人一人一块，如果袁顺福再争取教昌松树新村32号房屋的话，就是一人独占两块宅基地，另外三兄弟只有两块宅基地，这样是不合理、不公平的。诉争宅基地是当时父亲以军人家属名义向村委会申请的，并非政府分配给袁顺福。诉争宅基地虽然登记在袁顺福名下，但该宅基地属于家庭财产，属于村委会登记错误。如果袁顺福继续争取诉争宅基地，袁连福主张将其家庭所有宅基地重新分配。

庭审中，双方确认对于家庭共同财产均未作分割处理。

【案件焦点】

诉争宅基地及其上房屋是否属于大家庭共同财产。

【法院裁判要旨】

广东省中山市第二人民法院经审理认为：本案为宅基地使用权纠纷。诉争宅基地登记在袁顺福名下，但该宅基地属其父亲袁周仔名下的宅基地分配份额，况且袁顺福现居住地中山市古镇镇教昌河兴一街26号也是以其父袁周仔名义登记的宅基地，该土地一直由袁顺福使用。根据《中华人民共和国土地管理法》第六十二条规定，农村村民一户只能拥有一处宅基地，其宅基地的面积不得超过省、自治区、直辖市规定的标准。另，袁顺福认为诉争宅基地是其在服兵役期间由中山市人民政府分配的宅基地份额，但其对此并没有提供相应依据予以证明，据法院向村委会了解，村委会也没有作出明确答复。此外，袁连福不确认其说法，并提出诉争宅基地属家庭共同财产，且其在该地居住达三十多年之久，袁顺福也一直未曾主张权利。结合本案实际情况，现袁连福已经长期使用了该宅基地，且袁顺福也认同其所使用土地属其父亲袁周仔名下的宅基地，对于家庭财产至今未曾分割处理也不持异议。故，袁顺福主张上述请求缺乏依据，不予支持。袁连福的辩解符合本案实际情况和法律规定，予以采信。

广东省中山市第二人民法院依照《中华人民共和国土地管理法》第六十二条，《中华人民共和国民事诉讼法》第六十四条，《最高人民法院关于民事诉讼证据的若干规定》第二条的规定，判决如下：

驳回袁顺福的全部诉讼请求。

袁顺福持原审起诉意见提起上诉。广东省中山市中级人民法院经审理认为：诉争宅基地虽然登记于袁顺福名下，但结合该宅基地的分配及建房均发生于其所属大家庭共同生活期间，该房屋由其大家庭成员共同兴建，且袁顺福自1991年至今一直居住在登记于袁周仔名下的另一宅基地及房屋内，而袁连福亦一直居住在诉争宅基地及房屋至今，且袁顺福、袁连福及其他兄弟姐妹亦一直没有对此提出异议，另村委会亦认为袁顺福与袁连福关于诉争争议宅基地的处理属于家庭内部事项，村委会负责本村宅基地的分配事宜，其也没有明确表明诉争宅基地是分配给袁顺福的，诉争宅基地及其上房屋属于袁顺福、袁连福所属大家庭共同财产。因其大家庭至今没有进行分家析产，故袁顺福要求袁连福返还诉争宅基地，理据不足，一审对其该诉请不予支持，并无不妥，予以维持。

广东省中山市中级人民法院依照《中华人民共和国民事诉讼法》第一百七十条第一款第（一）项的规定，判决如下：

驳回上诉，维持原判。

【法官后语】

本案处理重点主要在于对讼争宅基地使用权是家庭共同财产还是家庭成员个人财产的判断。具体分析如下：

1. 如何区分家庭共同财产与个人财产。家庭共同财产是指在家庭中，全部或部分家庭成员共同所有的财产，即家庭成员在家庭共同生活关系存续期间共同创造、共同所得的财产。家庭成员的个人财产是家庭成员中的某个人基于一定的法律事实由其个人依法取得的财产。对家庭共同财产与个人财产的区分以及家庭共同财产的判定，一般可以考虑以下三个因素：（1）家庭成员是否存在共同生活关系；（2）家庭共同财产关系是否基于一定的法律事实形成，如婚姻关系的存续或共同劳动、共同经营、共同接受赠与等；（3）家庭成员之间是否有家庭共同财产的约定，如约定共同共有或按份共有等。如父母、子女、兄弟姐妹等家庭成员共同生活、共同劳动，用劳动所得建造的房屋，添置的生活、生产资料或共同出资购买的房屋等，应认定为家庭共同财产。

2. 诉争宅基地使用权应认定为家庭共同财产，并非个人财产。在袁顺福、袁连福大家庭共同生活期间，其父袁周仔以户主名义为家庭成员申请了农村宅基地后依法领取了集体土地建设用地使用权证，其家庭成员共同在该宅基地上建房并共同居住使用。尽管其中的诉争宅基地使用权登记在袁顺福名下，但因我国农村宅基地实行一户一宅制度，且袁周仔取得的宅基地面积是根据本省标准并按照其户内人口确定的，因此，该宅基地使用权及地上房屋所有权系袁周仔户内家庭成员共同共有的财产，在未进行分家析产的情况下，不能认定诉争宅基地属于袁顺福个人财产。

3. 不动产登记簿的记载与真实权利状态不符的，应根据不动产的真实权属认定权利人。《最高人民法院关于适用〈中华人民共和国物权法〉若干问题的解释（一）》第二条规定："当事人有证据证明不动产登记簿的记载与真实权利状态不符、其为该不动产物权的真实权利人，请求确认其享有物权的，应予支持。"在物权公示制度下，不动产权属证书是权利人享有该不动产物权的证明。但由于宅基地使用权分配或者说宅基地使用权的取得具有特殊性，即一户一宅、根据户内人口确定面积等，而宅基地使用权属证书记载的权利人往往只是户主或宅基地申请人，导致登记权利人与实际权利人即全体家庭成员不一致，此时，应依据上述司法解释的规定，认定宅基地使用权为家庭共同财产。本案中，诉争宅基地使用权登记在袁顺福名下，但该宅基地使用权的分配及地上房屋的建设均发生于袁顺福、袁连福在其大家庭共同生活期间，且袁连福在该宅基地及房屋居住至今长达30年，袁顺福则使用了其家庭名下的另一宅基地，而其大家庭至今并未分家析产。故依据宅基地的分配原则及家庭共同财产的认定原则以及上述司法解释的规定，应认定诉争宅基地为家庭共同财产，对袁顺福基于物权公示制度要求物权返还的主张予以驳回。

编写人：广东省中山市第二人民法院　黄贤珠

68

出嫁女依法享有家庭承包、征地补偿款等利益

——董秀琼诉董土生承包地征收补偿费用分配案

【案件基本信息】

1. 裁判书字号

广西壮族自治区柳州市中级人民法院（2016）桂02民终字第2792号民事判决书

2. 案由：承包地征收补偿费用分配纠纷

3. 当事人

原告（上诉人）：董秀琼

被告（被上诉人）：董土生

【基本案情】

董秀琼的父亲董玉坤共育有五个子女：董秀花、董振生、董振忠（董土生父亲）、董秀珍（已去世）、董秀琼。1977年，董秀花出嫁到广西壮族自治区融水苗族自治县融水镇（以下简称融水镇）并将户口迁出。1985年董玉坤去世后，其子女为分家，将原以董玉坤为户主承包的土地分为两份：董振生和董秀珍一份、董振忠和董秀琼一份。后董振生家庭户与董振忠家庭户各自成为独立的承包经营户，董秀珍将户口并入以董振生为户主的户口簿上，董秀琼将户口并入以董振忠为户主的户口簿上。1992年，董秀琼结婚，2008年协议离婚。其间董秀琼户口并未迁出，在结婚地也并未分配有土地。2014年董振忠去世后，原以董振忠为户主的家庭户变更为以董土生为户主的家庭户对承包地继续进行承包。2014年，为建设广西落久水利枢纽工程，以董土生为户主承包的家庭责任地有10.421亩被国家征收，共

获得土地补偿、安置补助费375156元和青苗及附着物类补偿46252元，合计421408元。以董土生为户主的家庭户中现共有五名家庭成员即董土生及其母亲蒙革英、女儿董夏萱、儿子董苏瑾和董秀琼。另查明，涉案林地没有林地承包经营权证，融水镇新安村村民委员会认可涉案林地承包户为董土生家庭户并配合其办理征地补偿款领取事宜。董秀琼承认自己1992年出嫁以后没有种过杉树，但主张自己从2003年到2015年经常去护理杉木。

【案件焦点】

1. 董士生领取的征地补偿款是否包含董秀琼的份额，具体份额为多少；2. 董秀琼要求董士生支付土地补偿款是否有事实和法律依据。

【法院裁判要旨】

广西壮族自治区融水苗族自治县人民法院经审理认为：《中华人民共和国农村土地承包法》第十五条、第十六条规定，家庭承包的承包方是本集体经济组织的农户。承包方享有承包地被依法征用、占用的依法获得相应补偿的权利。农户作为土地承包经营权的权利主体，是家庭成员的聚合体，户内成员应包括其后新增的户内成员。本案中，董秀琼作为以董土生为户主的家庭户中的一员，其户籍未迁出，也未在结婚地分配有土地，其有权参与涉案征地补偿款的分配。董土生户作为涉案土地的承包方，因土地被征所得的土地补偿费、安置补助费应属于家庭户成员共同所有。董秀琼的份额应按照家庭承包户内现有人口五人的比例分配，即享有五分之一的份额。关于青苗及附着物类补偿费用，根据《最高人民法院关于审理涉及农村土地承包纠纷案件适用法律问题的解释》第二十二条第二款规定，青苗补偿费归实际投入人所有，地上附着物补偿费归附着物所有人所有。《最高人民法院关于民事诉讼证据的若干规定》第二条规定，当事人对自己提出的诉讼请求所依据的事实或者反驳对方诉讼请求所依据的事实有责任提供证据加以证明。没有证据或者证据不足以证明当事人的事实主张的由负有举证责任的当事人承担不利后果。董秀琼在1992年结婚后没有在涉案承包地种植过杉树，且没有证据证明自己护理过该承包地上的杉树，故对于董秀琼请求判令青苗及附着物类补偿费用的主张，法院不予支持。

广西壮族自治区融水苗族自治县人民法院依照《中华人民共和国农村土地承包法》第十五条、第十六条，《最高人民法院关于审理涉及农村土地承包纠纷案件适用法律问题的解释》第二十二条第二款，《最高人民法院关于民事诉讼证据的若干规定》第二条的规定，判决如下：

一、董土生于本判决生效后十五日内支付给董秀琼承包地补偿费75031.2元；

二、驳回董秀琼的其他诉讼请求。

董秀琼不服一审判决，提起上诉。广西壮族自治区柳州市中级人民法院经审理认为：董土生户作为被征收土地的承包方，因承包地被征收所获得的土地补偿费、安置补助费、青苗补偿费应属于家庭户成员共同所有。董秀琼作为该家庭户成员之一，其有权参与因土地被征收所获相关费用的分配并获得相应的份额。根据我国农村土地实行以户为单位的家庭联产承包方式承包经营，承包期内实行“增人不增地，减人不减地”的原则，当承包土地被征收时，被征收土地相关补偿费用是以承包户为单位进行发放，董土生户内家庭成员为五人，该五人作为共同承包人口，均享有土地承包经营权，那么对于土地补偿费、安置补助费，家庭成员之间有权就已取得的被征收土地的相关补偿费用进行内部划分，现董土生家庭成员为五人，董秀琼所享有的份额应当为五分之一，而不是二分之一。董秀琼认为其应该获得土地补偿费、安置补助费一半的份额，无事实和法律依据，不予支持。关于青苗及附着物类补偿费用的问题，董秀琼自认在1992年出嫁后没有在涉案承包地种植过杉树，且亦无证据证明其护理过该承包地上的杉树，因此对于其要求分配青苗及附着物类补偿费用的请求不予支持。

广西壮族自治区柳州市中级人民法院依照《中华人民共和国民事诉讼法》第一百七十条第一款第（一）项之规定，判决如下：

驳回上诉，维持原判。

【法官后语】

本案涉及的是家庭内部如何分配征地补偿款的问题。首先，对于家庭土地承包经营权，家庭成员之间是共同共有的关系。我国农村土地承包实行的是家庭联产承包责任制，也就是俗称的“分田到户”而不是“分田到人”，因此，作为家庭成员之集合的农户是承包经营权的唯一主体，在承包期内，家庭承包地被征收、征用，所得的各项补偿款项均属家庭成员共同共有，平均分配。

其次，关于家庭成员的确定问题。家庭是由具有婚姻血亲、姻亲或者拟制血亲关系的成员组成的集合，随着社会的发展和家庭结构的变化，在实践中存在兄弟姐妹之间不分家、分产不分家、分家分产等多种复杂的家庭内部关系，家庭成员的确定问题没有明确的法律依据。人民法院在审判实践中，多结合承包经营权证、承包合同书或者家庭实际情况，如一家一户还是几户一家还是几家一户的情形来综合分析，具体情况具体认定。《中华人民共和国农村土地承包法》第十五条规定，家庭承包的承包方是本集体经济组织的农户，“农户”的认定最直接的可以依据承包经营权证或承包合同书上载明的主体，若没有承包经营权证或承包合同书，经村集体认可承包事实，结合历史因素和实际情况，实践中多通过户口簿来认定，即以户口簿记载的户主为家庭承包户的现象，而家庭成员也就以户口簿记载的现有人口来确定，但有证据证明在本集体组织未分得承包地、不享有本集体组织成员权利、不履行本集体组织成员义务的除外。最后，结合到本案，由于董土生承包户没有承包经营权证或承包合同书，那么结合历史情况，董秀琼去世，属于董玉坤为户主的家庭成员。董玉坤去世后，其五个子女分别独立分为三户并分家分产，其中董秀琼将户口并入以董振忠为户主的户口簿上。这时，董振忠家庭户已经成为独立的承包经营户。因此，本案的家庭成员情况应以承包经营户的户口簿现时人口登记为准，董秀琼作为该户的五名家族成员之一，应当享有五分之一征地补偿款份额。

编写人：广西壮族自治区柳州市融水苗族自治县人民法院　刘彦灵

四、担保物权纠纷

69

抵押权的善意取得与行使期间

——厦门中贸进出口有限公司诉陈洋、洪小谨抵押权案

【案件基本信息】

1. 裁判书字号

福建省厦门市中级人民法院（2015）厦民终字第 3777 号民事裁定书

2. 案由：抵押权纠纷

3. 当事人

原告（被上诉人）：厦门中贸进出口有限公司（以下简称中贸公司）

被告（上诉人）：洪小谨

被告：陈洋

第三人：陈少峰

【基本案情】

1998 年 4 月，中贸公司与厦门金庭房地产开发有限公司（以下简称金庭公司）签订一份《商品房预售合同》，约定金庭公司将坐落于厦门市思明区禾祥东路 22 号之十三×××室（以下简称讼争房产）出售给中贸公司。中贸公司付清款项后，将讼争房产分配给案外人王某某居住至今。

2007 年 4 月 11 日，厦门市思明区人民法院受理（2007）思民初字第 2409 号陈洋诉金庭公司商品房买卖合同纠纷一案，陈洋在该案中诉称，金庭公司因业务关系

尚欠其500000元未还，并承诺以房抵债，并立下《欠条》为据。审理中，陈少峰持加盖金庭公司印章的《授权委托书》参加诉讼，经厦门市思明区人民法院主持调解，双方达成协议：金庭公司应于调解书生效之日起五日内将办理讼争房产权属登记需由金庭公司提供的资料报产权登记机构备案。经厦门市思明区人民法院强制执行，讼争房产于2009年11月11日变更登记至陈洋名下。

2011年4月25日，洪小谨与陈少峰签订一份《借款合同》约定：陈少峰因资金周转困难，向洪小谨借款壹佰壹拾万元整；以抵押人陈洋、吴雅芬夫妇的讼争房产作为抵押担保；借款期限肆个月，即2011年4月25日至8月25日，月息2%；借款期限届满后，若陈少峰不能及时还款，洪小谨可依法将该房屋出售，等等。同日，陈洋委托田某某与洪小谨签订一份《厦门市房地产抵押合同》，约定陈少峰因流动资金的需要向洪小谨申请借款，金额壹佰壹拾万元；抵押物为其他房地产（详见抵押物清单）；担保金额按月利率2%支付利息；担保借款合同项下的债权金额为壹佰壹拾万元；债务人债务履行期限自2011年4月25日至8月25日；抵押物清单列明：权属人陈洋，房地坐落禾祥东路22号之十三×××室，建筑面积140.28m^2。同月29日，洪小谨取得了讼争房产的他项权证。

2012年7月，厦门市思明区人民法院受理（2012）思民初字第9025号陈洋诉王某某物权保护纠纷一案，陈洋在该案中诉称讼争房产系其所有并办理产权登记，王某某未经陈洋同意占用讼争房产，诉请判令王某某腾空返还讼争房产并支付占有使用费。该案诉讼中，王某某委托福建正泰司法鉴定中心对上述1998年1月3日《欠条》和2007年4月20日《授权委托书》中的“厦门金庭房地产开发有限公司”印文与厦门市工商行政管理局提供的“厦门金庭房地产开发有限公司”印文（样本）是否同一进行鉴定。2012年9月27日，福建正泰司法鉴定中心作出《文书司法鉴定意见书》，鉴定意见为：1. 2007年4月20日《授权委托书》中“厦门金庭房地产开发有限公司”印文与样本中“厦门金庭房地产开发有限公司”印文非同一印章所盖；2. 1998年1月3日《欠条》中“厦门金庭房地产开发有限公司”印文与样本中“厦门金庭房地产开发有限公司”印文极可能非同一印章所盖。2014年1月9日，经陈洋申请，厦门市思明区人民法院口头裁定准予其撤回该案起诉。

2013年9月22日，厦门市思明区人民法院作出的（2013）思民初字第2325号中贸公司诉金庭公司、陈洋房屋买卖合同纠纷民事判决中认为，（2007）思民初字第2409号案中陈少峰持有的《授权委托书》并非金庭公司所出具，陈少峰不能作为金庭公司该案代理人参加诉讼；陈洋提交的关键证据《欠条》极可能非金庭公司出具，其所主张的案件基本事实即金庭公司欠陈洋500000元未还并承诺以讼争房产抵偿欠款，缺乏充分证据予以证明，判决撤销（2007）思民初字第2409号民事调解书；金庭公司、陈洋于判决生效之日起十日内协助中贸公司办理讼争房产登记手续，将讼争房产变更登记至中贸公司名下等。该判决已生效，尚在执行过程中。

中贸公司诉请为，陈洋与洪小谨立即办理注销讼争房产抵押登记手续。

【案件焦点】

1. 洪小谨对讼争房产是否享有抵押权；2. 若享有，讼争抵押权是否应受保护。

【法院裁判要旨】

福建省厦门市思明区人民法院经审理认为：

一、洪小谨对讼争房产是否享有抵押权。首先，生效的法院判决已经确认陈洋非讼争房产的合法权利人并判令要求其将产权变更登记到中贸公司名下，故陈洋将讼争房产抵押给洪小谨的行为构成无权处分。其次，综合洪小谨与陈少峰签订的借款合同、陈少峰出具承诺书等证据，可确认双方存在真实的借贷关系。最后，陈洋以讼争房产为前述债务设定抵押、与洪小谨签订抵押合同系双方当事人真实意思表示，内容于法不悖，为合法有效合同。合同签订时陈洋为讼争房产所有权人，洪小谨作为一般借款人已尽到了审慎注意义务且亦支付了相应对价并办理了抵押登记，依法构成善意取得。中贸公司仅以委托同一诉讼代理人为由，认为洪小谨明知讼争房产系争议财产，缺乏事实与法律依据，不予采信。故洪小谨作为善意第三人，依法享有讼争房产的抵押权。

二、讼争抵押权是否应受保护。首先，洪小谨提供的证明书、银行交易明细、电子转账凭证，仅体现了三名案外人向其转账的事实，并无代陈少峰偿还欠款的意思表示；从短信记录来看，发信人的真实身份并无法确认，每条短信间隔时间较长、内容不连贯、指代不清，且以“第三人陈少峰”一方发出居多，洪小谨并无主动催讨的表示；通话详单亦无法体现洪小谨向“第三人陈少峰”主张债权的内容。因此，洪小谨的前述举证无法证明在主债权诉讼时效期间（即2011年8月26日至2013年8月25日）发生过诉讼时效中断或中止之事由。其次，退一步而论，即使陈少峰确于2014年7月10日承诺偿还欠款及利息，但该行为均发生在主债权超过两年的诉讼时效之后，故不产生诉讼时效中断的法律效力，该笔借款主债权已超过诉讼时效。最后，根据物权法的规定，抵押权人未在主债权诉讼时效期间行使抵押权的，人民法院不予保护。洪小谨未在上述时效期间内行使抵押权，已丧失了对讼争房产行使抵押权受法院保护的权利。

综上，洪小谨虽依法享有讼争房产的抵押权，但其未能在主债权诉讼时效期限内行使抵押权，该抵押权已不受法律保护。再有，讼争房产已经生效文书确认为中贸公司所有，而非原抵押人陈洋所有，洪小谨即使享有抵押权，客观上已无从实现担保物权，继续维持该抵押登记不利于抵押财产的有序流转、交易价值实现和担保秩序的稳定。故中贸公司要求注销讼争房产上设立的抵押登记，予以支持。据此，福建省厦门市思明区人民法院依照《中华人民共和国合同法》第六十条、第一百一十三条，《中华人民共和国民事诉讼法》第六十四条第一款之规定，判决如下：

陈洋、洪小谨应于本判决生效之日起十日内向抵押登记部门办理注销讼争房产的抵押登记。

洪小谨不服一审判决，提起上诉。二审期间，因洪小谨经合法传唤，无正当理由拒不到庭。福建省厦门市中级人民法院经审理认为本案应按撤诉处理。据此，福建省厦门市中级人民法院依照《中华人民共和国民事诉讼法》第一百四十三条、第一百七十四条的规定，裁定如下：

本案按洪小谨自动撤回上诉处理。双方均按一审判决执行。

【法官后语】

本案系因物上之抵押权引起的法律纠纷，涉及讼争房产之权利人有“登记权利人”“真实权利人”和“抵押权人”。争议焦点在于“登记权利人”在物上设定的抵押，“抵押权人”是否善意取得抵押权？“真实权利人”可否请求撤销物上之抵押登记？

1. 抵押权善意取得之适用

《中华人民共和国物权法》第一百零六条第三款规定：“当事人善意取得其他物权的，参照前两款规定。”依据规定，抵押权属于我国法律规定的他物权中的担保物权，亦适用善意取得。本案中，“登记权利人”依据法院生效的民事调解书取得了讼争房产不动产登记证，并以该房产为他人的借款提供担保、办理抵押登记，债权人取得抵押权符合善意取得之要件：

一是债权人“善意”。不动产登记具有公示公信效力，不动产权属证书是权利人享有不动产物权的证明。本案“登记权利人”设定抵押时，持有讼争房产不动产权属证书且无异议登记，债权人足以信赖不动产登记簿上记载的权利人即为讼争房产的所有权人，已尽到了审慎注意义务。“真实权利人”负有证明债权人非善意的举证责任，举证不能的，应当认定债权人为善意。

二是合理的对价。本案所设定的物权系抵押权，其主要目的是为借款提供担保，相应的“合理对价”应审查“登记权利人”与债权人之间或者“登记权利人”为之提供担保的债务人与债权人之间是否存在真实、合法的借贷关系。本案的借款合同、承诺书、抵押合同经审查均真实、合法、有效，足以认定债权人已“支付合理的对价”。

三是办理抵押登记。根据法律规定，设定不动产抵押应当办理抵押登记。本案债权人在借款、抵押合同签订后第四日即已取得讼争房产的他项权证书，已办理登记。

因此，虽“登记权利人”取得讼争房产所有权的依据被撤销，但债权人在讼争房产上设定的抵押权符合物权法关于善意取得之要件，应认为债权人取得了讼争房产之抵押权，为讼争房产的抵押权人。

2. 抵押权行使期间的解读

《中华人民共和国物权法》第二百零二条规定，抵押权人应当在主债权诉讼时效期间行使抵押权；未行使的，人民法院不予保护。对于抵押权未在主债权诉讼时效期间内行使的法律后果即“人民法院不予保护”，司法实践中存在不同的理解：

一种观点认为，抵押权人未在主债权诉讼时效期间行使抵押权的，抵押权仍然存在，仅抵押权人丧失了对抵押人的胜诉权，即不能通过向法院请求行使抵押权的方式优先受偿，抵押权并未当然“消灭”。而反对者认为，这无异于承认抵押权适用诉讼时效制度，而诉讼时效制度仅适用于请求权，适用于作为支配权的抵押权，明显有违民法原理。

另一种观点认为，抵押权因主债权诉讼时效完成而消灭。反对者则认为，抵押权系主债权之从权利，主债权在诉讼时效经过后也仅是丧失胜诉权，作为从权利的抵押权何来消灭之说；根据物权法定原则，抵押权的设立、变更和消灭均须由法律规定，非因法律明确规定的消灭事由发生，抵押权永久存续。

笔者认为，从抵押权行使期间经过的法律效果、设置的初衷和司法实践等方面来看，应当将“人民法院不予保护”理解为“抵押权消灭”。

首先，抵押权之设定系担保债务的履行，当债务人不履行到期债务或者发生约定的实现抵押权的情形，抵押权人有权就抵押财产优先受偿。而抵押权的行使方式主要有两种：一是与抵押人协议；二是请求法院拍卖、变卖抵押财产。[①] 本案中，抵押权人未在主债权诉讼时效内行使抵押权，法院不予保护，仅可通过与抵押人协议的方式实现。然就本案而言，该抵押财产的权属存在“真实权利人”与“登记权利人”不符的情形，“真实权利人”明确拒绝以抵押财产折价、变卖的价款偿还讼争房产所担保之债权，并提起注销抵押权登记之诉，故抵押权人已无从行使抵押权，其效果与抵押权归于消灭无异。

其次，抵押权行使期间的立法初衷在于：“随着市场经济的快速运转，如果允许抵押权一直存续，可能会使抵押权人怠于行使抵押权，不利于发挥抵押财产的经济效用，制约经济的发展。因此，规定抵押权的存续期间，能够促使抵押权人积极行使权利，促进经济的发展。”[②] 可见，抵押权行使期间的立法目的是为了防止抵押权人滥用因物之担保而取得的优势地位，保护抵押财产的归属，使抵押人的义务免于长期处于不确定状态，促使抵押权人积极地及时行使抵押权，促进社会经济秩序的稳定，是立法上对抵押权人与抵押人利益分配平衡的结果。若将“不受法院保护”理解为“继续存续”，则有违抵押权行使期间设立之初衷：一方面，抵押人与抵押权人协议以抵押财产清偿债务后，应当有权向债务人追偿，但债务人因主债务诉讼时效经过而享有的时效抗辩权和抵押权行使期间则形同虚设；另一方面，抵押权存续则抵押登记不能注销，也不能强制执行，抵押财产处分处处受阻。以本案为例，“真实权利人”之所以提起本案诉讼，根源在于其虽取得“登记权利人”协助其办理变更登记之判决，但因讼争房产设有抵押，在抵押权人不同意或注销抵押登记的情形下，无法办理变更登记手续，“真实权利人”的合法权益无从救济，不利

---

① 《中华人民共和国物权法》第一百九十五条。

② 全国人大常委会法制工作委员会民法室：《中华人民共和国物权法条文说明、立法理由及相关规定》，北京大学出版社2007年版，第366页。

于抵押财产交易价值的实现和担保秩序的稳定，影响了抵押财产的有序流转。

最后，抵押权虽为从权利应以主权利存在为前提，但从权利的消灭并不以主权利的消灭为前提，主权利的存在并不影响从权利的灭失。反对者所担忧的物权法定原则亦不是绝对的，有学者也认为应采取“法定缓和说”，社会的发展进步，立法者无法事无巨细地、预先设计出穷尽所有的物权种类及其内容，只要不与其他法律冲突，可以将“不受法院保护”从宽解释为抵押权消灭的法定情形之一。

综上所述，抵押权因行使期间的经过而消灭，抵押财产的“真实权利人”要求注销抵押登记的，应当予以支持。

编写人：福建省厦门市思明区人民法院　黄素梅

70

抵押权人收取抵押物孳息的条件

——中国建设银行股份有限公司玉环支行诉玉环金固钢化玻璃有限公司抵押权案

【案件基本信息】

1. 裁判书字号

浙江省台州市中级人民法院（2016）浙10民终字第582号民事判决书

2. 案由：抵押权纠纷

3. 当事人

原告（上诉人）：中国建设银行股份有限公司玉环支行（以下简称建设银行）

被告（被上诉人）：玉环金固钢化玻璃有限公司（以下简称金固公司）

第三人：浙江华辰电器股份有限公司破产重整清算组（以下简称华辰清算组）

【基本案情】

2011年1月13日，案外人浙江洁健厨卫有限公司（以下简称洁健公司）以其所有的坐落于玉环县（现玉环市，下同）芦浦漩门工业城的厂房（以下简称抵押厂房）为担保向建设银行融资贷款，并办理了抵押物登记手续。2012年3月22日，金固公司与洁健公司签订一份租赁合同，约定由金固公司租赁洁健公司抵押厂房，金固公司向洁健公司支付了三年租金470万元，并由洁健公司出具收条一份。2013年4月17日，金固公司将上述厂房转租给华辰清算组，年租金为190万元，租赁期限为2年，自2013年4月25日起至2015年4月24日止。合同签订后，截至2014年10月30日，金固公司共收取了华辰清算组租金288.1万元。

法院在执行建设银行与洁健公司金融借款合同纠纷等案过程中，于2013年8月1日裁定对洁健公司的抵押厂房予以拍卖。2013年11月6日，法院执行局将拍卖裁定书送达金固公司，并通知其腾空厂房。金固公司于2013年12月16日向法院提出执行异议，被裁定驳回后又提起执行异议之诉，最终被台州市中级人民法院二审判决驳回。在执行异议诉讼期间，建设银行于2014年8月18日通知华辰清算组应将抵押厂房和租金直接支付给建设银行。

2015年5月21日，抵押厂房拍卖后，建设银行受偿本金2626.31万元、利息520万元（截至2015年7月15日，利息暂计1246.829251万元），剩余债权未能受偿。

建设银行认为：1. 成立在后的租赁权不能对抗抵押权，因此金固公司与洁健公司签订的租赁合同无效，故转租行为也不受法律保护。2. 2013年8月1日抵押物被法院裁定拍卖后，建设银行作为抵押权人有权向清偿义务人即华辰清算组收取孳息，因此金固公司收取的2013年8月1日之后的租金共237.4334万元应归其所有，故请求金固公司予以返还。

金固公司认为：租赁权虽迟于抵押权的设定，但只说明租赁权不能对抗抵押权，并不是承租关系无效。抵押人已向金固公司一次性收取了三年房租，法定孳息已不存在，建设银行无权再次收取。并根据《中华人民共和国物权法》第一百九十七条规定，抵押权人收取租金要满足两个前提条件，即抵押财产被扣押且抵押权人已经通知应当给付法定孳息的义务人。因此请求驳回建设银行的诉讼请求。

【案件焦点】

1. 金固公司一次性支付了租金后，抵押权人建设银行是否还能行使收取孳息权；2. 抵押权人履行通知义务的认定。

【法院裁判要旨】

浙江省玉环县人民法院经审理认为：建设银行系洁健公司抵押厂房的抵押权人，所设定的抵押权先于金固公司的租赁权，依法可以对抗金固公司的租赁权。金固公司辩解争议的租金已由洁健公司一次性收取不存在转租租金给付的问题，不予采纳。《中华人民共和国物权法》第一百九十七条规定：“债务人不履行到期债务或发生当事人约定的实现抵押权的情形，致使抵押财产被人民法院依法扣押的，自扣押之日起抵押权人有权收取该抵押财产的天然孳息或者法定孳息，但抵押权人未通知应当清偿法定孳息的义务人的除外。前款规定的孳息应当先充抵收取孳息的费用。”对建设银行的诉讼请求，作如下评判：第一，关于抵押权人的通知义务。2013年8月1日，洁健公司的抵押厂房虽因执行而由法院裁定拍卖，支付租金的义务人华辰清算组仍没有直接支付租金给建设银行的义务。建设银行是华辰清算组的主要债权人之一，对华辰清算组重整期间华辰清算组租用洁健公司的抵押厂房这一重大事项应为明知。建设银行在2014年8月18日通知华辰清算组直接向其支付租金后方有权收取相应的租金。经计算，从2013年4月25日至2014年8月18日，按年租金190万元计算，租金为248.8万元，该部分租金应归金固公司所有。第二，关于收取租金的费用。金固公司提供了变压器转让协议书、黄玲华、蒋祖亮共收取45万元的收条及银行明细对账单，与转租合同中约定的变压器缺失内容相符，庭审中华辰清算组也承认所支付的首期款50万元为购买变压器所用。故金固公司回购变压器而支付的45万元应当认定为收取租金产生的费用。金固公司提供了电梯维修协议、银行明细各一份及钟云根收取电梯维修费10万元的收条以证明修复电梯花费10万元，因没能得到华辰清算组的认可，暂不予认定。金固公司提供了电缆销售清单及支付8.7496万元的收款收据一份，以证明修缮抵押厂房所发生的费用。附属于变压器的电缆价值较大，完全可能被盗走，金固公司为此重新购置电缆花费8.7496万元符合实际。综上，根据法院所认定的金固公司收取租金的费用在其收取的租金中先予扣抵，金固公司还可在后续（2014年8月18日后）的租金中得到租金14.4496万元（248.8万+45万+8.7496万-288.1万）。建设银行要求金固公司返还租金的诉讼请求不能得到支持，依法予以驳回。据此判决：

驳回建设银行的诉讼请求。

一审判决后，建设银行不服，提出上诉。

浙江省台州市中级人民法院经审理认为：建设银行系洁健公司抵押厂房的抵押权人，该抵押物被法院依法拍卖后，所得拍卖款尚不足以清偿洁健公司欠建设银行的债务，故建设银行作为抵押权人有权自抵押物被法院扣押之日起收取该抵押物的天然孳息或者法定孳息。但根据《中华人民共和国物权法》第一百九十七条规定，建设银行享有收取抵押物天然孳息或者法定孳息权利的前提是其应当通知清偿法定孳息的义务人，否则其无权享有收取抵押物孳息的权利。建设银行仅于 2014 年 8 月 18 日通知承租人华辰清算组，显然怠于行使通知义务，故建设银行对其通知承租人华辰清算组之前的租金无权予以收取。另外，根据传统商法理论，建设银行作为抵押权人对孳息的收取仅是一种对孳息的占有权，而非所有权，孳息所有权在抵押权实现优先受偿权之前应属于抵押人。鉴于抵押人洁健公司通过租赁合同的方式已将抵押厂房收益权转让给金固公司，因此，一审判决建设银行通知华辰清算组之前的部分租金归金固公司所有并无不当。至于收取租金费用问题，由于华辰清算组与金固公司所签的租赁协议明确洁健公司抵押厂房变压器已被他人盗走，与华辰清算组的庭审陈述也能印证。故一审判决认定金固公司回购变压器、购置电缆的花费也符合实际情况，故对金固公司主张的上述两项费用予以支持。综合计算金固公司应得租金款项，显然并不超出金固公司从华辰清算组收取的总租金 288.1 万元，故建设银行要求金固公司返还租金的诉讼请求不予支持。综上，建设银行的上诉理由均不能成立，不予支持。一审判决适用法律正确，判处得当，依法应予维持。浙江省台州市中级人民法院依照《中华人民共和国民事诉讼法》第一百七十条第一款第一项的规定，判决如下：

驳回上诉，维持原判。

【法官后语】

《中华人民共和国物权法》第一百九十条明确了抵押权和租赁权的关系，而第一百九十七条则规定了抵押权人向承租人收取孳息的条件，本案当事人的诉讼主张体现出其对上述法律规定理解的混乱。

首先，抵押权人收取孳息的权利不预设对抵押权和租赁权的判断。探究《中华人民共和国物权法》第一百九十七条的立法目的可以帮助我们更好地理解这一点。当抵押权人行使抵押权致使抵押财产被人民法院扣押的，如果抵押财产的孳息仍为抵押人收取，则会变相怂恿抵押人为收取孳息而拖延处理抵押财产，不利于保护抵押权人的利益。此时将收取抵押物孳息的权利转移给抵押权人，既有利于实现担保物权的程序顺利进行，也能充分发挥抵押财产担保债权受偿的功能。由此可见，《中华人民共和国物权法》第一百九十七条赋予抵押权人收取租金的权利是对抗抵押人，而不是对抗承租人的。

其次，承租人已支付租金的，是否仍属清偿孳息的义务人。《中华人民共和国物权法》第一百九十条不仅适用于抵押权实现后物权发生变动的情形，也适用于本案中租赁权妨害抵押权实现的情形。从法理上分析，若承租人的承租和转租行为是在不动产抵押权设立之后，承租人本可以通过查询了解租赁财产的物上负担情况，如未查询或者明知承租财产的负担情况，仍采取一次性交纳多年租金的方式进行租赁和转租，就应当承担由此带来的风险。承租人应当注意而未注意或者明知而为之不属于法律规定的善意第三人。承租人已经支付的租金可向出租人即抵押人另行主张。这一条暗合了风险分配原理，谁最能控制风险谁就承担风险，体现了风险与利益一致的原则。

理顺了法律关系，明确了《中华人民共和国物权法》第一百九十七条的适用条件以及抵押权人收取孳息的对象，接下来要明确的是抵押权人应如何正确行使权利，抵押权人收取抵押物孳息须满足两项条件：（1）抵押物已为法院扣押；（2）抵押权人已经通知清偿法定孳息的义务人。

法定孳息如租金的取得，有赖于义务人的给付行为方能实现，通常情况下，依据合同相对性，义务人仅负有向抵押人给付孳息的义务，如果抵押权人未将抵押物被扣押的事实通知义务人，义务人就无法将孳息交付给抵押权人，抵押权的效力也就无法及于该孳息。

对于“通知”的认定，也是本案的一大争议焦点。建设银行认为，2013 年 8 月 1 日，法院受理其强制执行申请后，对抵押物裁定拍卖，并以执行公告的形式通知了金固公司及华辰清算组，金固公司自抵押厂房被裁定拍卖之日起即已丧失用益权。对此，一、二审法院均未予采纳。建设银行对华辰清算组承租抵押厂房的事实既已明知，但在法院裁定拍卖抵押厂房后一年多即查至 2014 年 8 月 18 日才通知承租人华辰清算组，显然怠于行使通知义务。因此建设银行对 2018 年 8 月 18 日之前的孳息无权予以收取。

编写人：浙江省玉环县人民法院　蔡亚妮

五、占有保护纠纷

71

借名买卖合同中被借名方是否应对借名方承担货款给付义务

——甘桂纯诉黑龙江省隆盛煤焦有限公司占有物返还案

【案件基本信息】

1. 裁判书字号

黑龙江省高级人民法院（2016）黑民终字第173号民事判决书

2. 案由：占有物返还纠纷

3. 当事人

原告（上诉人）：甘桂纯

被告（被上诉人）：黑龙江省隆盛煤焦有限公司（以下简称隆盛公司）

【基本案情】

2012年3月，甘桂纯与隆盛公司签订《租赁协议》，约定甘桂纯对隆盛公司进行租赁经营，租赁经营期限为五年。后双方于同年7月1日签订《解除协议》，提前解除了租赁协议。双方在《解除协议》中约定，协议解除后，甘桂纯在两个月内继续以隆盛公司的名义向某钢铁公司发运煤炭，此期间隆盛公司不收取租赁费用，甘桂纯受隆盛公司管理，经营所产生的经济和法律责任自行承担。蒋萍系在甘桂纯之前隆盛公司的租赁人，郭兆旺系蒋萍租赁隆盛公司期间聘用的人员。2012年7月，甘桂纯与蒋萍签订《协议书》，约定甘桂纯与蒋萍合作向某钢铁公司发运煤炭，双方各自独立核算，货款回笼后，各自的款项汇入各自账户。甘桂纯与蒋萍另口头委托郭兆旺代其二人在某钢铁公司办理结算事宜。《协议书》签订后，甘桂纯与蒋萍以隆盛公司的名义向某钢铁公司发送精煤 14154.3 吨，煤款 14751174.46 元（含税），发生铁路运费 2459975.7 元，合计金额 17211150.16 元。其中有甘桂纯煤款 5363185.05 元、铁路运费 860758 元，合计 6223943.05 元。隆盛公司为某钢铁公司开具了相应款项的增值税发票（税款由甘桂纯缴纳）。隆盛公司向某钢铁公司出具授权书一份（出具时间不详），内容："某钢铁公司：为规避你单位以银行承兑汇票方式支付我单位货款的领取风险，授权我单位职工米东，办理领取银行承兑汇票业务，本次授权有效期为 2012 年 8 月 1 日至 2012 年 8 月 30 日，其间如发生人员变动，我单位将及时告知并调整授权。" 2012 年 8 月 31 日，某钢铁公司将两张承兑汇票（合计 13000000 元）背书给隆盛公司并交给米东。上述两张汇票经米东交给郭兆旺后，加盖了隆盛公司财务专用章及甘桂纯名章背书给了盛兴公司，盛兴公司提前承兑了两张汇票，银行扣除了 106740 元贴息款后剩余 17093260 元汇至盛兴公司账户，盛兴公司将此款分配如下：2012 年 9 月 7 日汇至米东账户 5000000 元、张占发账户 1800000 元，2012 年 9 月 10 日汇至米东账户 5000000 元、郭兆旺账户 2810000 元，9 月 13 日汇至张占发账户 2480000 元。郭兆旺出庭时陈述结算货款均由其支配，其代甘桂纯向盛兴公司偿还欠款 3050000 元、向林大力偿还欠款 1463764 元、向蒋萍支付货款 10987207.11 元，剩余款项郭兆旺未向甘桂纯支付。林大力出庭证实郭兆旺代甘桂纯向其偿还欠付货款 1463764 元、蒋萍出庭证实了其收到郭兆旺向其支付的 10987207.11 元货款。

【案件焦点】

隆盛公司作为被借名的货物出售方、在有证据表示货物买受方向其支付了货款的情况下是否应对借名人甘桂纯承担货款返还责任。

【法院裁判要旨】

黑龙江省鸡西市中级人民法院经审理认为：甘桂纯与隆盛公司在《解除协议》中约定，"甘桂纯经营所产生的经济和法律责任自行承担"，即隆盛公司不对甘桂纯的货款结算负责，甘桂纯应自行或委托结算。以隆盛公司名义向某钢铁公司出具的委托米东结算的授权书上未写明日期，无法确认该授权书系隆盛公司与甘桂纯解除协议后隆盛公司自行出具，且甘桂纯未举证证实米东系隆盛公司员工，故甘桂纯主张隆盛公司委托其员工米东结算的主张不能成立。米东领取了某钢铁公司背书给隆盛公司的承兑汇票后，隆盛公司并未兑付并占有支配案涉货款，而是通过背书将汇票转给了盛兴公司，在汇票转让过程中甘桂纯亦加盖名章予以确认，隆盛公司非私自处分案涉款项，故隆盛公司未占有甘桂纯的货款，不应承担返还责任。

黑龙江省鸡西市中级人民法院依照《中华人民共和国民事诉讼法》第六十四条第一款，《最高人民法院关于适用〈中华人民共和国民事诉讼法〉的解释》第九十条规定，作出如下判决：

驳回甘桂纯的诉讼请求。

甘桂纯持一审意见提起上诉。黑龙江省高级人民法院经审理认为：隆盛公司为某钢铁公司开具增值税发票、授权米东到某钢铁公司领取银行承兑汇票等均为履行协助义务，不能以此确认隆盛公司对甘桂纯的货款负有偿付义务。隆盛公司与甘桂纯约定，甘桂纯以其名义经营，所产生的经济和法律责任自担，甘桂纯的款项是否收回，与隆盛公司无关。隆盛公司既不负有给付甘桂纯货款的义务，又未占有甘桂纯的货款，故一审判决驳回其诉请并无不当。黑龙江省高级人民法院依照《中华人民共和国民事诉讼法》第一百七十条第一款第（一）项之规定，判决：

驳回上诉，维持原判。

【法官后语】

本案处理的重点主要在于借名买卖合同中，能否仅依据买卖相对方向出名人支付货款的证据判定出名人占有了货款，并承担向借名人返还的义务。借名行为并非传统民法上的概念，而是对借用他人名义实施法律行为的概括。借名买卖合同从行为角度分析，分两步实施，即借名行为和买卖行为；两个行为的完成，涉及三方当事人，即借名人、出名人和买卖相对人。表现在合同上，涉及三个合同的法律关系，一是出名人和借名人之间形成的借名合同关系，二是出名人与买卖相对人之间发生的名义上的买卖关系，三是借名人与买卖相对人之间形成的实际买卖关系。故借名买卖合同中法律效果的归属，特别是借名双方权利义务关系的处理要综合以上三个法律关系进行确认。

本案中，从名义买卖合同关系上看，买卖相对方为隆盛公司与某钢铁公司，但从《解除协议》(即借名合同)中可以看出，甘桂纯借用隆盛公司名义向某钢铁公司出售精煤，即本案中还存在甘桂纯与隆盛公司借名合同的法律关系，以及甘桂纯与某钢铁公司之间的实际买卖合同的法律关系。因为有以上三种法律关系的共同存在，故不能单独依据某钢铁公司向隆盛公司付款的证据判定隆盛公司实际占有了案涉货款，还应进一步查证该笔货款的最终去向。原审法院依照此思路，查明在货款的实际给付中，货款业务的办理人系甘桂纯与蒋萍共同委托，虽货款由某钢铁公司以承兑汇票的方式背书给了隆盛公司，但隆盛公司并未承兑并占有该笔货款，而是经甘桂纯同意分别支付给了蒋萍及甘桂纯的其他债权人，即甘桂纯作为借名人及实际买卖合同的出售方，实际享受了该买卖合同关系出售人的权利，而隆盛公司出具结算手续并接受了某钢铁公司给付承兑汇票的行为，即其向某钢铁公司开具增值税发票、授权米东到某钢铁公司领取银行承兑汇票，均属于履行协助义务，系协助结算，而非实际结算并占有货款的证据。隆盛公司作为出名人，未实际占有案涉货款，且其与借名人在借名合同中对法律责任承担作出了具体约定，故不承担该货款的返还义务。

编写人：黑龙江省鸡西市中级人民法院　冯莹

72

指示交付标的物未完成实际交付即被扣押能否影响交付完成的认定

——郓城县大华纺织有限公司诉中国农业发展银行精河县支行案外人执行异议案

【案件基本信息】

1. 裁判书字号

新疆维吾尔自治区高级人民法院（2016）新民终字第194号民事判决书

2. 案由：案外人执行异议纠纷

3. 当事人

原告（被上诉人）：郓城县大华纺织有限公司（以下简称大华公司）

被告（上诉人）：中国农业发展银行精河县支行（以下简称精河县农发行）

第三人：新疆曼福农业科技开发有限公司（以下简称曼福公司）

【基本案情】

2015年1月31日，精河县农发行与曼福公司及全国棉花交易市场签订了《权利质押合同》，约定了合同项下的质物是仓单，仓单标的存放在全国棉花交易市场经营棉花仓储业务的海祥公司等内容，曼福公司将108份仓单交付给了精河县农发行。同年5月15日，大华公司与曼福公司签订《棉花购销合同》，约定曼福公司向大华公司出售存放于海祥公司的细绒棉，总金额为1639074元。同年5月19日，大华公司向曼福公司汇购棉款900000元。同年6月20日，精河县农发行及曼福公司在《出库申请表》上加盖了两单位印章同意出库，解除了对涉案棉花的质押。上述申请表载明“现有我公司（交易名称：曼福公司）申请将下表所述存放在海祥公司的新疆监管棉花（即涉案棉花）办理出库手续。目的地（或目的地仓库）：大华公司。批号65433142030”等内容。次日，曼福公司就涉案棉花向大华公司出具了《发货通知书》和《货权转移书》。同月24日，大华公司又通过案外人许某强的银行卡向新疆绿洲国信植物蛋白有限公司汇款194694元付清了欠付曼福公司的棉花尾款。因曼福公司等八名被执行人未按其他案件生效裁判文书的要求履行确定义务，根据申请执行人华春小贷公司的申请，新疆维吾尔自治区博尔塔拉蒙古自治州中级人民法院（以下简称博州中院）于2015年6月24日作出（2015）博中执字第39－18号执行裁定，扣押了曼福公司存放在海祥公司仓库的10批次皮棉（含涉案棉花）。2015年6月30日，精河县农发行作为案外人对上述裁定提出执行异议。2015年6月26日，全国棉花交易市场向海祥棉花公司及大华公司就涉案棉花发出《商品棉提货单》传真件，货单载明：提货方在全国棉花交易市场提货手续已办妥，准予提货，请办理出库手续；该提货单送达时（以传真时间为准）货物所有权转归提货方所有；提货单位：（买方）曼福公司。庭审中，大华公司及精河县农发行均认可凭上述提货单无须其他手续可直接提货。2015年7月10日，博州中院作出（2015）博中执异字第2号裁定书，认为涉案棉花属本案精河县农发行权利质押物，查封扣押欠妥，裁定终止了博州中院作出的（2015）博中执字第39－18号执行裁定书的执行。同年8月14日，博州中院作出（2015）博中执字第39－24号执行裁定书，解除了上述查封、扣押（当月25日送达海祥公司），又于解除扣押的同时（2015年8月25日）因精河县农发行的申请作出了（2015）博中执字第56－1号执行裁定书，对涉案棉花再次查封。另查明：2015年8月13日，大华公司对法院作出的（2015）博中执字第56－1号执行裁定书向法院提出书面执行异议，博州中院作出（2015）博中执异字第5号执行裁定书，驳回了大华公司提出的执行异议，大华公司不服遂向法院提起了案外人执行异议之诉。

【案件焦点】

大华公司针对执行标的即涉案棉花是否享有足以排除强制执行的民事权益。

【法院裁判要旨】

新疆维吾尔自治区博尔塔拉蒙古自治州中级人民法院经审理认为：涉案棉花系由曼福公司生产后存储于海祥公司的货物。精河县农发行对曼福公司与大华公司之间成立棉花买卖交易且大华公司已支付相应棉花款项的事实不持异议。《中华人民共和国物权法》第二十三条规定，“动产物权的设立和转让，自交付时发生效力，但法律另有规定的除外”，第二十六条规定，“动产物权设立和转让前，第三人依法占有该动产的，负有交付义务的人可以通过转让请求第三人返还原物的权利代替交付”。涉案棉花由曼福公司交由案外人海祥公司存储，仓单由精河县农发行质押，棉花交易过程由全国棉花交易市场监督。曼福公司与大华公司买卖棉花的交付方式符合“指示交付”的法律特征。针对涉案棉花，作为出质人的曼福公司与作为质押权人的精河县农发行已经于2015年6月20日向全国棉花交易市场提交了《出库申请表》解除对涉案棉花的质押，曼福公司于次日即2015年6月21日向海祥公司出具了《货权转移书》和《发货通知书》，全国棉花交易市场亦于当月26日向大华公司和海祥公司以传真形式发送了《商品棉提货单》。上述事实可以证明，曼福公司在涉案棉花解除质押后，对大华公司完成了“指示交付”，涉案棉花所有权已经属于大华公司，大华公司要求对涉案棉花停止执行的诉讼请求成立，予以支持。

依照《中华人民共和国物权法》第二十三条、第二十六条，《最高人民法院关于适用〈中华人民共和国民事诉讼法〉的解释》第三百一十二条第一款第（一）

项之规定，判决如下：

不得执行大华公司存放于海祥公司批号的涉案棉花。

精河县农发行不服一审判决，提出上诉。

新疆维吾尔自治区高级人民法院经审理认为：首先，依据买卖合同的约定，曼福公司负有向大华公司交付棉花的义务。其次，由于质权人精河县农发行与出质人曼福公司共同于 2015 年 6 月 20 日向全国棉花交易市场提交的《出库申请表》明确记载其申请将涉案棉花办理出库手续，并指明目的地为大华公司，同时均加盖了公章，精河县农发行的上述行为当视为对涉案棉花解除了质押。最后，质押解除后，曼福公司于 2015 年 6 月 21 日向海祥公司出具了《货权转移书》和《发货通知书》，全国棉花交易市场随后亦向大华公司和海祥公司以传真形式发送了《商品棉提货单》，完成向大华公司交付棉花的义务，大华公司自此即取得涉案棉花的所有权。一审认定曼福公司在涉案棉花解除质押后，对大华公司完成了指示交付并无不当。博州中院（2015）博中执异字第 2 号执行裁定认定了曼福公司将包括涉案棉花在内的 10 个批次棉花质押给精河县农发行的事实，但该裁定是因精河县农发行作为案外人对华春小贷公司申请执行一案提出执行异议而作出，大华公司并非该执行异议案件当事人，本案一审法院采信大华公司提交的相关证据，确认精河县农发行已解除对涉案棉花的质押、大华公司取得涉案棉花所有权，与上述执行裁定并不矛盾，故一审判决适用法律正确。

新疆维吾尔自治区高级人民法依照《中华人民共和国民事诉讼法》第一百七十条第一款第（一）项规定，判决：

驳回上诉，维持原判。

【法官后语】

《中华人民共和国物权法》（以下简称《物权法》）第二十三条规定，“动产物权的设立和转让，自交付时发生效力，但法律另有规定的除外”，故交付是动产物权变动的生效要件。所谓交付即转移占有，通常是指现实交付，即直接占有的转移。但在现代社会经济发展的条件下，为加快交易速度、降低交易成本，产生了一些变通的交付方法，即观念上的交付，包括简易交付、占有改定和指示交付等。《物权法》第二十六条规定，“动产物权设立和转让前，第三人依法占有该动产的，负有交付义务的人可以通过转让请求第三人返还原物的权利代替交付”，此即为指示交付。指示交付的完成应具备三个条件：1. 第三人合法占有标的物；2. 让与人转让标的物不存在现实障碍或虽存在障碍不足以阻却标的物的转让。3. 让与人的“指示”即标的物的让与通知已经到达受让人和第三人。《物权法》第二十六条并未对完成转让请求权的要件作出规定，在理论上存在不同的认识。一种观点认为在指示交付中，让与人所让与的仅是债权请求权；一种观点认为让与人在指示交付中所让与的是物权请求权。通说认为，在指示交付中，让与人让与的行为既包括物权的让与，也包括债权请求权的让与，是二者的竞合。如单纯认为转让的是债权请求权，就与物权法中设立拟制交付制度的本意相背离了，如单纯认为是物权转让就否定了让与人与第三人之间存在的合同关系。在认定指示交付是否完成时，让与通知是否到达受让人和第三人是关键所在。在让与通知到达受让人之前，虽然让与人与受让人之间就标的物转让达成了合意，但因第三人占有标的物，并不能实现标的物的实际转让，受让人仅拥有债权请求权，即不能仅凭完成对受让人的通知行为认定完成了指示。根据物权变动的公示原则，让与通知到达第三人之前，标的物转让行为并未进行公示，只有当让与通知到达第三人且不存在阻却标的物转让的情况下，才产生物权变动的公示效力。同时，从另一个方面说，只有让与通知到达第三人，才能完成《中华人民共和国合同法》第八十条有关债权转让须通知债务人的法律规定。因此，在指示交付中，让与通知只有既到达了受让人又到达了第三人，才能认定完成了指示交付。①

本案中，涉案标的物的原始物权属于曼福公司，海祥公司拥有临时占有权。虽然精河县农发行曾对涉案的标的物享有质押权，但该质押已经解除。质押解除后，让与人曼福公司已经向受让人大华公司和占有人海祥公司送达了让与通知，因而可以认定曼福公司的指示交付行为已经完成。一、二审法院据此认定涉案标的物归大华公司所有法律依据是充分的。涉案标的物其后因另案原因而发生的被法院扣押的法律事实不能对前期已经完成的物权转让行为产生影响。

编写人：新疆维吾尔自治区博尔塔拉蒙古自治州中级人民法院　李新建

---

① 魏振瀛主编：《民法》（面向21世纪课程教材）第五版，北京大学出版社、高等教育出版社出版，第222-225页；最高人民法院物权法研究小组编著：《〈中华人民共和国物权法〉条文理解与适用》，人民法院出版社出版，第118-120页。

73

以物抵债的担保被确认无效是否导致整个担保合同无效

——李京跃诉刘海涛占有物返还案

【案件基本信息】

1. 裁判书字号

北京市昌平区人民法院（2016）京0114民初字第10997号民事判决书

2. 案由：占有物返还纠纷

3. 当事人

原告：李京跃

被告：刘海涛

【基本案情】

2013年8月8日，李京跃与刘海涛签订《借款合同》，约定李京跃向刘海涛借款30万元，期限至当年12月8日；如李京跃到期无法还款，自愿将本人名下的京P297××奔驰E200轿车（以下简称争议轿车）过户给刘海涛。合同签订后，刘海涛当日提供了借款并开走了争议轿车。争议轿车的所有人为李京跃之妻何津梅。后李京跃未能按期还款。2015年11月10日，刘海涛以民间借贷纠纷为案由起诉李京跃，请求法院判令李京跃偿还借款本息，法院作出（2015）昌民（商）初字第18324号民事判决，判决李京跃偿还借款30万元并支付逾期付款利息，现判决已生效。现李京跃认为，刘海涛无偿占有使用争议轿车没有法律依据，应予返还，并支付使用费。

【案件焦点】

李京跃与刘海涛约定到期不能偿还借款，即将争议轿车过户给刘海涛抵债的条款被法院认定无效后，是否导致整个质押行为无效。

【法院裁判要旨】

北京市昌平区人民法院经审理认为：占有物返还纠纷是指因占有物被他人非法侵占，占有人请求返还的纠纷。李京跃以占有物返还纠纷为由对刘海涛提起诉讼，则本案焦点在于刘海涛对争议轿车的占有是否合法。

本案中，李京跃和刘海涛双方《借款合同》后，刘海涛即提供借款并开走争议轿车，并实际占有该车辆。结合双方的合同约定和转移车辆占有的行为，应认定双方成立质押合同关系。关于《借款合同》中约定："如甲方到期无法偿还借款，甲方自愿将本人名下的京 P297 × × 奔驰 E200 轿车过户给乙方所有，用于偿还借款"，该条款因约定以物抵债而被法院生效判决认定为无效，但并不妨碍双方质押合同关系的成立。直接以物抵债的约定无效并不能推导出李京跃与刘海涛的质押行为无效。

基于李京跃与刘海涛之间存在质押合同关系，刘海涛占有争议轿车的行为系依据双方当事人约定的质押合同，为合法行为。就本案而言，法院生效判决已判令李京跃偿还刘海涛借款 30 万元及逾期还款利息，在执行阶段，应将争议轿车依法处理，将所得价款偿还借款本金和利息，不足清偿部分由李京跃支付，如果所得价款超过判决偿还的数额，超过部分由李京跃取回。综观本案，可以得出以下结论：刘海涛占有争议轿车的行为为合法行为，李京跃以刘海涛非法占有争议轿车为由，要求刘海涛返还争议轿车并支付车辆使用费的诉讼请求，不能得到法院的支持。

北京市昌平区人民法院依照《中华人民共和国担保法》第六十三条、第六十六条的规定，判决如下：

驳回李京跃的诉讼请求。

【法官后语】

实践中，当事人往往在抵押合同或质押合同中约定，到期不履行债务，即以物抵债，此即流质条款，为我国《中华人民共和国物权法》和《中华人民共和国担保法》所禁止。本案当事人在其借款合同中约定，"如李京跃到期无法还款，自愿将其名下的争议轿车过户给刘海涛"，属于以物抵债条款。该案件事实简单明了，但是，存在值得深入探讨的普遍性问题，即当事人在抵押合同或质押合同中约定有以物抵债的无效条款，是否导致整个抵押合同或质押合同无效。以物抵债条款被认定无效后，当事人主张返还抵债物，法院应如何作出评价和处理。如何深刻全面理解《中华人民共和国物权法》第一百八十六条①、第二百一十一条②以及《中华人民共和国担保法》第四十条③、第六十六条④的立法本意。

流质条款的禁止原因主要在于担保物未经折价或变价，就预先约定担保物移转于担保权人所有，与担保权的变价受偿性不符，可能造成价值转移失衡，损害债务人或债权人的利益。学界关于《中华人民共和国物权法》第一百八十六条、第二百一十一条以及《中华人民共和国担保法》第四十条、第六十六条的立法本意已经有深刻的阐释，不再过多赘述。根据本案的审理思路，对上述问题分析如下：

1. 以物抵债条款被认定无效，是否导致整个抵押合同或质押合同无效？对此应认为，当事人约定以物抵债，虽然质权人或抵押权人不能依该无效约定取得出质物或抵押物的物权，但该无效约定不影响整个质押合同和抵押合同的效力，在债权人的债权到期不能获得清偿时，其仍可依法正当行使质权或抵押权，在出质物或抵押物变价后优先受偿。在社会生活中，抵押权和质押权的实现途径和方法，当事人大都不甚明了，需要在该方面加大宣传力度。

2. 以物抵债条款被认定无效后，债务人主张返还抵债物，应如何评价和处理？以本案为例，如果法院支持了李京跃的诉请，会导致一种后果，即刘海涛不但出借的款项得不到归还，还要付出比出借本金更多的车辆使用费，从后果看，有违公平原则，也会使不履约不诚信者得利，这显然不是法律规定的本意。因此，当事人有以物抵债约定，且债务人同意将抵债物转移给债权人占有的，在债务未清偿的情况下，一般不应支持债务人返还抵债物的请求。

编写人：北京市昌平区区人民法院　郑维岩

---

① 《中华人民共和国物权法》第一百八十六条：抵押权人在债务履行期届满前，不得与抵押人约定债务人不履行到期债务时抵押财产归债权人所有。

② 《中华人民共和国物权法》第二百一十一条：质权人在债务履行期届满前，不得与出质人约定债务人不履行到期债务时质押财产归债权人所有。

③ 《中华人民共和国担保法》第四十条：订立抵押合同时，抵押权人和抵押人在合同中不得约定在债务履行期届满抵押权人未受清偿时，抵押物的所有权转移为债权人所有。

④ 《中华人民共和国担保法》第六十六条：出质人和质权人在合同中不得约定在债务履行期届满质权人未受清偿时，质物的所有权转移为质权人所有。

图书在版编目（CIP）数据

中国法院2018年度案例．物权纠纷／国家法官学院案例开发研究中心编．—北京：中国法制出版社，2018.3

ISBN 978-7-5093-3961-9

Ⅰ.①中… Ⅱ.①国… Ⅲ.①物权-民事纠纷-案例-汇编-中国 Ⅳ.①D920.5

中国版本图书馆CIP数据核字（2017）第303112号

策划编辑：李小草（lixiaocao2008@sina.cn）
责任编辑：李小草、赵文博　　封面设计：李　宁、温培英

中国法院2018年度案例·物权纠纷
ZHONGGUO FAYUAN 2018 NIANDU ANLI · WUQUAN JIUFEN

编者/国家法官学院案例开发研究中心
经销/新华书店
印刷/三河市紫恒印装有限公司
开本/730毫米×1030毫米　16开　　印张/19　字数/244千
版次/2018年3月第1版　　2018年3月第1次印刷

中国法制出版社出版
书号 ISBN 978-7-5093-3961-9　　定价：56.00元

北京西单横二条2号
邮政编码 100031　　传真：66031119
网址：http：//www.zgfzs.com　　**编辑部电话：66010405**
市场营销部电话：66033393　　**邮购部电话：66033288**

（如有印装质量问题，请与本社印务部联系调换。电话：010-66032926）

中国法院2012、2013、2014、2015、2016、2017、2018年度案例系列

国家法官学院案例开发研究中心　编

简便易用、权威实用——打造“好读有用”的案例

1. 权威的作者：国家法官学院案例开发研究中心持续20余年编辑了享誉海内外的《中国审判案例要览》丛书，2012年起推出《中国法院年度案例》丛书，旨在探索编辑案例的新方法、新模式，以弥补当前各种案例书的不足。

2. 强大的规模：2012、2013年各推出15本，2014年推出18本，2015年推出19本，2016年推出20本，2017年推出21本，2018年推出23本，含传统和新近的所有热点纠纷，所有案例均是从全国各地法院收集到的上一年度审结的近万件典型案例中挑选出来的，具有广泛的选编基础和较强的代表性。

3. 独特的内容：不再有繁杂的案情，高度提炼案情和裁判要旨，突出争议焦点问题。不再有冗长的分析，主审法官撰写“法官后语”，展现裁判思路方法。

1. 婚姻家庭与继承纠纷
2. 物权纠纷
3. 土地纠纷（含林地纠纷）
4. 房屋买卖合同纠纷
5. 合同纠纷
6. 买卖合同纠纷
7. 借款担保纠纷
8. 民间借贷纠纷
9. 侵权赔偿纠纷
10. 道路交通纠纷
11. 雇员受害赔偿纠纷（含帮工受害纠纷）
12. 人格权纠纷（含生命、健康、身体、姓名、肖像、名誉权纠纷）
13. 劳动纠纷（含社会保险纠纷）
14. 公司纠纷
15. 保险纠纷
16. 金融纠纷
17. 知识产权纠纷
18. 行政纠纷
19. 刑事案例一
20. 刑事案例二
21. 刑事案例三
22. 刑事案例四
23. 执行案例

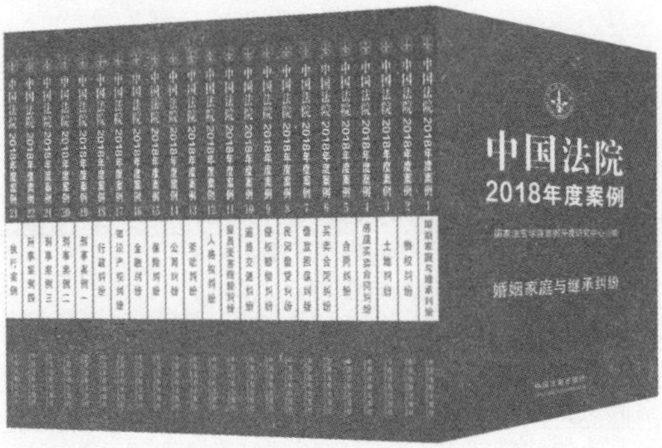

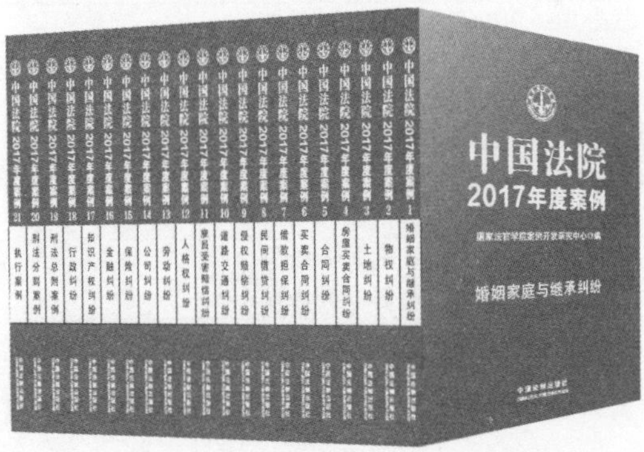

最高人民法院指导性案例裁判规则理解与适用系列

公司卷二	98 元	物权卷	88 元
公司卷（第二版）（上下册）	139 元	婚姻家庭卷（第二版）	68 元
民事诉讼卷（第二版）（上下册）	145 元	合同卷四（第二版）	98 元
侵权赔偿卷二	69 元	合同卷三（第二版）	98 元
侵权赔偿卷一	69 元	合同卷二（第二版）	108 元
房地产卷	98 元	合同卷一（第二版）	108 元
劳动争议卷	58 元	担保卷（第二版）（上下册）	139 元

最高人民法院知识产权审判实务系列

商标法适用的基本问题（增订版）	78 元
反不正当竞争法的创新性适用【精装】	68 元
知识产权保护的新思维——知识产权司法前沿问题	98 元
最高人民法院知识产权审判案例指导（第 9 辑）	88 元
最高人民法院知识产权审判案例指导（第 8 辑）	88 元
最高人民法院知识产权审判案例指导（第 7 辑）	98 元
最高人民法院知识产权审判案例指导（第 6 辑）	78 元
最高人民法院知识产权审判案例指导（第 5 辑）	88 元
最高人民法院知识产权审判案例指导（第 4 辑）	78 元
最高人民法院知识产权审判案例指导（第 3 辑）	78 元
最高人民法院知识产权审判案例指导（第 2 辑）	78 元
最高人民法院知识产权审判案例指导（第 1 辑）	48 元
中国知识产权指导案例评注（第 8 辑）	98 元
中国知识产权指导案例评注（第 7 辑）	118 元
中国知识产权指导案例评注（第 6 辑）	128 元
中国知识产权指导案例评注（第 5 辑）	118 元
中国知识产权指导案例评注（第 4 辑）	98 元
中国知识产权指导案例评注（第 3 辑）	98 元
中国知识产权指导案例评注（上、下卷）	188 元
知识产权法律适用的基本问题——司法哲学、司法政策与裁判方法	168 元
最高人民法院知识产权司法解释理解与适用（最新增订版）	69 元
最高人民法院知识产权案件年度报告（2008～2015）（中英文版）	198 元
知识产权司法实务新型疑难问题：专利、商标与著作权热点问题	138 元
知识产权司法实务新型疑难问题：知识产权司法保护与产业发展	120 元
商业特许经营合同原理解读与审判实务	58 元
赢在 IP：知识产权诉讼实战策略	49 元
网络游戏知识产权司法保护	68 元

最高人民法院审判指导书系

执行规范理解与适用——最新民事诉讼法与民诉法解释保全、执行条文关联解读	139 元
最高人民法院民事立案业务指导	108 元
最高人民法院审判监督业务指导	128 元
最高人民法院执行业务指导	128 元